Die humane Revolution

Detlef Gürtler

Die humane Revolution

Warum Sie in Zukunft an
Ihrem Arbeitsplatz tun können,
was Sie wollen

Deutsche Verlags-Anstalt
Stuttgart München

Die Deutsche Bibliothek –
CIP-Einheitsaufnahme
Ein Titeldatensatz ist bei
Der Deutschen Bibliothek erhältlich

© 2001 by Deutsche Verlags-Anstalt
GmbH Stuttgart München
Alle Rechte vorbehalten

Typografie & Satz
schack verlagsherstellung, Dortmund
Druck & Bindearbeit
Friedrich Pustet, Regensburg

Printed in Germany
ISBN 3-421-05494-0

Inhalt

Vorwort --- 9

1. Was ist die humane Revolution? --- 12
   a) Kopf statt Zahl: Worauf die humane Revolution beruht --- 13
   b) Jeder ein Effenberg: Wie die humane Revolution aussehen wird --- 16
   c) Wie viele? Und wie schnell? Die offenen Fragen der humanen Revolution --- 23

2. Vom Manchester-Kapitalismus zur Wissensgesellschaft --- 26
   a) Vom Manchester-Kapitalismus zur Sozialpartnerschaft --- 27
   b) Von der Sozialpartnerschaft zur Wissensgesellschaft --- 34

3. Von der Wissensgesellschaft zum Manchester-United-Kapitalismus --- 42
   a) Die Geburt des Humankapital-Investors --- 43
   b) Die Überfluss-Gesellschaft --- 47
   c) Das Comeback der Konzerne --- 52
   d) Der Aufstand der Wunschkinder --- 57

4. Freiheit nur für Überflieger
   Die Grenzen der New Economy --- 62
   a) Wo Old schon New war --- 63
   b) Wie New plötzlich Old aussieht --- 66
   c) Wie New zu Young werden könnte --- 70

5. Freiheit statt Sozialismus: Wie den Unternehmen die
   Planwirtschaft ausgetrieben wird ------- 73
   a) Leiche oder Zombie? ------- 73
   b) Unsichtbare Hand oder starker Arm? ------- 85
   c) Wie bastle ich mir eine unsichtbare Hand? ------- 94

6. Freiheit im Kopf: Das neue Verständnis der Arbeit ------- 101
   a) Der Fluch, der zum Segen wird ------- 102
   b) Der Geist, der stets verneint ------- 109
   c) Freiheit aushalten ------- 113

7. Freiheit für alle: Die Aufgabe der humanen Revolution ------- 119
   a) Die Grenzen des freien Marktes ------- 120
   b) Jeder hat sein Potenzial ------- 125
   c) Arbeit für alle ------- 128
   d) Wie man Grenzen überwindet ------- 135

8. Menschen und Märkte: Wissenschaften für die
   humane Revolution ------- 142
   a) Einführung in die Individualökonomie ------- 144
   b) Einführung in die Marktdesignlehre ------- 157

9. Workers little helpers: Dienstleistungen für die
   humane Revolution ------- 168
   a) Gelegenheit macht Angebot ------- 169
   b) Erkenne-dich-selbst-Handbücher ------- 172
   c) Der Arbeitnehmerberatungs-Konzern ------- 177
   d) Der Humankapital-Investmentfonds ------- 180

10. Jobholder Value: Management in der humanen
    Revolution ------- 184
    a) Reengineering für Manager ------- 185
    b) Was bleibt vom Management übrig? ------- 189

11. Geld allein macht nicht glücklich:
    Kapitalisten in der humanen Revolution ------------------- 192
    a) Welcher Value bleibt den Shareholdern? ---------------- 194
    b) Die faire Kapitalrendite ------------------------------ 200
    c) Investitionen in Menschen ----------------------------- 202

12. Neuordnungspolitik: Der Staat in der
    humanen Revolution --------------------------------------- 207
    a) Ein neues Sozialsystem -------------------------------- 208
    b) Ein neues Bildungssystem ------------------------------ 216
    c) Ein neues Steuersystem -------------------------------- 220

13. The time for a change: Die Geschwindigkeit der
    humanen Revolution --------------------------------------- 226
    a) Generation X + 3: Der Wertewandel --------------------- 230
    b) Slow Motion: Die Basisinnovation ---------------------- 232
    c) Fast Forward: Der Quantensprung ----------------------- 235

14. Turbo-Humankapitalismus: Die Beschleuniger
    der humanen Revolution ----------------------------------- 239
    a) Wer wird der Henry Ford der humanen Revolution? ---- 239
    b) Wer wird die Partei der humanen Revolution? ---------- 243
    c) Wer organisiert die Wissensarbeiterbewegung? --------- 247

15. Aufforderung zum Streit ---------------------------------- 256

16. Danksagung --- 257

17. Literaturverzeichnis ------------------------------------- 258

18. Anmerkungen -- 265

    Namensregister --- 271

    Sachregister --- 275

Meinen Lehrern
Hermann Schulz (Englisch und Ehrlichkeit),
Klaus Reinhard (Latein und Engagement),
Reinhard Bütikofer (Marxismus und Ausdauer),
Wolf Schneider (Journalismus und Selbstbewusstsein)

Vorwort

Sagen Sie den folgenden Satz einmal still vor sich hin:

»In meiner Abteilung macht jeder, was er will.«

Klingt gar nicht gut, oder? Das fühlt sich an wie Durcheinander, Chaos, Schlendrian, mangelnde Führung, Unberechenbarkeit. Wer möchte schon so arbeiten? Und jetzt probieren Sie es bitte mit folgendem Satz:

»An meinem Arbeitsplatz kann ich machen, was ich will.«

Klingt großartig, oder? Das fühlt sich an wie Freiheit, Unabhängigkeit, Motivation, Energie. Wer würde nicht gern so arbeiten wollen?

Was wie Chaos klingt, wenn alle so arbeiten würden, und wie das Paradies, wenn man selbst so arbeiten könnte, hat natürlich nichts mit der Realität zu tun, in der Sie, und wir alle, arbeiten. Dass es hingegen sehr viel mit der Welt zu tun hat, in der wir einmal arbeiten werden (und wenn nicht wir, so doch unsere Kinder), will dieses Buch zeigen. In den kommenden Jahrzehnten, so meine Überzeugung, wird sich die Arbeitswelt immer stärker dahin bewegen, dass Sie entscheiden, was Sie machen wollen – und nicht Ihr Arbeitgeber.

Das können Sie sich nicht vorstellen? Dann lassen Sie uns noch ein Experiment machen: Versetzen Sie sich hundert Jahre zurück, ins Jahr 1900. Kaiser Wilhelm, Graf Zeppelin, 12-Stunden-Tag, Hungerlohn, Staublunge, Klassenkampf. Und jetzt stellen Sie sich an den Kruppschen Hochofen und sagen:

»Es wird der Tag kommen, da haben Arbeiter 140 freie Tage im Jahr, und an den anderen arbeiten sie gerade mal sieben Stunden; viele haben große, helle Häuser mit Garten, sie werden im Schnitt 80 Jahre alt, und ab ihrem 65. Geburtstag können sie ohne Arbeit und ohne finanzielle Sorgen ihren Ruhestand genießen; und jedes Jahr reisen sie ein- bis zweimal, nur so zum Spaß, ins Land, wo die Zitronen blühen.«

Hätte Ihnen im Jahr 1900 irgend jemand geglaubt, dass auch nur eine dieser Aussagen jemals in Erfüllung gehen würde? Und dabei war der ökonomische Prozess, der am Ende des 20. Jahrhunderts zur Erfüllung all dieser scheinbaren Utopien führte, damals bereits voll im Gange.

Heute geht es uns nicht viel anders. Die humane Revolution, an deren Ende der Einzug der Arbeit ins Reich der Freiheit steht, hat bereits begonnen. Und so wie das Tempo des Fortschritts im letzten Jahrhundert zugenommen hat, wird es sicherlich keine hundert Jahre dauern, bis wir diesen scheinbar utopischen Zustand erreicht haben werden. Dann werden wir uns kaum noch vorstellen können, dass es jemals anders war, als bei der Arbeit machen zu können, was man will – dass jemals jemand darüber entschieden haben sollte, was Sie zu tun haben.

Dieses Buch beschreibt, wie diese Revolution begonnen hat und wie sie sich fortsetzen wird, wer diesen Prozess bremsen möchte und wie er beschleunigt werden kann, was er mit uns und mit den Unternehmen anstellen wird. Es argumentiert dafür mit Karl Marx und mit Bayern München, es vergleicht real existierendes kapitalistisches Management mit längst vergangenen Sozialistischen Einheitsparteien, es fordert radikale marktwirtschaftliche Reformen in den Unternehmen und behauptet, dass die Gewerkschaften die Speerspitze dieser Reformbewegung sein könnten. Es bricht mit vielen Konventionen. Aber nie mit der Logik.

Neuere Bücher, die sich mit der New Economy oder der Veränderung der Arbeitswelt befassen, wirken fast durchgängig aufgeregt, atemlos, feurig-gehetzt. Ich halte das für übertrieben – um einen säkularen Wandel richtig zu begreifen, sollte man ruhigen Pulsschlags die Füße hochlegen. Mögen die Schneller-Schneller-Schneller-Propheten noch so antreiben: Die wichtigen Dinge im Leben brauchen Zeit.

Die grundlegenden Gedanken, die an der Wiege dieses Buches standen, habe ich erstmals Ende 1999 skizziert.[1] Das darauf folgende Jahr habe ich weitgehend damit verbracht, sie bei der Zeitschrift »Die Telebörse« in der Praxis zu erproben. Ob mit Erfolg, das können Connie, Tanja, Hans-Peter, Rita, Thomas, Julia, Silke, Stefan und Geraldine besser beurteilen. Ich habe in jedem Fall profitiert – und dieses Buch auch.

Warnhinweise

a) Prognosen sind immer mit Risiken behaftet. Vor allem, wenn sie die Zukunft betreffen – und je ferner diese ist, desto größer die Chance, danebenzuliegen. Sehen Sie dieses Buch bitte nicht als Fahrplan für das nächste Jahrhundert, sehen Sie es als Versuch, die Richtung einer Entwicklung zu begreifen.

b) Dieses Buch wildert in den Gehegen von mindestens sechs wissenschaftlichen Disziplinen. Das macht es angreifbar. Die Spezialisten werden zweifellos genügend Punkte finden, an denen sie dem Generalisten Kontra geben können. Genau so soll es auch sein.

c) Große gesellschaftliche Entwicklungen ergeben sich aus vielen einzelnen Entscheidungen vieler einzelner Menschen – manchmal weltweit spürbar, wie bei Michael Gorbatschow oder Bill Gates, meistens nur im engen Rahmen des persönlichen Umfelds, wie bei Ihnen und mir. Aber keine Entscheidung ist ohne Bedeutung. Ob es so kommt, wie hier beschrieben, hängt also nicht zuletzt davon ab, was Sie aus Ihrem Leben machen.

Machen Sie das Beste draus.

Hamburg, im Januar 2001

1. Was ist die humane Revolution?

Die humane Revolution ist der Ausgang des arbeitenden Menschen aus seiner selbstverschuldeten Unmündigkeit. Unmündigkeit ist das Unvermögen, sich seines Verstandes ohne Leitung eines anderen zu bedienen. Selbstverschuldet ist diese Unmündigkeit, wenn die Ursache derselben nicht am Mangel des Verstandes, sondern der Entschließung und des Mutes liegt, sich seiner ohne Leitung eines anderen zu bedienen. Sapere aude! Habe Mut, dich deines eigenen Verstandes zu bedienen!, ist also der Wahlspruch der humanen Revolution.

Das ist, Sie haben es sicherlich erkannt, Immanuel Kants berühmte Definition der Aufklärung aus dem Jahr 1784. Nur wurde »Aufklärung« durch »humane Revolution« ersetzt und dem Menschen das Adjektiv »arbeitende« vorangestellt. Die Idee der Selbstbefreiung durch das Wissen sei für Kant die entscheidende Idee der Aufklärung gewesen, meint Karl Popper,[2] und die Selbstbefreiung durch das Wissen ist auch die entscheidende Idee der humanen Revolution – nur eben am Arbeitsplatz. Für den Menschen in seiner Eigenschaft als *animal laborans*, als arbeitendes Wesen, wird diese Revolution eine ähnliche befreiende Wirkung haben wie die Aufklärung für den Menschen als vernunftbegabtes Wesen.

Revolution – das ist doch das Geschichtsgewitter, das Blut, Stress und Tränen produziert? 1789, Sturm auf die Bastille, Schreckensherrschaft der Guillotine. 1917, Oktoberrevolution, stalinistischer Massenmord. 1989, Montagsdemonstrationen, Mauerfall, Treuhandanstalt und Stasi-Akten. Revolution, das ist die atemberaubende Abfolge von Chaos, Umsturz, Euphorie, neue Ordnung, neues Leid.

In der Tat, im politischen Kontext ist das so. Hier gilt Carl Schmitts harsches Diktum: »Souverän ist, wer über den Ausnahmezustand entscheidet.«[3] Deshalb gilt hier das Highlander-Gesetz: »Es kann nur einen geben«; und deshalb sind hier Revolutionen eine Sache von Tagen, Wochen, höchstens Monaten. Ein altes, verbrauchtes System wird gestürzt, ein neues übernimmt die Macht – und hat dann viele Jahre Zeit, neue Strukturen aufzubauen, alte Eliten abzudrängen, die eigenen Kinder zu fressen, zu verkrusten und schließlich selbst abgelöst zu werden.

Sobald wir aber den politischen Bereich verlassen, verliert die Revolution ihre Kurzatmigkeit und gewinnt ihre ursprüngliche Bedeutung zurück. Revolution, das ist das Substantiv zum lateinischen Verb revolvere, und das heißt umdrehen oder umwälzen, aber eben nicht umstürzen. Nikolaus Kopernikus' Hauptwerk »De revolutionibus orbium coelestium« handelt nicht von den Umstürzen der Himmelskörper, sondern von ihren Umlaufbahnen, und der Revolver mag zwar den einen oder anderen Umsturz unterstützt oder verhindert haben, seinen Namen aber hat er von der sich automatisch weiter drehenden Patronentrommel.

Diese ursprüngliche Bedeutung ist eher gemeint, wenn Entwicklungen im ökonomischen oder gesellschaftlichen Bereich als »Revolution« bezeichnet werden. Zwar handelt es sich immer noch um einschneidende Umwälzungen, aber sie haben einen ganz anderen Zeithorizont: Jahrzehnte, wie bei der sexuellen Revolution, oder gar ein ganzes Jahrhundert, wie bei der industriellen Revolution. Also Adrenalinproduktion erst mal einstellen: Wir haben keinen Sprint vor uns, sondern einen Marathonlauf.

a) Kopf statt Zahl: Worauf die humane Revolution beruht

Es ist ein Marathonlauf von der Sorte, mit der ein Volk, ein Kontinent, ein Gesellschaftssystem ein ganzes Jahrhundert lang gut beschäftigt sind – ein Lauf, bei dem Kapital und Arbeit ihre Kräfte messen. In den letzten beiden Jahrhunderten ist jeweils einer davon ordentlich zu Ende gebracht worden:

- *Die industrielle Revolution des 19. Jahrhunderts* beraubte die meisten Menschen in den kapitalistischen Ländern ihrer Produktionsmittel, machte die Lohnarbeit zur alles beherrschenden Arbeitsform – und das mit praktisch grenzenloser Ausbeutung der Arbeitskraft. Das Kapital saß am längeren Hebel und ließ das die Arbeiter spüren. »Arbeiten, um zu überleben«, hieß das Leitmotiv des Jahrhunderts, auch wenn kaum jemand sich überzeugt dazu bekannte. Am Ende des 19. Jahrhunderts hatte die kapitalistische Wirtschaftsweise fast die ganze Welt erobert – und drohte, an ihren inneren Widersprüchen zu scheitern.
- *Die soziale Revolution des 20. Jahrhunderts* beendete Not und Elend in den Industrieländern, brachte eine noch nie da gewesene Steigerung der Arbeitsproduktivität und der Massenkaufkraft. Die Arbeiter wurden an ihren Produktivitätssteigerungen unmittelbar beteiligt (über höhere Löhne und kürzere Arbeitszeiten) und profitierten mittelbar von der Steigerung des gesamtwirtschaftlichen Wohlstands (über die wachsende Umverteilungswirkung des Staates). »Arbeiten, um zu leben«, hieß das Leitmotiv des Jahrhunderts, und das kam manchem als fröhliches »Brüder, zur Sonne, zur Freizeit« über die Lippen. Am Ende des 20. Jahrhunderts hat der sozialpartnerschaftliche Kapitalismus fast die ganze Welt erobert – und droht, an seinen inneren Widersprüchen zu scheitern.

Das Ziel für den Marathonlauf des 21. Jahrhunderts wurde 1999 von dem US-Management-Professor Peter F. Drucker formuliert: »Der wichtigste und tatsächlich einzigartige Beitrag des Managements im 20. Jahrhundert war die fünfzigfache Steigerung der Produktivität der Industriearbeiter. Die Produktivität der Wissensarbeit und der Wissensarbeiter auf ähnliche Weise zu steigern, dürfte sich als der Beitrag erweisen, den das Management im Laufe des 21. Jahrhunderts leisten muss.«[4]

Den Weg dorthin lieferte Drucker nicht mit, genauso wenig wie eine Vorstellung davon, wie es dann am Ziel aussehen könnte – nur zwei Fragen: »Was bedeutet Kapitalismus, wenn Wissen mehr als Geld die Welt regiert? Und was wird unter freien Märkten zu verstehen sein, wenn die Wissensarbeiter zu den eigentlichen und entscheidenden Vermögenswerten werden?«[5]

Die Antwort darauf dürfte etwa so lauten:

Das 21. Jahrhundert wird das Jahrhundert der humanen Revolution sein. Die Menschen gewinnen die Kontrolle über ihre Produktionsmittel zurück, die Wissensarbeit wird zur alles beherrschenden Arbeitsform. Die Arbeit sitzt am längeren Hebel und lässt das das Kapital spüren: Finanzkapital und Management werden auf eine Dienstleistungs-Funktion reduziert – galt bisher in wohlklingenden Geschäftsberichten der Mensch als wichtigste Ressource des Unternehmens, so wird nun das Unternehmen zu einer Ressource des Menschen. Es stellt denen, die bei ihm ihr Humankapital investieren, all das zur Verfügung, was diese zur Entwicklung ihrer Potenziale benötigen. »Arbeiten, um sich zu entfalten«, heißt das Leitmotiv des Jahrhunderts.

Zu diesem Ziel führen vier Entwicklungspfade, die zum Teil unabhängig voneinander, zum Teil in Wechselbeziehung miteinander die Welt, in der wir arbeiten, grundlegend umwälzen:

Immer mehr Menschen werden bei ihrer Arbeit in immer stärkerem Maß machen können, was sie wollen. Noch leisten wir uns eine gigantische Vergeudung von Humankapital, indem wir den meisten Menschen gar keine andere Chance lassen, als die Aufgabe zu erledigen, die ihr Vorgesetzter für sie vorgesehen hat. Die Entfesselung des Potenzials, das in diesen Köpfen steckt, ist der einzige Weg, um die Produktivität der Wissensarbeit signifikant und dauerhaft zu erhöhen. Als Wahlspruch der humanen Revolution könnte sich demnach neben Kants 217 Jahre altem *Habe Mut, dich deines eigenen Verstandes zu bedienen!* ein noch einmal 252 Jahre älterer Spruch eignen. Er stammt aus »Gargantua und Pantagruel«, ist von François Rabelais, und ist die einzige Regel, die er in der utopischen Abtei Thélème gelten ließ.* *Tu, was Du willst.*

---

* »In der Regel der Thelemiten gab es nur diesen einen Vorbehalt: TU WAS DU WILLST, weil freie, wohlgeborene, gebildete Leute, die mit ehrenhafter Gesellschaft Umgang pflegen, von Natur einen Trieb und Ansporn in sich tragen, der sie allezeit zu tugendhaften Taten antreibt und vom Laster abhält; diesen Drang nennen sie Ehre.« (Francois Rabelais, Gargantua und Pantagruel <1532>, Winkler Verlag, München 1979, S. 291

Neue Dienstleistungsangebote werden den Menschen dabei helfen herauszufinden, was sie wollen. Die Arbeitnehmerberatung wird immer mehr die Rolle übernehmen, die heute die Unternehmensberatung einnimmt. Und die Angebote, die uns dabei unterstützen, unsere Arbeit bestmöglich zu gestalten, werden ähnlich umfangreich und differenziert werden wie heute die zur Freizeitgestaltung.

Die planwirtschaftliche Unternehmensorganisation wird durch eine marktwirtschaftliche Organisation ersetzt. Nicht Hierarchie entscheidet darüber, wer was macht und wofür investiert wird, sondern das Verhältnis zwischen Angebot und Nachfrage auf unternehmensinternen Märkten für finanzielle, intellektuelle und operative Kapazitäten. Die Ökonomen werden ein neues Fach entwickeln, um diese neuen Märkte installieren und analysieren zu können: die Marktdesignlehre.

Die Herrschaft des Finanzkapitals wird durch die Herrschaft des Humankapitals ersetzt. Auch wenn alle Produktionsfaktoren gebraucht werden, um etwas zu produzieren: Der Engpassfaktor diktiert, zu welchen Bedingungen das geschieht. Und dieser Engpassfaktor ist der Mensch in seiner Einzigartigkeit. Er entscheidet, wo und wie er sein Humankapital investiert. Die Ökonomen werden ein neues Fach entwickeln, um dem Rechnung zu tragen: Neben Nationalökonomie und Betriebswirtschaftslehre wird die Individualökonomie treten – die Lehre vom Humankapital-Investor.

b) Jeder ein Effenberg: Wie die humane Revolution aussehen wird

Können Sie sich vorstellen, wie das aussehen könnte? Wie Ihr Land, Ihre Stadt, Ihr Arbeitsplatz, Ihr Bankkonto – wie Ihr Leben aussehen könnte, wenn diese vier Entwicklungspfade beschritten worden sein werden?

Ich auch nicht.

Um Bilder von einer Zukunft entwerfen zu können, die auch nur annähernd ein Jahrhundert überdauern sollen, muss man wohl Romancier sein. Die besten Voraussagen für das 20. Jahrhundert machte Jules Verne, die besten für das 21. Jahrhundert machte wahrscheinlich Stanislaw Lem. Zum Teil sind sie bereits eingetroffen (wie die Virtual Reality, die bei Lem »Phantomatik« heißt)[6] zum Teil dürften sie demnächst bevorstehen (wie die Extelopädie, das Lexikon, das sich automatisch aktualisiert[7]), zum Teil schildern sie schlicht das Forschungsprogramm der nächsten Jahrhunderte (wie seine Ausführungen zur Genetik in »Summa technologiae«)*. Nur leider hat sich Lem vor allem mit Technologie beschäftigt, nicht mit der Arbeitswelt.

Auch die Autoren, die sich jeweils einzelnen Aspekten der humanen Revolution intensiv gewidmet haben, malen keine Bilder, die die Dimension dieser Umwälzung greifbar machen würden:

• Frithjof Bergmann, Philosophieprofessor an der Universität von Michigan in Ann Arbor, setzt sich seit zwanzig Jahren dafür ein, dass Arbeiter das tun sollen, »was sie wirklich, wirklich wollen«. Er hat erkannt, wie immens der Beratungsbedarf ist, der dafür nötig ist: »Nicht zu wissen, was man wirklich, wirklich will, ist sehr weit verbreitet. Man kann sogar sagen: Dieses Nicht-Wissen ist Teil des menschlichen Geschicks; es ist tief verankert in der menschlichen Natur.«[8] Er beschränkt sein Tätigkeitsfeld allerdings auf Arbeitslose und soziale Problemgruppen, denen er eine sinnvollere Arbeit als die üblichen Beschäftigungstherapien verschaffen will.

• Reinhard K. Sprenger, streitbarer deutscher Managementautor[9] und -berater, beschreibt ebenso provokant wie zutreffend, wie Führungskräfte und Unternehmensbürokratien die kreativen Potenziale zuschütten, die die Individualisierung ihnen bieten könnte. Leider ist er bisher nicht aus seiner Managementberater-Haut heraus gekommen** und richtet deshalb seine Appelle an Verände-

---

* Und einige werden wohl auch nie eintreffen, zum Beispiel die Züchtung von Bakterienkulturen, die mit hellseherischen Fähigkeiten begabt sind (ebenfalls in »Imaginäre Größe«). Aber die hatte Lem wohl auch nicht ernst gemeint.

** Den unüberbrückbaren Konflikt zwischen seinen Aussagen und den Interessen seiner Zielgruppe hat er wohl selbst gespürt, wie die Anfangssätze seines Buches »Aufstand des

rungswillen und Einsicht genau an jene Gruppe, der er selbst nicht zutraut, dass sie zur Veränderung in der Lage ist: »Unternehmer sind Agenten des Wandels, Manager Agenten der Stabilität. Der Manager ist nicht Manager geworden, um mit Neuem zu experimentieren.«[10]

• Danah Zohar, US-Unternehmensberaterin und studierte Physikerin, eröffnet inspirierende Perspektiven darüber, wie Unternehmen und Arbeitsprozesse in Zukunft aussehen können, indem sie Analogien zwischen Unternehmensstrukturen, menschlichen Denkprozessen und der Quantenphysik herstellt.[11] Ihre Vision des »Quantenunternehmens«, das neben das heute übliche »Newtonsche Unternehmen« treten soll, leidet allerdings etwas darunter, dass Zohar ihr etwas zu viel Spiritualität beimischt.

Doch ohne ein Leitbild, eine Vorstellung davon, wohin wir gehen könnten, und dass es sich lohnt, dorthin gehen zu wollen, würde es die humane Revolution schwer haben – weil sie sonst ständig mit ihrer Kusine, der New Economy, verwechselt wird. Und die sieht einfach nicht gut aus: »Das ist ein Bereich, in dem die Old Economy immer noch über die New Economy triumphiert«, konstatiert Charles Leadbeater: »Sie offeriert massenwirksamere Fantasien. Die Old Economy bot Wohlstand für alle, die New Economy belohnt lediglich eine schmale unternehmerische Elite.«[12]

Ich glaube nicht, dass es ihren Propagandisten an Fantasie mangelt – die New Economy ist zu Recht eine nicht massenwirksame Veranstaltung, denn sie ist elitär und a-sozial. Ich glaube, dass darin der zentrale Unterschied zur humanen Revolution liegt, und möchte ein Bild von letzterer zeichnen, das den Unterschied auch deutlich macht.

Individuums« demonstrieren: »Erste Sätze sollten ein Buch in Gang setzen wie erste Küsse eine große Liebe. *It's good to be remembered that everybody is following his own dream.* Diesen Satz von Thomas Banyacya, einem Häuptling der Hopi-Indianer, trage ich schon lange bei mir. In mehrfacher Hinsicht schien er mir geeignet, dieses Buch einzuleiten. Dann aber kamen mir Zweifel. Ein Buch zur Führungspraxis so beginnen? Ist das nicht ein bisschen zu pathetisch?«

Bei der Suche nach Unternehmen, die heute schon am meisten von dem vorausahnen lassen, was morgen Alltag sein wird, habe ich keine gefunden, die besser passen würden als – Fußballvereine. Nicht Cisco, nicht Amazon, nicht Microsoft, nicht Bertelsmann: Bayern München und Manchester United sind die Leitbilder zukünftiger Unternehmensorganisation. Denn während die Vorturner der New Economy noch versuchen, der wachsenden Komplexität und Individualisierung mit Managementmethoden Herr zu werden, stellt im Profifußball der entscheidende Produktionsfaktor des 21. Jahrhunderts sich selbst in den Mittelpunkt: der Mensch in seiner Einzigartigkeit.

Am Beispiel des FC Bayern München möchte ich die wichtigsten Punkte aufführen, an denen die Fußballvereine die Entwicklung der Wirtschaftswelt vorweg nehmen:

a) Bei Bayern München geht es nicht darum, Karriere in der Hierarchie zu machen. Mehmet Scholl will nicht Ottmar Hitzfelds Posten, Stefan Effenberg leidet nicht darunter, dass er kein Uli Hoeneß ist. Mehmet Scholl wird dafür bezahlt, respektiert und von vielen sogar verehrt, dass er Mehmet Scholl ist – der Trainer ist nur dafür da, aus ihm den bestmöglichen Scholl zu machen.

b) Bei Bayern München muss man auch keine Karriere machen, um Spitzen-Gehälter zu verdienen: Die hauptamtliche Führungsetage beim FC Bayern besteht aus Uli Hoeneß (Manager), Ottmar Hitzfeld (Trainer) und Karl Hopfner (Geschäftsführer). Keiner von ihnen verdient auch nur annähernd so viel wie der einfache Angestellte Stefan Effenberg.*

c) Bei Bayern München werden auch einfache Angestellte professionell und individuell beraten und betreut. Mehmet Scholl kann sich darauf konzentrieren, das zu tun, was er am besten kann –

---

* Effenbergs Jahreseinkommen wurde 1999 von der in solchen Fragen stets gut informierten Bild-Zeitung auf 7 Millionen Mark geschätzt. Das Gehalt von Uli Hoeneß schätzte »Bild« 1997 auf 1,5 Millionen Mark, das von Ottmar Hitzfeld (damals noch Borussia Dortmund) auf 2,5 Millionen – genau so viel wie der damalige Bayern-Trainer Giovanni Trappatoni. Auch wenn da seither noch ein paar hunderttausend draufgelegt wurden, dürften Hitzfeld und Hoeneß nicht einmal zusammengenommen so viel verdienen wie Effenberg alleine.

Fußball spielen – und sein Manager kümmert sich um all das, was dazu gehört, wenn Top-Leistung auch top honoriert werden soll: Gehalts- und Vertragsverhandlungen, Sondierung neuer Angebote, Erschließung neuer, zusätzlicher Erlösquellen, Optimierung der Außendarstellung etc.

d) Jeder Angestellte arbeitet nicht nur für das Unternehmen, das ihn bezahlt, sondern auch für sich selbst. Giovane Elber bildete beim VfB Stuttgart ein hervorragendes Gespann mit Krassimir Balakov und Fredi Bobic. Elber sprengte das Trio, ging zum FC Bayern, vervierfachte sein Gehalt – und wurde der wichtigste Stürmer bei Deutschlands bester Mannschaft. Hätte er es bis zum brasilianischen Nationalspieler gebracht, wenn er beim VfB Stuttgart geblieben wäre?

Den umgekehrten Weg, weg von den Bayern, hin zum 1. FC Kaiserslautern, ging dagegen Mario Basler. Die Vorstellungen, die die Münchner Vereinsführung vom Verhalten ihrer Spieler hatte, waren mit seiner Lebensauffassung inkompatibel. In einer Situation, in der der Job von ihm verlangt hätte, sich selbst untreu zu werden, wechselte er lieber den Arbeitgeber und ging in die Provinz. Okay, er wird so weder ein Pelé noch ein Maradona. Aber es war seine bewusst getroffene Entscheidung, statt dessen lieber Mario Basler zu bleiben.

e) Die Loyalität zum Arbeitgeber reicht genau so weit wie der Arbeitsvertrag. Giovane Elber hatte kein Problem, mit dem VfB Stuttgart gegen den FC Bayern zu spielen, auch als sein Wechsel schon fest stand. Und heute hat er kein Problem, gegen den VfB Stuttgart zu spielen. Und auch die beiden Vereine kommen mit dieser Berufsauffassung gut zurecht. Kein Verein verlangt mehr von seinen Spielern, dass sie sich völlig mit der eigenen Mannschaft identifizieren – es reicht, wenn sie alle auf das gemeinsame Saisonziel hinarbeiten. Natürlich dürfen Spieler jederzeit besondere Loyalitäten zu einem Verein entwickeln, so wie Lothar Matthäus zum FC Bayern. Aber man kann ohne solche Bindungen genauso gut deutscher Meister werden.

f) Die Verantwortung für die Leistung des Teams liegt nicht bei den Spielern, sondern bei den Führungskräften. Aus all den hoch qualifizierten Individuen, die der Profifußball-Arbeitsmarkt bietet, haben diese zwei Dutzend ausgewählt, von denen sie besondere Leistungen erwarten. Mit dem Tabellenstand gibt es ein sehr schnelles, effizientes Beurteilungskriterium dafür, ob die Leistungen des Teams in einem ordentlichen Verhältnis zu den getätigten Investitionen stehen. Kommt es zu einer deutlichen Abweichung nach unten, hat nicht das Team versagt, sondern der Teamchef. Meistens wird dann der Trainer gefeuert, hin und wieder auch der Manager oder der Präsident.

Jeder für sich ist ein Star. Und das um so mehr, je mehr Erfolg sein Unternehmen hat. Das ist, auf den kürzesten Nenner gebracht, das Erfolgsrezept in der humanen Revolution. Und damit schließt sich ein Kreis der kapitalistischen Entwicklung. Mit dem Manchester-Kapitalismus begann es vor bald 200 Jahren: Das Unternehmen war alles, der Mensch galt nicht. Mit dem Manchester-United-Kapitalismus wird dieses Bild komplett umgedreht: Der Mensch ist alles, das Unternehmen gilt nichts.

Jeder Vergleich hinkt. Wenn man ihn überstrapaziert. Wahrscheinlich fallen Ihnen aus dem Stand ein paar Punkte ein, bei denen das Profifußball-Bild überhaupt nicht passt. Oder scheint es nur so, dass es nicht passt?

Einwand Nr. 1: Ein Kader von zwei Dutzend Spielern mag so organisierbar sein, aber nicht ein Konzern von 100 000 Beschäftigten. Kann sein. Ob es so ist, weiß man wohl erst, wenn es mal probiert wurde. Schließlich ist Elf, die Teamgröße beim Fußball, nicht so weit entfernt von der durchschnittlichen Teamgröße in Unternehmen. Im 5. Kapitel werde ich ein paar Hilfsmittel vorschlagen, mit denen auch Großkonzerne dazu übergehen können, all ihre Beschäftigten das machen zu lassen, was sie wollen. Bis es so weit ist, sollte man zumindest den Umkehrschluss aus diesem Einwand bedenken: Wenn ein Großkonzern nicht in der Lage ist, sich so zu organisieren wie Bayern München, ist er vielleicht die längste Zeit Großkonzern gewesen.

Einwand Nr. 2: Nicht jeder VW-Beschäftigte ist ein Stefan Effenberg. Das gilt so ja nicht nur für VW, sondern sogar schon für Bayern München. Es ergäbe wohl auch keine wirklich gute Mannschaft, wenn elf Stefan Effenbergs auflaufen würden. Erst die Kombination von Kahn, Scholl, Lizarazu, Elber, Effenberg etc. macht das Top-Team aus. Ähnlich ist es in jedem Unternehmen: Die Kombination aus Müller, Meier, Schulze macht den besonderen Kick. Und was Fritz Müller kann, wird Stefan Effenberg nie so hinbekommen.

Einwand Nr. 3: Es kann ja wohl nicht jeder ein Jahresgehalt in Millionenhöhe bekommen. Das klingt zwar einleuchtend, muss aber nicht stimmen. Erinnern Sie sich an die Aufgabe, die Peter F. Drukker gestellt hat – die Verfünfzigfachung der Produktivität der Wissensarbeit? Wenn auch weiterhin die Löhne mit der Produktivitäts-Entwicklung Schritt halten, entspräche das einem durchschnittlichen Gehalt von mehr als 250 000 Mark. Pro Monat!* Dass wir uns eine ganze Gesellschaft voller Millionäre nicht vorstellen können, heißt nicht, dass es sie nicht geben kann. Drucker hat uns für den Produktivitäts-Marathonlauf ja 100 Jahre Zeit gelassen.

Einwand Nr. 4: 22 Männer kämpfen um einen Ball, ein paar Millionen schauen dabei zu – was hat das mit der Wissensgesellschaft zu tun? Wenig und viel. Wenig, weil allein schon durch die seit 100 Jahren fast unveränderten Spielregeln kaum Produktinnovation möglich ist: Ein Spiel dauert 90 Minuten, und wer mehr Tore schießt, als er kassiert, hat gewonnen. Viel, weil es trotzdem gelang, innerhalb weniger Jahre die Produktivität (also den Umsatz je Beschäftigten) zu vervielfachen – durch neue Verpackungen (Champions League) und Darreichungsformen (Live-Übertragung im Pay-TV), durch neue Business-Modelle und neue Spielerpersönlichkeiten. Und einen Punkt gibt es, an dem der Profifußball geradezu emblematisch für die Wissensgesellschaft steht: Entscheidend ist nicht,

---

* allerdings brutto

wie das Produkt aussieht – da sind alle austauschbar. Entscheidend ist, wer es herstellt – »es gibt nur einen Rudi Völler«, hieß das in der Nordkurve.

c) Wie viele? Und wie schnell? Die offenen Fragen der humanen Revolution

Bei zwei wesentlichen Elementen der humanen Revolution scheint die Fußball-Analogie nicht weiter zu helfen. Sie bietet keine passende Antwort – beziehungsweise mehrere einander entgegengesetzte, was im Ergebnis auf das gleiche hinausläuft. Aber gerade die Unbestimmtheit ist an diesen Stellen hilfreich. Denn es handelt sich um die zwei wichtigsten offenen Fragen der humanen Revolution:

1. Wie viele Menschen werden von der humanen Revolution profitieren können?
2. Wie lange wird es dauern, bis dieser Prozess abgeschlossen ist?

Hier helfen weder Bayern München noch Manchester United: Natürlich können nicht alle Fußballer so agieren und verdienen wie die Profis der Champions-League-Vereine. Fußball lebt, wie jede Sportart, davon, dass es viele gibt, die an die Spitze kommen wollen, aber nur wenige, die es tatsächlich schaffen. In der Marktwirtschaft gelten andere Regeln: »Wohlstand für alle«, die hehre Utopie Ludwig Erhards, kann tatsächlich in Erfüllung gehen – und aus der Sicht eines Krupp-Arbeiters des Jahres 1900 wäre sie im Deutschland des Jahres 2000 auch bereits erfüllt. Selbst wenn man konzedieren würde (was ich nicht tue), dass der Kapitalismus zu seinem Gedeihen die Existenz von und die Drohung mit Armut und Arbeitslosigkeit benötigt, so geht es dabei immer noch um ein System, in dem die überwältigende Mehrheit von dessen Vorzügen materiell profitieren kann. Beim Profifußball hingegen kann man allenfalls argumentieren, dass die Millionen von Freizeitkickern und Fernsehzuschauern ideell davon profitieren. In Cent und Euro gerechnet gibt die überwältigende Mehrheit der Spieler mehr für Ausrüstung und

Fahrtkosten aus, als an Prämien und Freibier wieder hereinkommt – von einer Entlohnung für Zeit und Engagement ganz zu schweigen.

Auch bei der Frage, wie lange es dauert, bis sich die humane Revolution in der Gesellschaft verbreitet hat, ist der Profifußball kein taugliches Vorbild. Zum einen, weil der Siegeszug der humanen Revolution viel intensiver in die Lebensentwürfe der Menschen eingreift als der Siegeszug des Profifußballs im letzten Drittel des 20. Jahrhunderts, die Umstellung also wahrscheinlich mehr Zeit brauchen wird. Zum anderen, weil sich im Fußball diverse Trends mit sehr unterschiedlicher Entwicklungsgeschwindigkeit überlagern:
- die gesellschaftliche Durchsetzung des Fußballs als Nationalsport Nr. 1, die in Deutschland mit dem Gewinn der Weltmeisterschaft 1954 abgeschlossen war;
- die gesellschaftliche Durchsetzung als Globalsport Nr. 1, an der seit Anfang der 70er Jahre gearbeitet wird;
- die Durchsetzung als Wirtschaftsfaktor, die 1963 mit der Einführung der Bundesliga begann;
- die Durchsetzung als Schlüsselbranche der Entertainment-Industrie, die 1988 begann, als erstmals ein Privatsender die Ausstrahlungsrechte für die Bundesliga erwarb.

Wie viele Menschen werden von der humanen Revolution profitieren können? So viele, wie es Fußballprofis gibt, so viele, wie es Fußballspieler gibt, oder gar so viele, wie es Fußball-Interessierte gibt? Und wie lange wird es dauern, bis sich die humane Revolution durchsetzt? Mehr als hundert Jahre, wie seit Erfindung der Fußball-Regeln, knapp 40 Jahre, wie seit Erfindung der Bundesliga, oder ein gutes Jahrzehnt, wie seit dem Beginn des Wettbietens um die TV-Senderechte?

Auf beide Fragen habe ich keine Antwort. Weil es diese Antwort so nicht geben kann. Die vier Entwicklungspfade zur humanen Revolution lassen sich, wie ich hoffe zeigen zu können, aus den bereits sicht- und spürbaren ökonomischen und gesellschaftlichen

Trendlinien herauslesen. Bei diesen beiden Fragen hilft aber eine Interpretation des *vorhandenen* Materials und Potenzials allein nicht weiter. Hier ist es entscheidend, wie sich einzelne Menschen oder gesellschaftliche Gruppen *in Zukunft* verhalten werden. Wie viele Menschen von der humanen Revolution profitieren werden, hängt unter anderem davon ab, ob und wann Parteien und Gewerkschaften die Chancen erkennen, die sie ihnen bietet (mehr dazu in den Kapiteln 7 und 14) – und die Zeitspanne bis zum Sieg der humanen Revolution kann durch eine einzelne unternehmerische Entscheidung um Jahrzehnte verkürzt werden.

Eine einzelne unternehmerische Entscheidung?

Ja.

Denn sie kann allen Seiten beweisen, dass es sich rechnet, den Arbeitsplatz als Reich der Freiheit zu begreifen – und damit eine Sogwirkung auslösen, die den Konkurrenten gar nichts anderes übrig lässt, als ebenfalls zu diesem Mittel zu greifen (s. auch Kapitel 14).

Und wie müsste eine singuläre unternehmerische Entscheidung aussehen, die in der Arbeitswelt mit einem solchen Quantensprung die humane Revolution ausrufen könnte? In Anlehnung an den Schritt, mit dem Henry Ford das Tempo der sozialen Revolution beschleunigte (mehr dazu in Kapitel 2), müsste das fortgeschrittenste Unternehmen in der fortgeschrittensten Branche seiner Zeit dazu übergehen, alle seine Beschäftigten das tun zu lassen, was sie wollen.

Und welches Unternehmen könnte das sein?

Zur Zeit gibt es zumindest keinen Kandidaten, der sich geradezu aufdrängt. Sie können sich also ruhig nach der Lektüre dieses Buches die Frage stellen, ob nicht vielleicht Sie oder Ihr Unternehmen der geeignete Kandidat dafür sein könnten, oder was Sie dafür tun müssen, es zu werden.

2. Vom Manchester-Kapitalismus zur Wissensgesellschaft
Kapital gegen Arbeit: Was bisher geschah

Der Tag, an dem der Kapitalismus gerettet wurde, war bitterkalt. Sogar zur Mittagszeit kamen die Thermometer in Detroit nicht einmal bis zum Gefrierpunkt hinauf. Doch mehr als 10 000 hungrige, schlecht gekleidete Menschen ließen sich davon nicht schrecken und versammelten sich vor den Toren von Highland Park. Alle waren sie wegen der gleichen vier Worte gekommen: »Fünf Dollar pro Tag«. Das war seit eben diesem Dienstag, dem 6. Januar 1914, der Lohn für einen Arbeiter bei Ford – etwas mehr als doppelt so viel wie noch am Tag zuvor, und das bei einer von neun auf acht Stunden reduzierten Arbeitszeit.

5000 neue Arbeiter brauchte Henry Ford tatsächlich: Um seine im Vorjahr neu eingeführten Fließbänder besser auszulasten, hatte er gleichzeitig vom 2-Schicht- auf einen 3-Schicht-Betrieb umgestellt. In Highland Park, der modernsten Automobilfabrik der Welt, ja, der modernsten Fabrik überhaupt, liefen die Bänder nun von Montagmorgen bis Samstagabend ohne Pause.

Doch obwohl die neu benötigten Arbeiter quasi wie am Fließband eingestellt wurden, nahm die Zahl der draußen Wartenden nicht ab, sondern beständig zu. Als am Montag, dem 12. Januar, keine Jobs mehr zu vergeben waren, richtete sich die Verzweiflung der Wartenden gegen die Glücklichen: die zum Schichtbeginn durchs Werkstor eilenden Ford-Arbeiter. Steine flogen, die Polizei griff mit Wasserschläuchen ein, und schließlich zerstreute sich die Menge. Die soziale Revolution wurde von der Sensation zum Alltag.

Die Motive, die Henry Ford zu dieser Entscheidung gebracht hatten, sind bis heute umstritten. Ford selbst blieb bis an sein Lebensende bei der Version, dass es ihm nur um eine Steigerung der Effizienz gegangen war: Durch die Einführung der Fließbandarbeit war die Fluktuationsrate in Highland Park auf Schwindel erregende 380 Prozent pro Jahr geklettert. Die Lohnerhöhung senkte die Zahl der Kündigungen drastisch, der Rückgang der Kosten für Einarbeitung sowie die durch den 3-Schicht-Betrieb gesteigerte Produktion machten die höheren Löhne mehr als wett. Der 5-Dollar-Tag war, so Ford, »die beste Idee zur Kostensenkung, die wir je hatten«.[13] Der Ford-Biograph Robert Lacey weist allerdings darauf hin, dass Ford ab Mitte 1913, angeregt durch die Lektüre des US-Philosophen Ralph Waldo Emerson, das starke Bedürfnis hatte, durch soziale Großtaten die Gesellschaft ebenso zu verändern, wie er die Industrie bereits verändert hatte.

Die Erfindung aber, durch die am 6. Januar 1914 die Industriegesellschaft revolutioniert und der Kapitalismus gerettet wurde, hatte Ford offensichtlich gar nicht beabsichtigt – die Erfindung der Massenkaufkraft. 30 Jahre zuvor hatte es Paul Lafargue im »Recht auf Faulheit« bereits halb satirisch, halb prophetisch als das »große Problem der kapitalistischen Produktion« bezeichnet, »Konsumenten zu entdecken, ihren Appetit zu reizen und ihnen solchen anzuerziehen«,[14] jetzt war es tatsächlich soweit. »Der 5-Dollar-Tag«, resümiert Lacey, »war die Lösung für das Dilemma, in dem sich der Kapitalismus zu Beginn des 20. Jahrhunderts befunden hatte: Wer sollte all die Produkte kaufen, deren Produktion der technische Fortschritt ermöglicht hatte? Ob es dem Unternehmer gefiel oder nicht, die Zahlung eines ordentlichen Lohns, der über das Existenzminimum hinausging, sollte zur Voraussetzung für das Überleben der modernen freien Wirtschaft der westlichen Welt werden.«[15]

a) Vom Manchester-Kapitalismus zur Sozialpartnerschaft

Der 6. Januar 1914 ragt wie ein Fels aus dem ewig brandenden Konflikt zwischen Kapital und Arbeit heraus, der die Welt seit 200 Jahren in Atem hält. Es ist der einzige Quantensprung in einer ansonsten kontinuierlichen Entwicklung, die vom brutalen Manchester-Kapitalismus zur weichgespülten Sozialen Marktwirtschaft führt. Doch ohne diesen Quantensprung wäre der Kapitalismus wohl kaum in der Lage gewesen, diese Entwicklung zu Ende zu bringen. Denn in einer Phase, in der der Kampf zwischen Kapitalismus und Kommunismus auf Messers Schneide stand, schwächte er das gegnerische Lager gleich doppelt – in der theoretischen und in der praktischen Auseinandersetzung:

- Der 6. Januar 1914 widerlegte die wissenschaftliche Grundlage des Kommunismus – die Werttheorie von Karl Marx. Marx war davon ausgegangen, dass die einzige Quelle für die Erzeugung von Mehrwert die menschliche Arbeitskraft ist – weil Arbeiter nicht nach dem bezahlt werden, was sie an Wert schöpfen, sondern nach dem, was sie zum Überleben brauchen. Kein Wenn, kein Aber, kein Vielleicht: »Der Wert der Arbeitskraft ist der Wert der zur Erhaltung ihres Besitzers notwendigen Lebensmittel«[16], und damit basta. Das war zwar weitgehend korrekt zu der Zeit, als »Das Kapital« publiziert wurde, aber es war eben, wie sich nun zeigte, kein ehernes, unveränderliches Prinzip des Kapitalismus.
- Der 6. Januar 1914 entzog dem Kommunismus die Massenbasis. Die Zahl der Proletarier, die »nichts zu verlieren haben als ihre Ketten«,[17] nahm ab, und immer mehr Menschen wurden von recht- und besitzlosen Proletariern zu Arbeitnehmern, die bei einem gewaltsamen Umsturz tatsächlich eine ganze Menge zu verlieren hatten. Erich Mühsam machte sich 1907 noch über den revoluzzenden Lampenputzer lustig, der die Revolution nicht mehr mitmachen wollte, als sie seinen Arbeitsplatz zu vernichten drohte. Aber genau das wurde in den folgenden Jahren die Situation eines immer größeren Teils der Arbeiterschaft.

Natürlich sah die Welt, in der Henry Ford agierte, schon ganz anders aus als die Wirtschaft à la Karl Marx. Niemals zuvor in der Menschheitsgeschichte, und auch seither niemals wieder, war eine solche permanente Anspannung der Kräfte nötig, nur um das nackte Überleben zu sichern, wie es den Industriearbeitern Mitte des 19. Jahrhunderts zugemutet wurde. Damals waren in der Tat die Arbeiter nicht mehr als ein Rohstoff, der zwar für den Produktionsprozess *gebraucht*, in diesem Prozess aber auch *verbraucht* wurde.

Kapital gegen Arbeit: Historische Entwicklungspfade

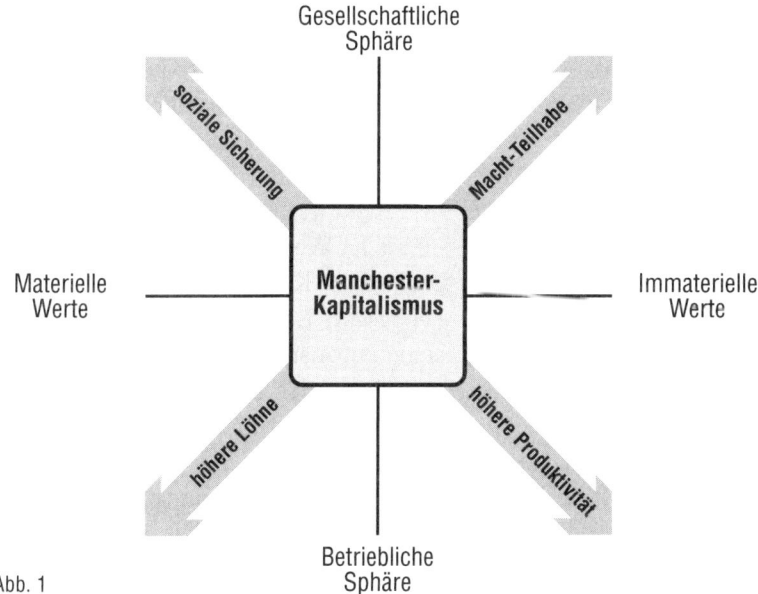

Abb. 1

Sowohl in materieller als auch in ideeller Hinsicht, sowohl in den Unternehmen als auch in der Gesellschaft hatte sich Anfang des 20. Jahrhunderts die Position der Arbeiterschaft bereits deutlich gegenüber diesem manchester-kapitalistischen Zustand verbessert und verbesserte sich seither ständig weiter. Abb. 1 zeigt die vier wichtigsten Entwicklungspfade, auf denen sich diese Aufwertung abspielte:[18]

1. *Mehr Sicherheit – Wirtschaft à la Otto v. Bismarck:* Es war die preiswerteste Lösung für Unternehmer und Establishment, um den Druck der sich formierenden Interessenvertreter der Arbeiterschaft zu reduzieren. Deshalb handelt es sich auch um denjenigen Entwicklungspfad, der als erster beschritten wurde, nämlich schon im 19. Jahrhundert. Das Aufkommen der sozialistischen Parteien wurde zwar zuerst mit Gewalt unterdrückt (zum Beispiel mit dem

»Gesetz gegen die gemeingefährlichen Bestimmungen der Sozialdemokratie«, durch das der Reichskanzler Otto v. Bismarck 1878 den Arbeitern ihre politische Führung nehmen wollte, sie statt dessen aber massiv stärkte). Als dieses Mittel sich aber als untauglich erwies, schwenkte Bismarck von den Sozialisten- zu den Sozialgesetzen um. Die Sozialversicherungen, die er von 1883 bis 1889 auf den Weg brachte,* machten zwar den Arbeitsalltag nicht weniger hart, nahmen aber die Unternehmen in die Pflicht, für Unglück, Krankheit und Alter ihrer Beschäftigten mit vorzusorgen. Damit waren Arbeiter nicht mehr lediglich ein Verbrauchsgut im Produktionsprozess – sie wurden *als Menschen* anerkannt.

2. *Mehr Produktivität – Wirtschaft à la Frederick Taylor:* Keiner konnte sich vorstellen, welche Leistungsreserven in herkömmlichen Industriearbeitern steckten – bis Frederick Winslow Taylor kam. Der Ingenieur Taylor war der erste überhaupt, der Produktivitätskriterien in die Untersuchung der Industriearbeit einbrachte. Davor gab es lediglich die Unterscheidung zwischen fleißigen und faulen, schwachen und kräftigen Arbeitern; Taylor aber machte klar, dass ein wichtiger Faktor für die Leistungsfähigkeit der Arbeiter in den Umständen liegt, unter denen sie ihre Arbeit tun. Durch schlichte Beobachtung und Optimierung der Arbeitsabläufe und -instrumente setzte Taylor ab 1911** eine Produktivitätssteigerung in Gang, die in der Industrie bis zum heutigen Tag andauert. Taylorisierung wurde die intelligentere Art der Ausbeutung: Die Arbeitszeit wurde kürzer, aber dafür stieg die Produktivität der einzelnen Arbeitsstunde. Der bekennende Taylor-Fan Peter F. Drucker sieht in ihm sogar die entscheidende Person für die ökonomische Entwicklung des 20. Jahrhunderts: »Jede Methode, die während der letzten einhundert Jahre entwickelt wurde und die auch nur die geringste Produktivitätssteigerung und somit einen Anstieg der Reallöhne der Industriearbeiter nach sich gezogen hat, basiert auf den Grundlagen der

---

* 1883 die Krankenversicherung, 1884 die Unfallversicherung, 1889 die Alters- und Invalidenversicherung
** erstmalige Veröffentlichung der »Principles of scientific management«

Erkenntnisse von Frederick Taylor.«* Die Steigerung der Produktivität macht aus einer beliebig austauschbaren Ressource im Produktionsprozess ein Gut, das einen eigenen Wert hat – der Beitrag des einzelnen Arbeiters zum Gesamtprodukt wird messbar, Arbeit wird zum *Investitionsgut*.

3. *Mehr Geld – Wirtschaft à la Henry Ford:* Taylor hatte befürwortet, dass Arbeiter entsprechend ihrer Produktivität bezahlt werden sollten. Umgesetzt hat diese Forderung Henry Ford drei Jahre nach Erscheinen von Taylors »Principles of scientific management«, und ein Jahr nach Einführung des Fließbands. Der 5-Dollar-Tag war das »Missing link« zwischen diesen beiden Ereignissen: Der technische Fortschritt ermöglichte zwar die Massenproduktion gehobener Konsumgüter, konnte aber die Massenkaufkraft nicht bereitstellen, die notwendig war, um die in Massen produzierten Güter auch zu verkaufen. Die Lohnerhöhungen hingegen, die diese Kaufkraft schafften, waren nur durch den Produktivitätsfortschritt möglich, den die Industriearbeiter in diesen Jahren erreichten. Seither kommt es nicht mehr nur darauf an, womit die Arbeiter ihr Geld verdienen, sondern auch darauf, wofür sie es jenseits des Werkstores ausgeben. Sie werden *als Konsumenten* anerkannt.

4. *Mehr Macht – Wirtschaft à la Friedrich Ebert:* In der zeitlichen Abfolge handelt es sich um die letzte Bastion, die der Produktionsfaktor Arbeit erstürmte. Über Geld und Sozialversicherung ließen die Unternehmer mit sich reden, aber eine sozialdemokratische Regierung war für sie über große Strecken des 20. Jahrhunderts das sprichwörtliche rote Tuch. Die Regierungsbeteiligung der Sozialdemokraten nach dem Ersten Weltkrieg kam in dieser Hinsicht eindeutig zu früh. Als kleineres Übel wurden Friedrich Eberts Sozialdemokraten in Kauf genommen, um die kommunistische Revolution

---

* Drucker, Management im 21. Jahrhundert, a.a.O., S. 196. Die Begeisterung für Taylor führt so weit, dass Drucker für die Produktivitätssteigerung im 21. Jahrhundert nach etwas sucht, das für die Wissensarbeit das sein könnte, was Taylors Werk für die Industriearbeit war. Dass Drucker dabei nicht fündig wurde, ist für mich ein weiteres Indiz dafür, dass Taylors »angebotsorientierter« Beitrag zur Produktivitätssteigerung im vergangenen Jahrhundert weniger schwer wiegt als der »nachfrageorientierte« Beitrag Henry Fords.

zu verhindern. Genauso zähneknirschend schlossen am 15. November 1918, keine Woche nach Abdankung des Kaisers, die deutschen Unternehmerverbände unter Hugo Stinnes mit den Gewerkschaften unter Carl Legien ein Abkommen* zur Sicherung von Recht und Ordnung in Deutschland – um die Kommunisten von der Macht fern zu halten, war jedes Mittel recht. Dass der Weimarer Republik kein langes Leben beschieden war, ist nicht zuletzt darauf zurückzuführen, dass Big Business die ach so staats- und verfassungstreuen Gewerkschaften und Sozialdemokraten wieder in die Schmuddelecke schob, als die kommunistische Bedrohung weniger drückend geworden war.

Der Durchbruch zur Machtteilhabe der politischen und ökonomischen Interessenvertretungen der Arbeiter gelang erst nach dem Zweiten Weltkrieg: Der Staat hielt sich strikt aus dem Streit um die Löhne heraus, die Gewerkschaften ließen die Finger vom politischen Streik; die Sozialdemokraten kippten die Weltrevolution, von der sie sich in der praktischen Arbeit schon längst verabschiedet hatten, aus dem Parteiprogramm, und die Konservativen holten die Sozis in die Regierung und machten sie damit salonfähig. Die Arbeitnehmer werden in die politische und gesellschaftliche Verantwortung eingebunden und *als Sozialpartner* anerkannt.

Alles zusammengenommen ergab dann *Wirtschaft à la Ludwig Erhard, den sozialpartnerschaftlichen Kapitalismus*, der in Deutschland unter dem Markenzeichen »Soziale Marktwirtschaft« antrat. Er lässt den Unternehmen volle Freiheit in ihren Dispositionen, was sie wie produzieren und verkaufen wollen. Außerhalb der Produktionssphäre sorgt der Staat für Umverteilung, also für die Sicherung der Schwachen. Innerhalb der Produktionssphäre sorgen die Gewerkschaften für Umverteilung, also für Beschränkung des maxi-

---

* Dieser sogenannte Stinnes-Legien-Pakt kam den sozialen und politischen Forderungen der Gewerkschaften sehr stark entgegen. Die Gewerkschaften wurden »als berufene Vertretung der Arbeiterschaft anerkannt«, der Acht-Stunden-Tag vereinbart und ein von Arbeitgebern und Arbeitnehmern paritätisch besetzter »Centralausschuß« eingerichtet, dem die »Entscheidung grundsätzlicher Fragen« obliegen sollte, insbesondere »bei der kollektiven Regelung der Lohn- und Arbeitsverhältnisse«.

malen Profits durch Beteiligung der Beschäftigten am Produktivitätszuwachs.

Damit ist ein Zustand erreicht, der wie ein stabiles Gleichgewicht erscheint: Die Kollaboration von Kapital und Arbeit, eine politische Balance, bei der mal die eine, mal die andere Seite die Richtlinienkompetenz erobert, ohne dabei allerdings die Gegenpartei vernichtend schlagen zu können, eine institutionalisierte Beteiligung der Arbeiter am Produktivitätszuwachs (bei allen Konflikten, die Tarifverhandlungen verursachen können) und eine flächendeckende Bereitschaft der Arbeiter, sich am Produktivitätszuwachs zu beteiligen. Ludwig Erhard, hoch zufrieden mit dem erreichten Zustand, hielt diese »formierte Gesellschaft« für den absoluten Höhepunkt wirtschaftlicher und sozialer Entwicklung – ein »Ende der Geschichte«, wie es von Thomas v. Aquin über Friedrich Wilhelm Hegel bis Francis Fukuyama immer wieder verkündet wurde, sich aber bis heute nicht einstellen will.

Auch Hannah Arendt sah 1958 in »Vita Activa« diese Entwicklungsstufe des Kapitalismus, von ihr »Gesellschaft der Jobholders« genannt, als letztes Stadium der Arbeitsgesellschaft, bewertete sie aber bei weitem nicht so positiv wie Erhard: »Die Gesellschaft der Jobholders verlangt von denen, die ihr zugehören, kaum mehr als ein automatisches Funktionieren, als sei das Leben des Einzelnen bereits völlig untergetaucht in den Strom des Lebensprozesses, der die Gattung beherrscht, und als bestehe die einzige aktive, individuelle Entscheidung nur noch darin, seine Individualität aufzugeben, um dann völlig beruhigt desto besser und reibungsloser funktionieren zu können.«[19]

Als Arendt dies schrieb, war in der Tat die Industriegesellschaft so übermächtig, so alles dominierend geworden, dass nur schwerlich etwas anderes gesehen werden konnte als das »reibungslose Funktionieren«. Und es war damals auch der wohl optimale institutionelle und strukturelle Zustand erreicht worden – für eine Industriegesellschaft. Stabilität und Sicherheit wurden garantiert, gleichzeitig jedoch gab es genügend Anreize für Leistung und Innovation sowie genügend Interessenkonflikte, die imstande waren, die eigenen Anhänger zu mobilisieren (wenn auch auf Nebenkriegsschauplätze beschränkt), um ein fast schon perfektes System beständig und sachte zu modernisieren. Nicht umsonst gehörte Deutschland, das Mutterland der sozialen Marktwirtschaft, so lange zu den Top-Performern der Weltwirtschaft, wie die Industrie den Ton angab. »Wie wohl kaum ein anderes Land haben wir die Arbeits- und Organisationsformen des Industriesystems perfektioniert«,[20] sagt Ulrich Klotz, Vorstandsmitglied der IG Metall, und fügt das Aber gleich hinzu: »Jetzt aber wird das, was uns in der Vergangenheit zu großen Erfolgen verholfen hat, in einer Welt mit neuen Spielregeln eher zum Handicap.«

Dass in den letzten Jahren neue Spielregeln entstanden, dass die Balance zwischen Kapital und Arbeit ins Wanken geraten ist – zu Gunsten der Arbeit, aber zu Ungunsten der Gewerkschaft –, dass die Individuen nicht mehr gezwungen, und schon gar nicht gewillt sind, ihre Individualität um des Funktionierens willen aufzugeben, hat wiederum genau mit den Entwicklungen zu tun, die an dem Tag ihren Anfang nahmen, an dem der Kapitalismus gerettet worden war.

b) Von der Sozialpartnerschaft zur Wissensgesellschaft

Am 6. Januar 1914 wurde nicht nur Karl Marx' Wertgesetz zertrümmert, sondern aus seinem Schutt auch noch das Fundament für die Errichtung der Wissensgesellschaft errichtet.

Wie viele Versuche anderer Autoren, die Schaffung von Mehrwert zu erklären, hatte Marx verhöhnt und vernichtet! Einer nach dem anderen wurde hinwegpolemisiert, bis am Ende nur die Ausbeutung der Arbeitskraft als einzige, als wahre Quelle des Mehrwerts übrig blieb. Nun, da dieser Erklärungsversuch ebenfalls hinweggefegt wurde, stellte sich die Frage aufs Neue: Was ist es, das den Mehrwert schafft? Sowohl in der Theorie als auch in der Praxis rückte von da an ein anderer wertschöpfender Faktor in den Vordergrund, den Marx als lediglich kurzfristige Quelle von »Extramehrwert« abqualifiziert hatte: der technische Fortschritt, die Innovation.* Sie ermöglicht es einem Anbieter, für eine Übergangszeit seine Wettbewerbsposition entscheidend zu verbessern und damit höhere Preise zu erzielen (für neue oder verbesserte Produkte) bzw. zu günstigeren Preisen profitabel zu verkaufen (bei kostensenkenden Innovationen).

Für Marx war das nicht mehr als ein Dreckeffekt, eine lediglich temporäre Abweichung von seinem Wertgesetz: »Jener Extramehrwert verschwindet, sobald die neue Produktionsweise sich verallgemeinert und damit die Differenz zwischen dem individuellen Wert der wohlfeiler produzierten Waren und ihrem gesellschaftlichen Wert verschwindet. Dasselbe Gesetz der Wertbestimmung durch die Arbeitszeit treibt seine Mitbewerber als Zwangsgesetz der Konkurrenz zur Einführung der neuen Produktionsweise.«[21] Nur einen einzigen Einfluss auf die ihm so wichtige allgemeine Rate des Mehrwerts gestand Marx dem technischen Fortschritt zu: Wenn er Produkte billiger macht, die zu den für Arbeiter notwendigen Lebensmitteln gehören, wird es dadurch billiger, das Existenzminimum zu sichern. Damit senkt der Fortschritt den Wert der Arbeitskraft, und der relative Mehrwert des Kapitalisten steigt.[22]

Doch in dem Maß, in dem die Kapitalisten mehr oder weniger freiwillig die Arbeiter an ihrer Wertschöpfung beteiligten, setzte sich der technische Fortschritt an die Spitze der Mehrwertproduzenten. Und damit blieb tatsächlich Hannah Arendts »letztes Stadium der Arbeitsgesellschaft« deren letztes Stadium – denn danach begann die Wissensgesellschaft.

Bei Arendt beginnt sie auf der letzten Seite der »Vita activa«: »Das Denken schließlich (das wir außer Betracht gelassen haben, weil die gesamte Überlieferung, inklusive der Neuzeit, es niemals als eine Tätigkeit der Vita activa verstanden hat) hat, so möchte man

---

* Ebenfalls von Marx heruntergemacht, aber immer noch existent: die Ausnutzung von kurzfristigen Preisdifferenzen (Arbitrage), die Ausnutzung von Markt-Intransparenz (die zu Marx' Zeiten noch praktisch unbekannte Werbung erzeugt bewusst solche Intransparenz, indem sie einander ähnliche Produkte differenzierbar macht und damit die Vergleichbarkeit erschwert) sowie simples Verkaufsgeschick (hätte sonst der Staubsaugervertreter all die Jahrzehnte überleben können?).

hoffen, von der neuzeitlichen Entwicklung noch am wenigsten Schaden genommen. Die Erfahrung des Denkens hat seit eh und je, vielleicht zu Unrecht, als ein Vorrecht der Wenigen gegolten, aber gerade darum darf man vielleicht annehmen, dass diese Wenigen auch heute nicht weniger geworden sind.«[23]

Zu dem Zeitpunkt, zu dem sie dies schrieb, wurde gerade damit begonnen, das Denken als Tätigkeit der Vita activa zu verstehen. Es begann, dass diejenigen, die die Erfahrung des Denkens machten, nicht nur nicht weniger, sondern geradezu explosionsartig mehr wurden.* Es begann, dass nicht die Arbeitskraft der Masse den Ausschlag gab, sondern die Geisteskraft des Einzelnen. Denn sie ist unabdingbarer Bestandteil der inzwischen so wichtig gewordenen Innovationen. Diese entstehen nicht einfach durch den klugen Einsatz von Finanzkapital, sie sind ohne den Einsatz von Humankapital nicht erreichbar.

Jeder Fortschritt braucht Menschen, die ihn ersinnen und umsetzen, und dabei kann es sich nicht um eine amorphe Masse von Muskelkraft oder Arbeitszeit handeln – die Menschen, die zu einer Innovation beitragen, haben Namen, haben Gesichter, sind nicht ohne weiteres austauschbar. Sie verfügen über den Produktionsfaktor Wissen, und die besondere Eigenschaft dieses Produktionsfaktors ist es, dass er kaum von der Person zu trennen ist, die darüber verfügt. Ein Teil des angesammelten Wissens mag von der Person abtrennbar sein, so weit es sich in einer Konstruktionszeichnung, einem Businessplan, einem Patent, einer Gebrauchsanweisung o.ä. kristallisiert – das sogenannte explizite Wissen. Dies gilt allerdings nicht für das weit umfangreichere implizite Wissen, das sich alleine im Kopf befindet, nicht aufgeschrieben wurde oder gar nicht aufschreibbar ist.

Die wichtigste Quelle des Mehrwerts ist die Innovation. Innovation braucht Wissen. Das Wissen steckt in den Köpfen einzelner

---

* Von den US-Soldaten, die in Vietnam kämpften, besaßen nur 15 Prozent einen Collegeabschluss. Bei der Operation Desert Storm im Golfkrieg gegen den Irak waren es 99,3 Prozent. (Ridderstrale/Nordström, Funky Business, S. 21)

Menschen. Wer Mehrwert schaffen will, braucht also Menschen, die über das Wissen verfügen, das dafür erforderlich ist. Damit ist der aktuelle Stand in der Auseinandersetzung zwischen Kapital und Arbeit beschrieben. Der Managementberater Reinhard Sprenger argumentiert nicht mit der Wertschöpfung, sondern mit der Knappheitsrelation, kommt aber zum gleichen Ergebnis: »Was ist knapp? Kapital? Sicher nicht. Menschen? Gut ausgebildete schon. Ideen? Allemal.«[24]

Wenn das alles so einfach ist: Warum hat es dann fast ein ganzes Jahrhundert gedauert, bis der Mensch aus seiner Nebenrolle als stets von Arbeitslosigkeit bedrohter Spielball der Kapitalinteressen in die Hauptrolle als entscheidender Faktor der Wertschöpfung hineinwuchs?

Zum einen passt auch heute noch diese Hauptrolle nicht zu unserem über Jahrtausende entwickelten und fest eingefrästen Bild von Erwerbsarbeit (mehr dazu im 6. Kapitel), zum zweiten rächt sich hier die »Catenaccio«-Strategie der Interessenvertreter des Humankapitals, also der Gewerkschaften und der sozialdemokratischen Parteien. Ähnlich wie die Spitzenteams des italienischen Fußballs in den 70er Jahren verbarrikadierten sie sich jahrzehntelang in der eigenen Hälfte. Alle Anstrengung wurde darauf gerichtet, das Spiel nicht zu verlieren, also durch Aufbau eines Abwehrriegels möglichst alle Angriffe aus dem gegnerischen Lager zu vereiteln. »Wir haben zu lange auf der Bremse gestanden« resümiert das IG-Metall-Vorstandsmitglied Ulrich Klotz den Spielverlauf der letzten 25 Jahre: »In den 60er und frühen 70er Jahren war die IG Metall eine weithin anerkannte Kraft des Fortschritts, die zukunftsgerichtete Themen offensiv behandelte. Und heute? Heute assoziiert man mit Gewerkschaften Rückständigkeit, Verstaubtheit und Bremsertum.«[25]

Dass man auch Möglichkeiten gehabt hätte, das Spiel zu gewinnen, indem man durch schnelles Flügelspiel oder raumgreifende Pässe in die Spitze das gegnerische Tor ins Visier genommen hätte, wurde vernachlässigt. Noch einmal Ulrich Klotz: »Es rächt sich heute doppelt, dass wir die Faktoren, die einen grundlegenden Wandel in der Arbeitswelt und in der Gesellschaft bewirken, zu wenig beachtet oder falsch eingeschätzt haben. Inzwischen sind doch fortschrittliche Unternehmen in Sachen Arbeitsgestaltung, Informationskultur, Personalentwicklung und Weiterbildung rechts und links an uns vorbeigezogen, da kann man oft ganz neidisch werden.«[26]

Ein dritter, über viele Jahre prägender Faktor, ist etwas, das ich Konzern-Illusion nennen möchte: Die innovativen Leistungen werden dabei nicht den Menschen zugeschrieben, die sie hervorgebracht haben, sondern den Unternehmen, für die diese Menschen arbeiten. Der Grund, warum es immer wieder zu dieser Konzern-Illusion kommt, liegt in dem großen Anteil, den Prozessinnovationen, also Weiterentwicklungen bestehender Produkte, an der Gesamtzahl aller Innovationen haben. Produktinnovationen, also Neuentwicklungen, oder gar Basisinnovationen, also die Entwicklung ganz neuer Technologien, liegen im zahlenmäßigen Vergleich weit abgeschlagen zurück.

Auch wenn bei Nennung des Begriffs »Innovation« sofort die großen Erfindungen von Automobil bis Klon-Schaf vor dem geistigen Auge erscheinen: Die geläufigste, weil alltägliche Quelle für den »Extramehrwert« des Fortschritts ist die Weiterentwicklung von Maschinen und Produkten: Nivea nicht nur in Japan, sondern auch in Korea verkaufen, die alten Autos mal mit Weißwandreifen, mal mit neuem Navigationssystem verhübschen, jedes Jahr ein neues Modell (das aber nur alle sieben Jahre wirklich neuartig ist) auf den Markt bringen, neue Maschinen, die statt bisher 100 000 jetzt 120 000 Zeitungen pro Stunde drucken. Jede dieser Weiterentwicklungen verbessert die Wettbewerbsposition des innovierenden Unternehmens – und wird der Organisation zugeschrieben. Denn der Beitrag desjenigen, der jetzt auch in Korea eine Marktlücke für Nivea-Creme gefunden hat, oder desjenigen, der die Druckgeschwindigkeit um 20 Prozent beschleunigt hat, ist natürlich nur ein kleines Mosaiksteinchen im Monumentalbild der Beiersdorf AG bzw. der Heidelberger Druckmaschinen. Der Konzern steht als die Mega-Maschine da, die kreativen, administrativen und finanziellen Input zusammenrührt, kräftig schüttelt und daraus marktfähige Produkte und attraktive Dividenden macht.

Und schließlich gab es noch einen vierten Grund, warum der Übergang in die Wissensgesellschaft und die dadurch völlig veränderte Situation im Konflikt von Kapital und Arbeit jahrzehntelang kaum bemerkt wurde: Weil erst die Statistiker, dann auch die Konfliktparteien und schließlich die Öffentlichkeit einem anderen säkularen Trend hinterher jagten – der Dienstleistungsgesellschaft. Während man beobachtete, wie der einstmals dominante primäre Sektor, die Landwirtschaft, durch den sekundären Sektor, die Industrie, ersetzt wurde, stellte sich automatisch die Frage, was denn dereinst einmal den sekundären Sektor ersetzen würde. Wer die Frage so stellt, nimmt die Antwort schon vorweg: der tertiäre Sektor natürlich, also die Dienstleistungen.* Also konnte jeglicher Strukturwandel als Wandel auf dem Weg in die Dienstleistungsgesellschaften ein- und weggeordnet werden.

Das hatte den, sehr praktischen, Vorteil, dass man zwar die Dienstleistung im Mund führte, aber alle wesentlichen Entscheidungen weiterhin im Industriesektor treffen konnte, da der Dienstleistungssektor weitgehend von dessen Entwicklung abhing. Bei den so genannten produktionsnahen Dienstleistungen (Logistik, Werbung, Finanzierung) ist dieser Zusammenhang direkt und unmittelbar einleuchtend: Wenn mehr Autos gebaut werden, rollen mehr LKW-Ladungen mit Armaturenbrettern über die Autobahn und die VW-Bank macht mehr Ratenzahlungsverträge. Etwas indirekter gilt die Abhängigkeit vom Industriesektor aber auch für einen großen Teil der übrigen Dienstleistungen. Meist sind sie standardisiert, und meist geht es um das Geschäft von Mensch zu Mensch (Friseur, Lehrer, Arzt etc.). Deshalb ist hier die Produktivität nicht so sehr durch Rationalisierung steigerbar als vielmehr durch Preiserhöhung. Und die kann am Markt nur durchgesetzt werden, wenn steigender Wohlstand durch steigende Produktivität in der Industrie das erlaubt: Wenn das Lehrgeld für Maschinenbau-Lehrlinge steigt,

---

* Zu diesem Ergebnis kam bereits 1940 Colin Clark in »Conditions of Economic Progress«, auf den nach Daniel Bell die Einteilung in primären, sekundären und tertiären Sektor zurückgeht (Die nachindustrielle Gesellschaft, a.a.O., S. 80).

muss auch der Friseur seinen Lehrlingen mehr zahlen, weil er sonst keine mehr bekommt. Und diese Mehrkosten kann der Friseur dann wieder auf seine Preise aufschlagen, weil seine Kunden, die Maschinenbauer und ihre Frauen, wohlhabender geworden sind.

Natürlich ist dieser Zusammenhang hier weitaus einfacher dargestellt, als er im wirklichen Leben ist. Für den Arzt stellt er sich anders her als für den Friseur, und wenn die Maschinenbauer nicht bereit sind, mehr für den Friseur auszugeben, weil sie vom höheren Lohn die SMS-Rechnung ihrer Sprösslinge bezahlen müssen, stellt er sich auch gar nicht her. Aber er eignete sich hervorragend, um die Dienstleistungsbranchen als Schönwetterbranchen abzuqualifizieren, die nur dann florieren konnten, wenn in den Fabriken der Schornstein rauchte. Daniel Bell fasste das bereits 1973 in der »ebenso einfachen wie einleuchtenden Tatsache«* zusammen, »dass Produktivität und Ertrag auf dem Gütersektor wesentlich schneller wachsen als im Dienstleistungsbereich.«[27] Auch Michael Porters hochinteressante Untersuchung über »Nationale Wettbewerbsvorteile« lässt die Dienstleistungen in der zweiten Reihe stehen: »Es besteht eine enge Verbindung zwischen der Dienstleistungs- und der Fertigungsindustrie. Deshalb kann ein Land es sich nicht leisten, seine internationale Wettbewerbsposition in der Herstellung zu missachten. Wenn Dienstleistung und Produktion zusammenhängen, kann ein Land nicht erwarten, dass sein Dienstleistungssektor verlorene Produktionsexporte ersetzt.«[28]

Im extrem industriefixierten Deutschland fielen und fallen solche Argumente auf äußerst fruchtbaren Boden, und das ganz besonders bei den Gewerkschaften, die in den industriellen Großkonzernen ja ihre stärksten Bastionen haben. Deshalb lag und liegt die Führungsrolle in Tarifauseinandersetzungen weiterhin bei der IG Metall und nicht bei den für die vermeintlich moderneren Sektoren zuständigen Gewerkschaften HBV (Finanzdienstleistungen) oder gar IG Medien (Content-Produktion). Die große neue Dienstlei-

---

* Der in Büchern übliche Ausdruck für »von mir nicht geprüfte, aber logisch klingende Behauptung«

stungsgewerkschaft Verdi, so sie überhaupt zustande kommt, kann zwar durchaus einen eigenständigeren, moderneren Kurs fahren, aber nicht, weil die Dienstleister so modern sind, sondern weil in Dienstleistungsberufen der Anteil von Wissensarbeitern höher ist als in der Industrie.

Während »Dienstleistungsgesellschaft« einen Wandel der Arbeitsform und des Umfelds am Arbeitsplatz beschreibt, beschreibt »Wissensgesellschaft« den Wandel der Arbeitsinhalte und der Machtverhältnisse am Arbeitsplatz.

Mit der Dienstleistungsgesellschaft konnten sich Big Business und Big Labour gut arrangieren. Doch mit der Wissensgesellschaft haben die Kapitalisten die Waffe geschmiedet, die sie selbst vom Thron stoßen wird.

3. Von der Wissensgesellschaft zum Manchester-United-Kapitalismus – Kapital gegen Humankapital: Was uns bevorsteht

»Expropriation der Expropriateure«, Enteignung der Enteigner, war ein Schlachtruf des Kommunistischen Manifests.* Für Karl Marx und Friedrich Engels war das nur denkbar durch die Aneignung der Fabriken, also des Sachkapitals, durch die Arbeiterklasse – dass die Kapitalisten auf friedlichem Wege das Eigentum an den Produktionsmitteln wieder abgeben könnten, war schlicht ausgeschlossen: »Das Kapitalverhältnis setzt die Scheidung zwischen den Arbeitern und dem Eigentum an den Verwirklichungsbedingungen der Arbeit voraus. Sobald die kapitalistische Produktion einmal auf eigenen Füßen steht, erhält sie nicht nur jene Scheidung, sondern reproduziert sie auf stets wachsender Stufenleiter.«[29] Und so wie die Trennung der Arbeiter von den Produktionsmitteln, also die so genannte ursprüngliche Akkumulation, »in die Annalen der Menschheit eingeschrieben ist mit Zügen von Blut und Feuer«,[30] würde auch die Trennung der Kapitalisten von den Produktionsmitteln wohl kaum in allseitiger Harmonie ablaufen können.

Doch genau das geschieht zur Zeit.

In der Wissensgesellschaft wird die Expropriation dieser Exproprieteure auf verhältnismäßig unspektakuläre und gänzlich unblutige Weise Wirklichkeit. Die Kapitalisten haben zwar die Verfügungsgewalt über die Produktionsmittel niemals abgegeben, haben sie aber trotzdem verloren. Die »Scheidung zwischen den Arbeitern und dem Eigentum an den Verwirklichungsbedingungen der Arbeit« wird wieder aufgehoben, die Arbeiter übernehmen die Kon-

---

* allerdings weit weniger verständlich und damit auch weniger populär als das einfache »Proletarier aller Länder, vereinigt euch!«

trolle über das wichtigste Produktionsmittel ihrer Zeit – ihre eigenen Köpfe.

Es handelt sich zwar um keine Enteignung im juristischen Sinn, weil das, was in den Köpfen der Beschäftigten steckt, noch nie Eigentum des Unternehmens war – das Unternehmen konnte nur vertraglich vereinbaren, dass sich der Beschäftigte während der Gültigkeitsdauer des Arbeitsvertrags für kein anderes Unternehmen den Kopf zerbrechen durfte. Aber es handelt sich doch um eine Änderung der Machtverhältnisse, die einer Enteignung vergleichbar ist: Die Verfügungsgewalt über den entscheidenden Produktionsfaktor eines Unternehmens geht der Kapitalseite verloren. Sowohl über den Einsatz seines impliziten Wissens als auch über die Entfaltung seines Potenzials (all das, was er noch zu leisten imstande wäre) entscheidet einzig und allein der Mensch, der über diese Ressourcen verfügt – und wenn er ein Unternehmen verlässt, entzieht er ihm diesen Produktionsfaktor.

a) Die Geburt des Humankapital-Investors

Noch befinden wir uns auf dem Höhepunkt der Shareholder-Value-Bewegung. Als besonders erfolgreich gelten die Unternehmen, die ihren Investoren die höchsten Wertsteigerungen bescheren. Das wird so nicht bleiben können. Wenn Kapital überreichlich vorhanden ist, aber Humankapital knapp wird, wird es einem Unternehmen geradezu zum Malus gereichen, wenn es seine Kapitalgeber besser bedient als seine Beschäftigten. Die Konkurrenz um die Köpfe wird die Strategien der Unternehmen merklich von der Börse weg und zu den Beschäftigten hin führen.

Dann werden die Unternehmen am besten abschneiden, die ihren Humankapital-Investoren die höchsten Wertsteigerungen bieten.

Humankapital-Investor – das Wort fühlt sich noch etwas fremd an. Ich bitte Sie, es ein wenig auf sich einwirken zu lassen. Dieser Begriff beschreibt die gänzlich neuartige Beziehung zwischen Arbeit und Kapital in der humanen Revolution. Er eröffnet eine Perspektive für die Produktivitätsentwicklung in den nächsten Jahrzehnten, die mit den bisher üblichen Begriffen nicht beschreibbar ist. Er beschreibt ein neues Selbstbewusstsein des Hoffnungsträgers des 21. Jahrhunderts – des Menschen. Des Menschen in seiner Einzigartigkeit.

Ich bitte um Verständnis dafür, dass ich hier Worte wie Selbstbewusstsein, Hoffnungsträger, Einzigartigkeit verwende, nur um einen Menschen zu beschreiben, der scheinbar völlig auf seine ökonomischen Eigenschaften reduziert ist.

Es scheint nur so.

Zwar wird der Begriff »Humankapital-Investor« in diesem Buch fast durchgängig bei der Beschreibung von Entwicklungen der Arbeitswelt verwendet, aber er geht weit darüber hinaus. Er hat auch nicht unbedingt etwas mit Geld zu tun:

Geld investiert ein Finanzkapital-Investor.

Ein Humankapital-Investor investiert Zeit.

Jeder Mensch, der sich entschließt, Zeit für eine bestimmte Aufgabe aufzuwenden, trifft damit eine Investitionsentscheidung für sein Humankapital. Ob ein Arbeitsvertrag, eine Vereinspräsidentschaft oder ein Baby, in jedem Fall geht es darum, sich aus den unendlich vielen Möglichkeiten, etwas mit seiner Zeit anzufangen, für konkrete Angebote zu entscheiden. Ich schreibe jetzt gerade diese Zeilen, und meine Frau klebt Bilder unserer Kinder in Fotoalben ein.

Ein Finanzkapital-Investor möchte für das Geld, das er investiert, wieder Geld zurückbekommen. Wenn möglich, mehr Geld.

Ein Humankapital-Investor möchte ebenfalls, dass die Zeit, die er investiert, sich rentiert. Und zwar so gut wie möglich. Aber Geld muss keine Rolle spielen.

Zu jeder Entscheidung, für etwas Zeit aufzuwenden, gehört eine persönliche Renditeerwartung, ob kurzfristig oder langfristig, ob monetär, ideell oder spirituell. Sie muss dabei gar nicht so festgelegt sein. Der Entscheidung, dieses Buch zu schreiben, liegen materielle Erwägungen genauso zu Grunde wie nicht-materielle: In erster Linie wollte ich *mir* erklären, was das 21. Jahrhundert bringen wird. Wenn sich damit auch Geld verdienen lässt, um so besser. Die

Entscheidung meiner Frau, Bilder ins Album einzukleben, beruht auf einer ideellen Renditeerwartung: Das Heranwachsen unserer Kinder soll so dokumentiert werden, dass sie den Teil ihres Lebens nachvollziehen können, an den sie sich später kaum noch erinnern werden.

Fanatische Ökonomisierer vom Schlage Gary Beckers werden natürlich auch das Fotoalbum auf ein monetäres Kalkül reduzieren können: Es trägt zur Erzeugung eines harmonischen Eltern-Kind-Verhältnisses bei und sichert so die private Altersvorsorge, da Kinder, die ihre Eltern schätzen, diese im Alter nicht verhungern lassen werden. Aber nur weil man in jeder Entscheidung ein ökonomisches Motiv finden kann, muss dieses Motiv noch lange keine Rolle spielen.

Natürlich ist bei der Entscheidung, seine Zeit an einem Arbeitsplatz zu verbringen, das Geld meistens ein zentraler Faktor. Und da die Entwicklung, mit der sich dieses Buch beschäftigt, in erster Linie an Arbeitsplätzen stattfinden wird, habe ich einen Begriff gewählt, der in diesem Bereich die neue Dimension der humanen Revolution deutlich machen kann. Aber anders als der *homo oeconomicus* Dagobert Duck behauptet, ist Zeit nicht Geld. Meistens zumindest.

Doch zurück in die Welt der Wirtschaft.

Der wichtigste Vorzug des Begriffs »Humankapital-Investor« ist, dass er die Arbeitnehmer ihrer Nehmer-Qualitäten beraubt. Sie nehmen keine Arbeit entgegen, sie investieren ihre Zeit. Sie werden vom Objekt des Managements zum Subjekt ihrer eigenen Entscheidung. Und sie kommen damit auf eine Stufe mit denen, die früher einmal die wichtigsten Kräfte im Unternehmen waren und sich heute noch dafür halten – mit den Geldgebern.

In beiden Fällen handelt es sich um Investoren, die Zeit bzw. Geld in ein Unternehmen stecken könnten und gute Argumente brauchen, warum sie ausgerechnet in diese Firma investieren sollen. Unternehmen, die Mitarbeiter halten oder neu gewinnen wollen, werden sich also daran gewöhnen müssen, sich ihren jetzigen bzw. zukünftigen Arbeitskräften gegenüber genauso zu verhalten wie heute gegenüber ihren Aktionären. In beiden Fällen geht es darum, bei Investoren Vertrauen in Zustand und Potenziale des Unternehmens zu erwecken, und in beiden Fällen wird es mit konsequentem und lang andauernden Liebesentzug bestraft, wenn das Unternehmen dieses Vertrauen enttäuscht oder missbraucht.

Aber auch weit unterhalb der Liebesentzugsschwelle können die Humankapital- genau wie die Finanzkapital-Investoren ihre Investitionsentscheidung jederzeit revidieren – es reicht schon, dass sich die Renditeerwartungen im Zeitverlauf ändern oder anderswo ein noch attraktiveres Investitionsobjekt auftaucht. Einer der zentralen Faktoren für die Produktivitätssteigerung der Wissensarbeiter wird deshalb sein, dass man sich nicht mehr mit Wissensarbeitern und ihrer Produktivität beschäftigt, sondern mit Humankapital-Investoren und ihrer Renditeerwartung.

Wenn ein neuer Begriff neue Perspektiven eröffnen soll, muss es dafür eine materielle Grundlage geben. Es muss ein Umfeld entstehen oder bereits entstanden sein, dass es Arbeitnehmern überhaupt ermöglicht, sich als Humankapital-Investoren neu zu begreifen.

Genau das passiert zur Zeit und wird sich über die nächsten Jahrzehnte hinweg fortsetzen.

Auf der weltwirtschaftlichen Ebene hat wiederum Peter Drucker formuliert, welche Entwicklung bevorsteht: »Die Nationen und Industrien, die während der letzten einhundert Jahre weltweit eine Führungsrolle eingenommen haben, sind die, die im Bereich der Produktivitätssteigerung der Industriearbeiter führend waren: an erster Stelle die USA; gefolgt von Japan und Deutschland an zweiter Stelle. In fünfzig Jahren – wenn nicht schon viel früher – werden diejenigen Länder und Branchen die Führungsrolle übernommen haben, die die Produktivität der Wissensarbeiter besonders systematisch und erfolgreich werden steigern können.«[31]

Und was für die Nationen gilt, gilt noch ausgeprägter für die Unternehmen: Wer »die Produktivität der Wissensarbeiter besonders systematisch und erfolgreich« steigern kann, wird auch in fünfzig Jahren eine Führungsrolle in seiner Branche spielen können. Druckers zentrales Argument für seine Prognose ist die Demographie, und hier vor allem die Diskrepanz zwischen den Geburtenziffern in den Industrieländern und denen in den Entwicklungsländern: »Die Zahl der jungen Menschen, die in den entwickelten Ländern für die Industriearbeit zur Verfügung stehen, wird in Zukunft drastisch sinken. Im Westen und in Japan wird diese Entwicklung sehr schnell vonstatten gehen, in den USA etwas langsamer. Doch die Anzahl der Menschen, die in der Lage wären, diese Arbeiten zu verrichten, wächst in den Schwellen- und Entwicklungsländern immer noch beträchtlich und zumindest noch für die nächsten dreißig bis vierzig Jahre. Das Nachwachsen von Menschen, die vorbereitet, ausgebildet und geschult sind, um Wissensarbeit zu verrichten, ist der einzige mögliche Vorteil, über den diese Länder verfügen.«[32]

Auf der betriebswirtschaftlichen Ebene gilt dieses Argument nicht im gleichen Ausmaß wie für Volkswirtschaften. Gute Unternehmen können auch in zahlenmäßig schwachen Jahrgängen fähigen Nachwuchs rekrutieren (allerdings wird es dann teurer) und müssen dazu auch nicht an nationalen Grenzen halt machen. Der demographische Druck alleine wird die Unternehmen noch nicht dazu bringen, ihre Finanzkapital-Investoren zu benachteiligen und ihre Humankapital-Investoren zu bevorzugen – geschweige denn, diesen eine Rolle zuzugestehen, wie sie heute den Profifußballern zukommt. Doch es gibt drei weitere Einflussfaktoren, die die Unternehmen genau dazu veranlassen werden:
- die Überfluss-Gesellschaft
- das Comeback der Konzerne
- der Aufstand der Wunschkinder

b) Die Überfluss-Gesellschaft

Wie oft haben Sie schon darüber nachgedacht, was Sie machen würden, wenn Sie den Sechser im Lotto hätten? Mein Haus, mein Auto, mein Boot, reisen, reisen, reisen ... Haben Sie in Ihren Tagträumen eigentlich weiter gearbeitet?

Spielt das eine Rolle? Wo doch die Chance auf den Sechser bei 1 zu 14 Millionen liegt? Heute nicht, übermorgen schon. Denn bei einer weiteren Verfünfzigfachung der Produktivität (und entsprechender Einkommensentwicklung) läge das *durchschnittliche* Jahresgehalt in Deutschland höher als ein durchschnittlicher Sechser im Lotto. Was machen Sie, wenn Sie *jedes Jahr* einen Sechser im Lotto *verdienen*? Werden Sie dann auch im dritten Jahr noch arbeiten? Und wenn ja: was?

Wir werden nicht bis zum Ende des Jahrhunderts warten müssen, bis sich diese Fragen stellen. Sie stellen sich jetzt schon. Die jetzt 40- bis 50jährigen

- sind die erste Generation, in der es einer nennenswerten Zahl der Mitglieder vergönnt ist bzw. sein wird, wegen des ererbten Reichtums nicht mehr arbeiten zu müssen.
- sind wahrscheinlich die erste Generation, in der es einem zweistelligen Prozentsatz tatsächlich vergönnt sein könnte, aufgrund des verdienten und angesparten Vermögens nach dem 50. oder 55. Lebensjahr nicht mehr arbeiten zu müssen.
- sind aber auch die Generation, für die aufgrund der demographischen Anspannung das Rentenalter eigentlich weit über die 70 nach oben geschoben werden müsste, um die Rentenkasse halbwegs überlebensfähig zu halten.

Sie merken: Hier fängt die Sache an zu klemmen. Die Leistungs-Eliten sind in immer größerer Zahl in einer Situation, in der sie die Erwerbsarbeit *früher* beenden können, ohne schmerzhafte Einbußen im Lebensstil hinnehmen zu müssen. Und gleichzeitig ist die Gesellschaft darauf angewiesen, dass sie ihre Erwerbsarbeit *später* beenden, um die Finanzlücke zu stopfen, die der Pillenknick in der Rentenkasse aufreißen wird. Es tut sich also eine Schere auf zwischen der individuellen Möglichkeit zum Müßiggang und der kollektiven Notwendigkeit der Mehrarbeit. Für die darauf folgenden Generationen wird sich diese Schere noch weiter öffnen.

Wie lässt sich die Schere wieder schließen?

- Entweder das Müßiggänger-Potenzial wird reduziert. Das ginge nur durch eine Vermögensvernichtung großen Stils, etwa durch Krieg, Inflation oder lang anhaltende wirtschaftliche Depression. Dieser Weg, den keine Gesellschaft freiwillig beschreiten wird, wird

früher oder später zwangsweise beschritten, wenn keine andere Lösung durchsetzbar ist.
- Oder man zwingt Menschen, die aus rein finanzieller Sicht nicht mehr arbeiten müssen, es doch zu tun. Das kann eine Gesellschaft versuchen – würde damit aber wohl kaum glücklich werden. Ganz abgesehen davon, dass solche Zwangsmittel (hoffentlich) nur schwer politisch durchsetzbar wären, sind sie auch kein in der Wissensgesellschaft erfolgreich einsetzbares Instrument. Wie kann man einen Menschen zwingen, zu denken, Ideen zu haben?

Was also bleibt als Ausweg?
- Gesellschaft wie Unternehmen werden darauf hinarbeiten müssen, dass viele von denen, die nicht mehr arbeiten müssten, dennoch weiter arbeiten *wollen*. Dass jemand, für den zusätzliches Geld nur noch eine schwache Motivation ist, trotzdem bei der Erwerbsarbeit bleibt. Also müssen die entsprechenden Arbeitsangebote dafür erfunden werden.

Wenn bisher dieses Thema behandelt wird, dann in einer eigenartigen Mischung aus Luxus-Therapie und Sozialpolitik: Lottogewinner, reiche Erben und Unternehmergattinnen, die nicht den ganzen Tag im Pudelsalon verbringen, sondern in irgendeiner Form etwas Sinnvolles tun wollen, werden auf ehrenamtliche, gemeinnützige Arbeit verwiesen – und nehmen damit dem Sozialstaat teure Aufgaben ab, die er sich gar nicht mehr leisten könnte.

Unwillkürlich stellt sich dabei die Assoziation zu der zahlenmäßig kleinen, aber sehr auffälligen Spezies der »Charity Ladies« (in Deutschland besonders prononciert Ute Ohoven) ein, die sich ihr langweiliges Luxusleben mit dem Kampf gegen Hungersnot oder Tierversuche würzen.

Auch die Vorstellung der »parallelen Karriere«, mit der Peter Drucker Managern für die zweite Hälfte des Lebens eine Sinn stiftende Beschäftigung anbieten möchte, schlägt in die gleiche Kerbe: »Menschen, die eine erfolgreiche erste Karriere vorweisen können, arbeiten auch weiterhin in ihrem bisherigen Job. Doch auf der anderen Seite erschließen sie sich parallel einen neuen Beruf, normalerweise innerhalb einer gemeinnützigen Organisation. Sie übernehmen zum Beispiel Verwaltungsarbeiten in ihrer Kirchengemeinde, leiten ein Frauenschutzhaus, arbeiten in der Kinderbuchabteilung der Stadtbücherei oder sind in der Elternpflegschaft aktiv.«[33] Auch wenn es erst einmal nur eine Minderheit sein dürfte, die sich so ins Ehrenamt stürzt: »Aus den Reihen derer, die die länger werdende Lebensarbeitszeit als Chance für sich selbst und die Gesellschaft begreifen, werden diejenigen stammen, die zu Vorbildern und Führungspersönlichkeiten werden.«[34]

Druckers Parallel-Karrieristen landen damit genau dort, wo auch all die unzähligen Menschen untergebracht werden sollen, denen in der Arbeitsgesellschaft die Arbeit ausgeht und für die sich die Pessimisten aller Herren Länder den Kopf zerbrechen. Jeremy Rifkins Prognose ist da zwar besonders deftig formuliert, sonst aber nicht ungewöhnlich: »Hunderte Millionen Arbeitnehmer werden durch Globalisierung und Automation zum Müßiggang verurteilt. Wenn es uns nicht gelingt, ihre Fähigkeiten und Energien in die richtigen Bahnen zu lenken und ihnen eine sinnvolle Aufgabe zu geben, dann werden Verelendung und Gesetzlosigkeit unsere Gesellschaften erfassen, sie werden zerfallen, und niemand wird sie retten können.«[35] Mal heißt die Bahn, auf die gelenkt werden soll, »Bürgerarbeit« wie bei Ulrich Beck, mal heißt sie »Ehrenamt«, wie bei der Zukunftskommission des Landes Baden-Württemberg. Bei Rifkin heißt sie »Dritter Sektor«, meint aber genau das gleiche: »Im sozialen oder Non-Profit-Bereich können die Menschen ihrem Leben einen neuen Sinn verleihen, wenn der Marktwert ihrer persönlichen Zeit schwindet.«[36] Wenn die Menschen zumindest teilweise ihre Loyalität und ihr Engagement vom freien Markt und vom öffentlichen Sektor auf den »Dritten Sektor« übertrügen, gewänne die Sozial-Arbeit geradezu emanzipatorische Qualität – »als Puffer gegen die unpersönlichen Kräfte des Weltmarkts und gegen das Unvermögen des Regierungsapparats.«[37]

Auch wenn Drucker es freundlicher meint als Rifkin: Beide landen bei einer Aufwertung der gemeinwohlorientierten Tätigkeiten jenseits von Markt und Staat. Wer Erwerbsarbeit leisten kann, das aber nicht möchte, wird genauso dorthin abgeschoben wie diejenigen, die Erwerbsarbeit leisten möchten, aber nicht dürfen.

Natürlich, der ehrenamtliche Sektor hat das Potenzial, beliebig viel Arbeitszeit in jeglicher Produktivitätsstufe unterzubringen und jedem auch ein Bröckchen Spaß oder Sinn mitzugeben.

Aber dieser Ansatz greift viel zu kurz, weil er weiterhin die Teilung zwischen erzwungener Lohnarbeit und unbezahlter Sinnarbeit aufrechterhält. Das kann man rechtfertigen, solange sich das Luxusproblem Sinn stiftender Beschäftigung nur für ein paar reiche Witwen stellt. Das reicht aber nicht mehr aus, wenn dieses Luxusproblem zur Alltagserfahrung ganzer Bevölkerungsschichten wird – und zwar zuerst bei den kreativsten, mobilsten, leistungsfähigsten Schichten. Wenn in einer solchen Situation all diejenigen, die nicht mehr gezwungen sind, für ihren Lebensunterhalt zu arbeiten, den Unternehmen als Arbeitskräfte verloren gingen, würde sich die Volkswirtschaft den Zugang zu den wichtigen Produktivitätspotenzialen der Gesellschaft versperren.

Fazit: Wenn eine Firma in einer Überfluss-Gesellschaft fähige Köpfe dazu bringen will, ihr Humankapital in das Unternehmen zu investieren, wird sie sehr gute Argumente dafür brauchen: Das kann Geld sein oder Freiraum, die Aussicht auf Spaß oder auf Sinn, auf intellektuelle Herausforderung oder inspirierendes Umfeld. Sie wird ihren Humankapital-Investoren das bieten müssen, was sie haben wollen,* und deren Gegenleistung wird darin bestehen, für das Unternehmen das zu machen, was sie machen wollen.

---

* Wenn auch nicht unbedingt in der Höhe, in der sie es haben wollen.

c) Das Comeback der Konzerne

»What would we think, if suddenly a mouse tapped against the toe of an elephant and told him, rather politely: Excuse me, Sir, but I'd like to inform you that within a few seconds I will be roughly half your size. By that time, I may very well consider eating you. Absurd? Today, that's business.«
Bertelsmann-Chef Thomas Middelhoff, 1999

»Buchclub frisst Napster.«
Bertelsmann-Chef Thomas Middelhoff, 2000

Zur Zeit versperren sich die Unternehmen selbst den Zugang zu den größten Produktivitätspotenzialen. Weil sie das Potenzial, das sie heute schon aktivieren könnten, nicht einsetzen, verlieren sie den Zugang zu den bisher einzigen Berufstätigen, die heute schon ihr Potenzial im Namen tragen – die »High Potentials«. Und weil sie auch das Potenzial, das darüber hinaus aktivierbar sein könnte, nicht einmal erkennen, sind sie auf dem besten Weg, ihre Existenzberechtigung zu verlieren.

Aber das wird sich wieder ändern.

Wie sich die Konzernchefs ihre Unternehmen wünschen, zeigt das »Leitbild für die Zukunft von Bertelsmann«, das Thomas Middelhoff als frisch gebackener Chef des Medienriesen in seinen ersten Geschäftsbericht hineinschrieb: »Bertelsmann ist das qualitativ führende Medienhaus, der global wirkende Magnet, die erste Adresse für die besten kreativen und unternehmerischen Talente.«[38]

Genau diese Funktion haben Konzerne in den letzten Jahren nicht mehr erfüllt. Als die schwedische Unternehmensberatung Universum im Jahr 2000 mehr als 4000 Studenten von 63 renommierten europäischen Hochschulen nach ihrem bevorzugten Arbeitgeber für den Berufseinstieg fragte, landeten die renommierten Industriekonzerne auf den hinteren Plätzen. Alle drei Plätze auf dem Siegertreppchen wurden von großen Unternehmensberatungen besetzt: McKinsey & Company, Boston Consulting Group und Andersen

Consulting. Unter den Top 20 tauchten noch ganze acht Industrieunternehmen auf: Nokia (4), L'Oréal (6), Nestlé (9), Procter & Gamble (10), Coca-Cola (13), Unilever (15), BMW (19) und Sony (20). Der Rest: Unternehmensberatungen, Wirtschaftsprüfer und Investmentbanken, also genau die Branchen, in denen es nicht so sehr um die stetige Karriere geht, als vielmehr um ständig neue, ständig wechselnde Herausforderungen mit einem hohen Maß an Eigenverantwortung bereits nach kurzer Zeit. Und immerhin schon 16 Prozent dieser Top-Studenten suchten überhaupt keinen Arbeitgeber, sondern wollten am liebsten selbst ein Start-up-Unternehmen gründen.[39]

In den USA war der Trend zum Start-up noch weit ausgeprägter. Mehr als 25 Prozent des 99er-Absolventenjahrgangs der Harvard-Wirtschaftsfakultät in Boston, der Elite-Uni der Ostküste, wollten bei einer Hightech-Firma im Silicon Valley einsteigen, viermal mehr als 1997. Zehn Prozent der Absolventen wollten ihre eigene Firma gründen, dreimal mehr als noch im Jahrgang zuvor. »Noch vor fünf Jahren warst du ein Exot, wenn du für ein Start-up arbeiten wolltest«, resümierte der kalifornische Venture-Capital-Unternehmer Neil Weintraut im Jahr 1999, »heute sind solche Unternehmer Vorbilder, Ikonen für andere Studenten.«[40]

Schon die Vorliebe für die Consultants und die Investmentbanker war ein Signal für die nachlassende Anziehungskraft der Konzerne: zu wenig Entfaltungsmöglichkeiten, zu viel Routine, zu wenig Eigenverantwortung. Mit dem Trend zur New Economy und zum eigenen Start-up drehte sich die Schraube noch weiter: »Mitarbeiter mit echtem Unternehmergeist verlassen die Betriebe, weil sie sich nicht ausleben können«, konstatiert Reinhard Sprenger.[41] »Die guten Leute haben immer weniger Lust auf Konzerne, die als Status-quo-Institutionen immer nur rhetorisch zu neuen Ufern aufbrechen. Dadurch werden Großunternehmen – ähnlich wie die Politik – mehr und mehr zum Spielfeld für mittelmäßige Talente.«

Als *Zustands*beschreibung ist das sicherlich richtig. Aber auch als *Zukunfts*beschreibung? Ich glaube nicht. Ich glaube, dass die Abneigung der besten Köpfe gegen die großen Konzerne nicht auf einer generellen Unverträglichkeit beruht, sondern auf massiven, aber behebbaren Defiziten der Konzernorganisation. Ich glaube, dass Konzerne auch im 21. Jahrhundert noch über Vorzüge und Qualitäten verfügen, die ihnen gegen Start-ups, virtuelle und sonstige Netzwerke das Überleben sichern. Ich halte es sogar für möglich, dass gerade die humane Revolution den Konzernen zu einer neuen Renaissance verhelfen kann und dafür das Unternehmertum in eine ernste Krise geraten könnte.

Natürlich werden längst nicht alle potenten Humankapital-Investoren sich für die Superstruktur entscheiden: Es gibt Unternehmer-Typen, die nie und nimmer für eine Karriere im Konzern taugen würden – Rupert Murdoch, Henry Ford, Bill Gates und noch ein paar mehr. Zählt man noch alle Handwerker, Spediteure und Ladenbesitzer dazu, landet man bei den etwa zehn Prozent der Bevölkerung, die auch in den unternehmerfeindlichsten Zeiten Anfang der 80er Jahre selbständig waren.

Der Regelfall allerdings ist anders. Wer heute dem Konzern den Rücken kehrt, um sein eigenes Unternehmen aufzubauen, will damit nicht nur einen Traum verwirklichen, sondern endlich dazu kommen, für sich zu arbeiten. Im Konzern kann er das im Regelfall nur in zehn Prozent seiner Arbeitszeit tun, die übrigen 90 Prozent gehen für Bürokratie, Intrigen und sinnlose Meetings drauf.

Im eigenen Start-up ist das allerdings kaum anders. 90 Prozent der Arbeitszeit gehen für Papierkram, Finanzierungsgespräche, Personalprobleme und sinnlose Meetings drauf. Wer einfach nur sein Ziel verwirklichen, seine Idee, sein Projekt umsetzen möchte, kann daran genauso gut verzweifeln. Man muss schon mit Leib und Seele Unternehmer sein, um das durchzustehen.

Die meisten sind es nicht.

Oder sollte sich das gerade in den letzten Jahren geändert haben?

Immerhin findet zur Zeit auch in Deutschland der Aderlass der Konzerne statt, der Auszug der Spitzenkräfte. Neuer Markt und New Economy haben dafür gesorgt, dass Unternehmertum in Deutschland geradezu hip ist: 47 Prozent der deutschen Jugendlichen, so ergab die Shell-Jugendstudie 2000, erwägen, nach der Ausbildung eine eigene Firma zu gründen. Bei den Gymnasiasten steigt dieser Anteil sogar auf 57 Prozent.

Wird ganz Deutschland ein einziges Silicon Valley?
Natürlich nicht.

Denn hier haben wir es mit einem Wertewandel zu tun, der sich zwar im Wunsch zur Unternehmensgründung *äußert,* der aber tatsächlich das Streben nach Selbstverwirklichung und Eigenverantwortung am Arbeitsplatz *meint.*

Die deutlichsten Belege hierfür bietet ausgerechnet die Studie, die auf den ersten Blick die Totenglocke für die Konzerne läutet: die eben zitierte Shell-Jugendstudie 2000. Denn die Gründe, die die Jugendlichen dort für ihren Selbständigkeitswunsch anführen, zeigen, dass es mit der Unternehmermentalität in Deutschland denn doch noch nicht so weit her ist: Jeder zweite nennt als einen der wichtigsten Gründe für seinen Drang zur eigenen Firma, dass diese hohe Erfolgsaussichten habe, und jeder dritte dieser selbst ernannten Freunde der Selbständigkeit meint sogar, als Unternehmer ginge er ein besonders geringes Risiko ein!

Die höchsten Prozentzahlen unter den Gründen für den Selbständigkeitswunsch erreichten allerdings zwei andere Vorteile, die das eigene Unternehmen mit sich bringen soll:

- 68 Prozent erwarteten sich davon eine »interessante Tätigkeit, die Spaß macht«.
- 53 Prozent hoffen auf »Selbstbestimmungsmöglichkeit bei der Arbeit«.

Oder, in den Worten des Genügsamkeits-Apostels Bernd Ulrich: »Was immer mehr Menschen anstreben, ist nichts Geringeres als die größtmögliche ökonomische Unabhängigkeit mit maximalem Verdienst bei geringst möglichem unternehmerischem Risiko«.[42] Ulrich geißelt dies als ein weit überzogenes Anspruchsdenken, das einer der Hauptgründe der Arbeitslosigkeit sei, und propagiert statt dessen die »Wende zum Weniger«. Ich hingegen kann in dieser Zielsetzung nichts Schlimmes entdecken, kann mich auch durchaus in der Beschreibung wiederfinden. Und bevor man die gleichzeitige

Verwirklichung aller drei Ziele als unrealistisch aufgibt, sollte man es doch zumindest einmal versucht haben.

Genau das wollen die Möchtegern-Existenzgründer aus der Shell-Jugendstudie: Geld, Unabhängigkeit und Sicherheit, und alles zugleich. Dieses Ziel zu erreichen, kann man auf vielen Wegen versuchen. Nur eben nicht als Unternehmer – denn da sind der erreichbaren Sicherheit sehr enge Grenzen gesetzt.

Eigentlich ist das eine Steilvorlage für die hiesigen Konzerne. Sie müssen nur interessantes, selbstbestimmtes Arbeiten ermöglichen, und die meisten der Jugendlichen, die jetzt noch meinen, dass Existenzgründung besonders chic und angesagt sei, werden sich frei- und bereitwillig in den sicheren Schoß der Superstruktur flüchten.*

Natürlich gibt es hier nicht nur individuelle, sondern auch gesellschaftliche Mentalitätsunterschiede. So haben in Deutschland die Konzerne sicherlich bessere Chancen im Kampf gegen Start-ups und Netzwerk-Organisationen als in den USA, weil hier auch die innovativsten Beschäftigten Sicherheit und Komfort des Konzerns hoch einschätzen, oft höher als die Get-Rich-Fast-Mentalität der Start-ups. Zudem sind die hiesigen großen und mittleren Unternehmen im Schnitt älter und krisenerprobter als ihre Konkurrenten jenseits des Atlantiks. Sie sind lernfähiger, sie verfügen über größere finanzielle Reserven, sie sind weniger vom Shareholder-Value-Virus infiziert und stärker am Wohlergehen der Beschäftigten orientiert.

Wenn jemand die Konzerne retten kann – wer, wenn nicht wir? Wobei sie natürlich schon ein bisschen mithelfen müssen.

---

* Die hundertprozentige Sicherheit wird allerdings auch kein Konzern bieten können, wie eine Anmerkung des britischen Ökonomie-Professors Charles Handy unübertrefflich illustriert: »Vor dreißig Jahren«, erzählt Handy, »habe ich in einem weltberühmten multinationalen Konzern zu arbeiten begonnen. Um mich zu ermutigen, gab mein Arbeitgeber eine Prognose, wie meine zukünftige Karriere aussehen würde. Soweit ich mich erinnere, zeigte mich die Prognose am Ende als leitenden Manager eines bestimmten Unternehmens in einem weit entfernten Land. Inzwischen weiß ich, dass sowohl der Job, der für mich ausgesucht worden war, als auch die Firma, die ich leiten sollte, nicht mehr existieren – ja nicht einmal mehr das Land, in dem ich wirken sollte.« (zitiert nach Herzinger, Die Tyrannei des Gemeinsinns, a.a.O., S. 42)

Fazit: Die meisten Menschen erwarten sich von ihrer Arbeit Geld, Unabhängigkeit und Sicherheit. Unternehmertum wird nie wirkliche Sicherheit bieten können – aber Konzerne könnten ihren Beschäftigten alles zugleich offerieren. Dazu müssen sie mehr Freiräume, mehr Individualität anbieten. Je mehr Freiraum sie bieten, desto flexibler werden sie auf neue Wendungen des Marktes reagieren können – und desto mehr werden sie die Märkte des 21. Jahrhunderts dominieren.

d) Der Aufstand der Wunschkinder

Kleine Quizfrage: Die Kinderzahl in Deutschland[43] hat in den letzten 20 Jahren deutlich abgenommen. 1979 gab es 19,7 Millionen Kinder, 1999 nur noch 17,4 Millionen.* Welche Kinderzahl hat in Deutschland in diesem Zeitraum zugenommen?

Richtig: die Zahl der Einzelkinder. Vor 22 Jahren gab es davon 4,97 Millionen (25,2 Prozent aller Kinder), 1999 waren es 5,08 Millionen (29,1 Prozent).** In ganz Deutschland haben mehr als die Hälfte der 9,3 Millionen Familien mit Kindern unter 18 Jahren nur ein Kind – die Familien mit drei oder mehr Kindern machen gerade noch zehn Prozent aller Familien mit Kindern und nicht einmal fünf Prozent aller Familien aus.

Das war zu einfach? Dann jetzt eine schwierigere Frage: Welche Branche hat besonders stark vom Pillenknick profitiert?

Wussten Sie's? Es war natürlich die Spielzeugbranche. Seit Mitte der 60er Jahre bis Mitte der 90er Jahre konnte zum Beispiel die Firma Lego in Deutschland regelmäßig mit zweistelligen Wachstumsraten glänzen, und das trotz massiv sinkender Kinderzahlen. Mattel hat weltweit seit 1959 allein mehr als eine Milliarde Barbie-Puppen verkauft. Und der Disney-Chef Michael Eisner war Ende der 80er, Anfang der 90er Jahre sogar der bestbezahlte Manager der

---

* Früheres Bundesgebiet (Deutschland insgesamt: 21,4 Millionen)

** Deutschland insgesamt: 6,53 Millionen Einzelkinder (30,5 Prozent aller Kinder)

Erst die Arbeit, dann die Familie

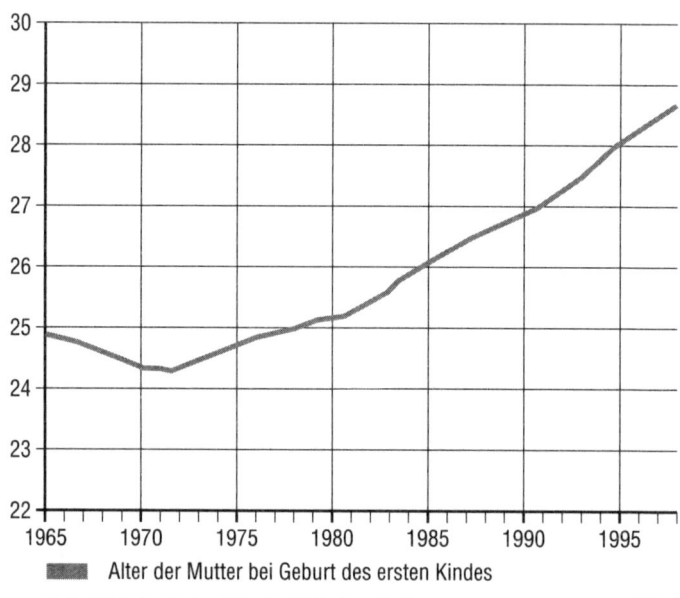

Alter der Mutter bei Geburt des ersten Kindes

Quelle: Statistisches Bundesamt (Angaben für Westdeutschland)

Abb. 2

Welt: Durch Aktienoptionen konnte er sich mehrfach über die 50-Millionen-Dollar-Marke hieven. Pro Jahr natürlich.

Ob Lego, Disney oder Mattel: Sie wuchsen nicht trotz, sondern wegen des Pillenknicks. Für Einzelkinder wurde und wird wesentlich mehr Geld ausgegeben als für Geschwisterkinder,* und das nicht nur, weil die Eltern ihr Geld nicht aufteilen müssen. Viel wichtiger: Die Eltern müssen ihre Aufmerksamkeit nicht aufteilen,** ihre Träume nicht, ihre Hoffnungen nicht – alles, was sich

---

* Besonders viel wird für Scheidungskinder ausgegeben. Was bringt Papa wohl am Besuchstag seiner Tochter mit? Eine Barbie natürlich.
** So liegt gemäß einer Langzeitstudie des Bundesfamilienministeriums der Zeitaufwand für ein einjähriges Kind bei 1296 Stunden pro Jahr und damit nur unwesentlich niedriger als der Aufwand für zwei Kinder (drei und ein Jahr alt), denen sich die Eltern 1369 Stunden lang widmen.

Alter der höchsten Geburtenhäufigkeit nach Jahrgängen

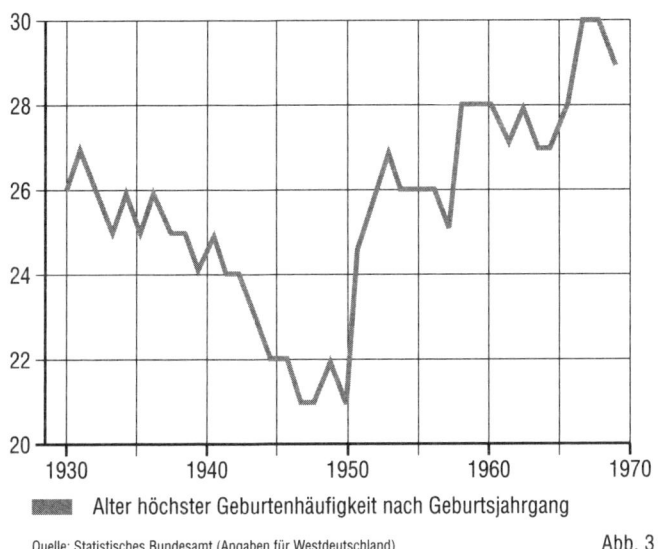

■ Alter höchster Geburtenhäufigkeit nach Geburtsjahrgang

Quelle: Statistisches Bundesamt (Angaben für Westdeutschland) Abb. 3

Eltern für ihr Kind wünschen, landet mit geballter Wucht auf den Schultern der Einzelkinder.

Und die Wucht dieser Wünsche hat durch das steigende Durchschnittsalter der Eltern bei der Geburt eher noch zugenommen. 1978 waren Mütter in Westdeutschland bei der Geburt im Schnitt 26,96 Jahre alt, 20 Jahre später lag dieser Durchschnittswert bei 29,97 Jahren. Bei den Erstgebärenden ist der Anstieg noch deutlicher (s. Abb. 2): 1961, also vor Einführung der Anti-Baby-Pille, bekamen Frauen im Schnitt mit 24,86 Jahren ihr erstes Kind. Bis Anfang der siebziger Jahre sank dieses Durchschnittsalter noch leicht ab (1971: 24,33 Jahre), um seither stetig anzusteigen – 1998 war die durchschnittliche Erstgebärende bereits 28,73 Jahre alt.*

---

* Hierin lag auch die wesentliche Ursache für die damals so bejammerte Baby-Flaute im

Während diese Statistik einen gemächlich steigenden Trend suggeriert, zeigt eine andere Grafik (Abb. Nr. 3) ein wesentlich dramatischeres Bild. Hier ist für die einzelnen Geburtsjahrgänge westdeutscher Frauen aufgezeichnet, in welchem Alter die Zahl der Mutterschaften am größten war. Während die heute 51jährigen Frauen (Geburtsjahrgang 1950) den Höhepunkt dieser »altersspezifischen Geburtenziffer« bereits 1971, also mit 21 Jahren erreichten, verschob sich innerhalb von nur drei Jahrgängen dieses Maximum ins 27. Lebensjahr: Die heute 48jährigen Frauen (Jahrgang 1953) verzeichneten 1980 die meisten Geburten. Etwas verkürzt heißt das: Bis Anfang der 70er Jahre war es üblich, dass Frauen bereits nach der Ausbildung Mütter wurden, Ende der 70er Jahre hatte sich das Muster durchgesetzt, dass vor der Familiengründung der Einstieg ins Berufsleben stattfand.

Der Blick auf die Geburtenziffern scheint deutlich zu zeigen, dass die gravierendste Bewegung vor mehr als 30 Jahren stattfand – der dramatische Rückgang der Geburtenzahlen nach Einführung der Anti-Baby-Pille. Das ist sicherlich richtig, wenn man die rein quantitative Entwicklung betrachtet. Doch ist vor gut 20 Jahren ein qualitativer Einschnitt hinzugekommen. Seit Ende der 70er, Anfang der 80er Jahre sind die Kinder, die in (West-)Deutschland auf die Welt kommen, zum großen Teil *Einzelkinder* und *Wunschkinder*, mit Eltern, die bei ihrer Geburt bereits mitten im Berufsleben standen. Diese Kinder sind ihr Leben lang mit dem Gefühl aufgewachsen, etwas Besonderes zu sein. Und sie werden keine Lust haben, dieses Gefühl bei der Arbeit zu missen.

Und sie werden erst in den nächsten Jahren ins Arbeitsleben treten!

Ostdeutschland der Nach-Wende-Jahre: Das Gebärenden-Durchschnittsalter im Osten passte sich an das im Westen an. Das DDR-Sozialsystem bot besonders günstige Bedingungen für junge Mütter, in der BRD war es für Frauen ökonomisch rationaler, erst die Ausbildung zu beenden und ins Berufsleben einzusteigen. Inzwischen sind die altersspezifischen Geburtenziffern in Ost- und Westdeutschland bei den jungen Frauen bis 30 Jahren gleich hoch. Dass es immer noch weniger Geburten im Osten gibt, liegt daran, dass es weit weniger Neugeborene mit Müttern über 30 gibt. Logisch – viele von ihnen haben ihr persönliches Kindersoll schon als junge Frauen in den letzten DDR-Jahren erfüllt.

Wie kriegt man solche Leute dazu, ein Spesenabrechnungsformular ordnungsgemäß auszufüllen? Wie erklärt man ihnen, dass sie erst in 17 Jahren in der Besoldungsstufe landen können, die ihr offensichtlich unfähiger Amtsleiter zur Zeit innehat? Werden sie überhaupt in der Lage sein, sich in Hierarchien einzuordnen?

Keine Sorge: Wenn nicht, so wird keine Rebellion daraus werden, wie damals, 1968. Können Sie sich Zehntausende von Einzelkindern auf einer Demo vorstellen? Nein: Die Grundfesten des Staates werden nicht erschüttert werden. Dafür die der Unternehmen.

Man muss Menschen nicht mögen, die von der Mutterbrust an mit dem Bewusstsein aufwuchsen, etwas Besonderes zu sein. Man mag in ihrem gehäuften Auftreten ein Indiz für die Verderbtheit und Verkommenheit der Gesellschaft von heute sehen. Zweifellos werden die Feuilletons das in den nächsten Jahren noch ausgiebig tun. Doch ein anderer Ansatz dürfte sich als fruchtbarer erweisen:* Wenn es schon so viele Menschen gibt, die sich für etwas Besonderes halten, könnte das nicht darauf hindeuten, dass jeder Mensch etwas Besonderes *ist*?

»Was Friseure können, können nur Friseure«, war ein Werbespruch der späten 90er. D'accord. »Was Frank Schirrmacher kann, kann nur Frank Schirrmacher« – auch okay, der gute Mann hat hart daran gearbeitet, dass wir das glauben. »Was Fritz Friedebold kann, kann nur Fritz Friedebold« – warum sollte das weniger stimmen? Probieren Sie's aus, setzen Sie Ihren Namen ein: Was Sie können, können nur Sie. Stimmt doch, oder? Und dafür müssen Sie nicht einmal Einzelkind sein.

Fazit: Seit zwei Jahrzehnten wachsen immer mehr Kinder mit der Erkenntnis auf, etwas Besonderes zu sein. Sie werden sich nicht damit abfinden, am Arbeitsplatz auf eine Nummer zurückgestuft zu werden. Sie werden als etwas Besonderes behandelt werden wollen. Und sie werden auch am Arbeitsplatz, wie in ihrem ganzen bisherigen Leben, ihren Willen durchsetzen wollen.

---

* Es ist natürlich das über Jahrzehnte hart erkämpfte Vorrecht der Feuilletons, gerade den unfruchtbarsten Ansätzen mit besonders großer Leidenschaft anzuhängen.

4. Freiheit nur für Überflieger: Die Grenzen der New Economy

Werd ich beruhigt je mich auf ein Faulbett legen,
So sei es gleich um mich getan!
Kannst du mich schmeichelnd je belügen,
Dass ich mir selbst gefallen mag,
Kannst Du mich mit Genuss betrügen,
Das sei für mich der letzte Tag!
Werd ich zum Augenblicke sagen:
Verweile doch! du bist so schön!
Dann magst du mich in Fesseln schlagen,
Dann will ich gern zugrunde gehen!
   Faust

Hätte Goethe die New Economy kennen gelernt, er hätte ihr wohl kaum einen besseren Protagonisten auf den Leib schreiben können als seinen Faust des ersten Teils. Denn die Gefühle der High-Tech-Hauptdarsteller von heute wären dem alten Olympier durchaus vertraut vorgekommen: Schließlich hatte auch Goethe seine Popstarphase der Sturm- und Drang-Zeit, und die war ja so etwas ähnliches wie die New Economy – nur eben in der Literatur.

In der Tat konnte einen in den letzten Jahren an den High-Tech-Standorten und -Börsen das Gefühl beschleichen, als hätten sich die Akteure wie weiland Faust mit dem Teufel verschworen, als könnten sie deshalb alle Weltmärkte auf einmal usurpieren, als dürften sie aber auch keine Sekunde Atem holen, weil sonst ihre Seele der Hölle anheim gefallen wäre.

Dieser Spuk ist vorbei.

Inzwischen wünschen sich viele, sie hätten im März 2000 zum Augenblick »Verweile doch, du bist so schön« gesagt und ihre Stock

Options zu Geld gemacht. Schon mehren sich die Forderungen, die gesamte New Economy auf den Müllhaufen der Wirtschaftsgeschichte zu werfen. Doch das hat sie nicht verdient: Sie ist zwar als Vision einer zukünftigen Wirtschaftsweise unbrauchbar, weil elitär, a-sozial und unmenschlich, aber in der richtigen Nische kann sie durchaus positive und produktive Wirkung entfalten.

Wenn auch ganz anders, und in einer ganz anderen Nische, als es sich ihre Propheten ausgemalt haben.

a) Wo Old schon New war

Man sitzt da, trinkt Kaffee und hackt drei Tage hintereinander Programmierzeilen in den Computer. Das ist cool.
Napster-Gründer Shawn Fanning über
seine Arbeitsweise Anfang 2000

Was war neu an der New Economy? Dass Wissenseliten sich ohne bürokratische Grenzen entfalten konnten? Das gab es schon vorher. Neu war lediglich, dass diese Wissenseliten dabei schufteten wie schlesische Weber vor 150 Jahren.

In den Jahren zuvor gab es dagegen bei vielen Unternehmen bereits Ansätze, um den fähigsten Köpfen der jeweiligen Branche mit paradiesischen Bedingungen die Entfaltung ihres Potenzials zu ermöglichen. Zumindest in den besonders wissensintensiven Branchen, wie Hardware-, Software- und Content-Industrie, ist die neue Rollenverteilung zwischen Finanz- und Humankapital schon ein paar Jahre länger spürbar. Unternehmen, die ihren Markterfolg in Technologie-Führerschaft sehen, haben frühzeitig damit begonnen, innovativen Kräften exzellente Arbeitsbedingungen zu verschaffen, um dafür exzellente Leistungen zu erhalten.

Wie sehen die Modelle aus, die hierfür entwickelt wurden?

a) Das Gelehrtenghetto: Große Ansammlungen hochkarätiger Forscher, die jenseits der Alltagsarbeit der Produktentwicklung Grundlagenforschung betreiben und Basisinnovationen produzieren sollen, um ihren Unternehmen auch in der Welt von übermorgen eine technologische Spitzenstellung zu sichern. Beispielhaft hierfür sind die IBM-Forschungslabors in Zürich-Röschlikon, das Palo Alto Research Center (PARC) von Xerox und die Bell Laboratories (heute zu Lucent gehörig). So großartig die Arbeitsbedingungen – und auch die Forschungsergebnisse – dort waren und sind, so durchwachsen fällt die Bilanz für ihre Betreiber aus. PARC wurde dadurch berühmt, dass dort die Computer-Maus erfunden, allerdings nicht ernst genommen wurde. Als eines Tages ein Jungspund namens Steve Jobs dort vorbeikam, überließ der Verantwortliche ihm großzügig die Produktbeschreibung – und den Profit mit der Maus machte Apple, nicht Xerox. Die Bell Laboratories brachten ein ähnliches Meisterstück fertig, als sie die Rechte am dort erfundenen Transistor, also der Basisinnovation, die die gesamte Mikroelektronik erst möglich machte, für 25 000 Dollar verkauften. Der IBM-Thinktank in Zürich dagegen war lange Zeit derart weit in die Grundlagenforschung abgedriftet, dass aus dem Haus mehr Nobelpreisträger als Produktideen hervorgingen. Als 1995 Paul Horn zum IBM-Forschungs-Chef berufen wurde, hatte er die schwierige Aufgabe, seinen Leuten klar machen zu müssen, dass es im Leben eines Wissenschaftlers Wichtigeres geben kann als den Nobelpreis: »Der Maßstab für unseren Forschungserfolg ist, ob unser Konzern die besten Produkte am Markt hat und vor der Konkurrenz liegt«, hatte Horn zu Beginn erklärt. Viele der Forscher verließen daraufhin die IBM-Labors – aber der ökonomische Erfolg kehrte zu IBM zurück.[44]

b) *Freiraum für alle:* Alle Beschäftigten (oder zumindest alle in Forschung und Entwicklung Beschäftigten) dürfen (oder müssen) einen kleinen Prozentsatz ihrer Arbeitszeit auf Projekte verwenden, die nichts mit dem zu tun haben, woran sie gerade im Auftrag des Unternehmens arbeiten. Auf diese Weise sollen Ideen eine Chance bekommen, die jenseits des beschränkten Horizonts der aktuellen Jahresplanung liegen. Ein Unternehmen, das dieses System erfolgreich praktiziert, ist 3M, wo alle Forscher ermutigt werden, 15 Prozent ihrer Arbeitszeit in eigene Projekte zu investieren. »Das Ziel besteht darin, so viele Ideen wie möglich anzuregen, denn eine von tausend wird vielleicht die richtige sein«, begründet Arthur Fry dieses Modell, der Mann, der selbst das beste Beispiel für den Nutzen solchen Freiraums ist. Er fand, ganz privat, eine Verwendungsmöglichkeit für einen vermeintlichen Flop seines Arbeitgebers: Mit einem Klebstoff, der nicht richtig klebte, platzierte er einzelne Notenblätter in Kirchen-Gesangbüchern – als Post-it-Etiketten wurde daraus ein äußerst profitables, weltweit eingesetztes Produkt.[45]

Ein anderes Unternehmen, das einen ähnlichen Ansatz schon vor Jahrzehnten praktizierte, war Digital Equipment (DEC), wo die Techniker Freiräume hatten, wie sie sonst nur an Universitäten üblich waren. »Do what's right«, war die Maxime von DEC-Gründer Ken Olsen: Wer tat, was er selbst für richtig hielt, würde auch das Richtige für die Firma tun.[46] Das Wörtchen »war« deutet schon an, dass hier dieser Methode kein langfristiger Erfolg beschieden war: Ken Olsen schuf zwar eine paradiesische Arbeitsatmosphäre für Techniker und konnte dadurch viele der besten Köpfe zu DEC holen, aber die technische Brillanz reichte nicht aus, als es darum ging, für Computer einen Massenmarkt zu erschließen. Und die Verkäufertypen, die er dafür gebraucht hätte, konnte Olsen eben nicht ausstehen.

c) Die Goodie-Gesellschaft: Wer kluge Köpfe braucht, ihnen aber keine Aufgaben bieten kann, die ihren Fähigkeiten entsprechen, überzieht den Job mit Zuckerguss. Das können Stock Options sein, Massagen am Arbeitsplatz, Golf- oder Segelkurse, Drei-Tage-Wochen, Heimarbeitsplätze oder andere Schmeicheleien. So kompensiert das gute Gefühl, wichtig zu sein, das flaue Gefühl, nichts wichtiges zu tun. Ein Beispiel hierfür ist die Zeitschriften-Verlagsgruppe Milchstraße in Hamburg-Pöseldorf (»TV Spielfilm«, »Max«, »Fit for Fun«, »Amica«), vom Branchendienst »kress-report« als »Li-La-Laune-Verlag« apostrophiert. Da geht der Betriebsausflug mal nicht in die Holsteinische Schweiz, sondern nach New York, da sind die Toiletten von Philippe Starck designt, da gab es ein sehr großzügiges Friends-and-Family-Programm beim Börsengang der Online-Tochter Tomorrow Internet AG, und rechtzeitig vor dem Ende der vorgeschriebenen Aktien-Haltefrist für die Mitarbeiter bot der Verlag an, die Aktien aus diesem Friends-and-Family-Programm zu einem Freundschaftspreis zurückzukaufen, damit nicht alle gleichzeitig ihre Papiere auf den Markt werfen und damit den Kurs zerschießen.

All diese Modelle zeigen den Erfindungsreichtum, den Unternehmen in wissensbasierten Branchen an den Tag legen, um die besten Köpfe möglichst eng an sich zu binden und um sie möglichst gar nicht erst auf die Idee kommen zu lassen, dass für sie noch mehr zu holen wäre.

Doch in den letzten Jahren ging der Erfolg dieser Bindungsstrategien spürbar zurück. Vor allem durch die rapide Entwicklung der Finanzmärkte verloren Teile der Wissenselite die Konzern-Illusion, an die sie bis dahin selbst geglaubt hatten. Sie brauchten plötzlich keinen Konzern mehr, um ihre Visionen zu finanzieren – dafür gab es Venture Capital und High-Tech-Börsensegmente. Sie brauchten keinen Konzern mehr für die ersten Schritte von der Vision zum Unternehmen – dafür gab es Inkubatoren. Sie brauchten auch keinen Konzern mehr, um mit Gleichgesinnten über ihre hoch spezialisierten Projekte reden zu können. Dafür gab es Agglomerationen von Start-up-Wissenseliten wie das Silicon Valley in den USA oder den Biotech-Standort Martinsried bei München.

Und innerhalb weniger Jahre wurde plötzlich klar, dass die Köpfe eines Unternehmens nicht nur in einer komfortablen Position sind, sondern sogar in der komfortabelsten Position überhaupt, weit besser als die des Managements oder der Kapitalgeber.

Und so erblickte die New Economy das Licht der Welt.

b) Wie New plötzlich Old aussieht

»Mr. President öffnet die Augen. Neben ihm steht ein 20 Jahre alter Millionär aus der Informatikbranche mit gepiercter Zunge. Der junge Mann ist in Begleitung eines russischen Modezars, eines weiblichen Investmentbankers, eines transsexuellen Politikers (mit einer vagen Ähnlichkeit zu Mrs. President), eines Physikprofessors im Lackanzug und eines buddhistischen Hollywoodstars. Hinter

ihnen steht ein Management-Guru, der nur mit Boxershorts bekleidet ist, und eine junge Chinesin, die sich als globale Expertin für Thermodynamik ausgibt (plus ihrem geklonten Selbst). Sie alle möchten von ihm wissen, ob er bereit ist für Funky Business. Und zwar jetzt gleich! Crash! Bumm! Bang!«[47]

Von dieser Mitte 1999 formulierten ödipalen Platzhirsch-Fantasie der New Economy dürfte Ende 2000 nur noch das Wort »Crash« übrig geblieben sein.

Das akute Drohpotenzial, das die New Economy in den ersten Monaten des neuen Jahrtausends aufgebaut hatte, ist seither durch den rasanten Verfall der Aktienkurse an den High-Tech-Börsen wieder in sich zusammengefallen. Inzwischen haben einige der so selbstbewusst in die Start-up-Szene gewechselten Hoffnungsträger wieder zerknirscht bei ihren Ex-Arbeitgebern in Konzernen, Universitäten und Unternehmensberatungen angeklopft, um einige Hoffnungen ärmer und um ebenso viele Erfahrungen reicher.

Sie folgten charismatischen Gründern, die in der Lage waren, das eigene Ziel als gemeinsames Ziel zu definieren; sie schufteten rund um die Uhr dafür, dass die Präsentationsmodule der neuen Serverskriptsprache oder die Onlinecommunityabrechnungssoftware rechtzeitig vor der alles entscheidenden Messe in Berlin, München, Hannover oder Las Vegas fertig wurde. Statt sich mit dieser neuen Serverskriptsprache zu verheiraten, hätten sie wohl für sich und die Gesellschaft weit nützlichere und einträglichere Arbeit leisten können: einen funktionsfähigen Stoßstangen-Airbag konstruieren oder eine Software, die am Flughafen automatisch den Weg zum richtigen Schalter zeigt. Aber sie glaubten lieber dem Gründer und/oder dessen Versprechungen vom großen Geld beim Börsengang, nur um sich am Ende auf einem Abstellgleis der Serverskriptsprachenmodulentwicklung wiederzufinden.

Sie erlebten das Feeling von Freiheit und Abenteuer, sie lebten in einer Atmosphäre, in der alles möglich schien. Und wenn sie Pech hatten, bekamen sie in den letzten Monaten tatsächlich zu spüren, was alles möglich war. Offene Strukturen, flache Hierarchien, Stock

Options-Programme und familäres Feeling sehen eben nur bei Sonnenschein wie die Lösung für alle Probleme der Mitarbeiterbehandlung und -beteiligung aus:
- Die extrem langen und extrem intensiven Arbeitszeiten in den meisten Firmen der neuen Wirtschaft verschleißen die Arbeitskraft, zehren an der Substanz und sind nicht lange aushaltbar.
- Die besonders intensive Beziehung zum Team, zum Projekt, zur Firma und zu ihren Zielen lässt familiäre Gefühle aufkommen. Was zu massiven Loyalitätskonflikten bei all denen führen wird, die außerhalb der Firma eine echte Familie haben.
- Der Intensitätsgrad der internen Beziehungen und die Identifikation mit den Zielen der Firma kann zu einer Wagenburg-Mentalität führen, in der die Welt in Freunde und Feinde des Unternehmens eingeteilt wird.
- Die »Wir-haben-uns-alle-lieb«-Organisationen sind selten auf Krisen eingestellt. Genau so wie die in ihnen arbeitenden Menschen. Wenn auf die Schnelle mal jeder vierte Arbeitsplatz abgebaut werden muss, ist es mit dem Team-Feeling und der Familienatmosphäre schnell vorbei und Zustände wie im Big-Brother-Haus stellen sich ein.

Die New Economy verlangt von ihren Beschäftigten die Identifikation mit den Zielen des Unternehmens, wenn es sein muss, bis zur Selbstaufgabe. Sie erwartet, dass jeder, der dabei sein will, sein Leben dem Beruf unterordnet, ja, den Beruf zu seinem Leben macht. Und sie erwartet, dass er es freiwillig tut. »Der Wille fängt an zu schielen«, beschreibt der Philosoph Klaus Peters diese schizophrene Situation, die er im Auftrag des Betriebsrats bei Düsseldorfer IBM-Beschäftigten beobachtete: »Es ist, als wenn die zwei Willen, die im Kommandosystem säuberlich auf zwei verschiedene Personen verteilt waren: hier der Arbeitnehmer, der eigentlich nach Hause gehen will, dort der Chef, der ihn gegen seinen Willen festhalten will – als wenn diese beiden Willen jetzt in ein und derselben Person gleichzeitig vorhanden sind.«[48]

Reinhard Sprenger sieht darin »die Gesinnungsnötigung der Identifikation« und warnt jeden dringend davor, sich darauf einzulassen: »Für Angestellte geht die Rechnung ›Beruf gleich Leben‹ niemals auf. Kein Unternehmen kann die Gegenleistung erbringen, egal wie hoch jemand hierarchisch steigt. Wenn überhaupt, dann sind Menschen heute gut beraten, wenn sie sich allenfalls mit ihrem Handeln identifizieren, nicht mit einem Unternehmen.«[49]

Charles Leadbeater sieht das gleiche Problem, hält aber tapfer dagegen: »Der Glanz der New Economy wirkt stumpf, ihr fehlt eine Seele, fehlen belebende Werte – dafür finden wir Pragmatismus, Realismus und Zynismus im Überfluss. Wir brauchen eine optimistischere Vision davon, wie unsere Gesellschaft werden sollte; keine wissenschaftliche oder technologische, sondern eine soziale, kulturelle und politische Vision.«[50]

Die vor kurzem noch so aktuellen New-Economy-Verherrlichungswerke entwickeln auch tatsächlich optimistische Visionen – aber eben nur optimistisch für eine kleine vernetzte Wissenselite. Der große Rest ihrer Mitmenschen ist ihnen reichlich egal. Besonders ungeschminkt formulieren das die schwedischen Universitätsassistenten und selbst ernannten »Management-Gurus« Jonas Ridderstrale und Kjell A. Nordström in »Funky Business«: »Können die Amerikaner in einer auf Wissen basierenden Gesellschaft ihre dominante Stellung behaupten, wenn die durchschnittlichen amerikanischen Jugendlichen in der unteren Liga spielen? Die entscheidende Frage dabei ist, ob der Durchschnitt überhaupt von Interesse ist. Wenn die funky Leute wirklich 100-mal schlauer sind als der Rest, ist der Durchschnitt dann nicht ebenso uninteressant wie geographische Grenzen, öffentliche Fernsehkanäle, Fabriken, die noch auf der Ausbeutung von Muskelkraft basieren, und alte albanische Comics?«[51]

Funky Leute, denen der Zustand der Gesellschaft, in der sie leben, so wichtig ist wie alte albanische Comics, und denen er auch herzlich egal sein kann, weil sie sich ohnehin in anderer Gesellschaft befinden – in der Gesellschaft ihrer funky Freunde rund um den funky Globus, mit denen sie funky Messages headphonen und täglich das Rad der Geschichte eine Viertelumdrehung vorantreiben: Das klingt so fürchterlich modern, und ist doch nur die dank neuer Technologie globalisierte Neuauflage einer uralten Gesellschaftsform: der griechischen Sklavenhalter-Demokratie, in der funky Perikles und funky Sophokles über Heraklit, den Godfather of funk, diskutierten, und alles, was in irgendeiner Form mit der Sicherung des Lebensunterhaltes zu tun hatte, ihren Sklaven überlassen konnten.

Wenn Jeff Bezos ein Perikles wäre, Douglas Coupland ein Sophokles oder Nicholas Negroponte ein Heraklit, man könnte aus dieser finsterst möglichen Gesellschafts-Utopie zumindest den Trost schöpfen, dass künftige Generationen sich dereinst an den Erzeugnissen der funky Leute der funky Jahrtausendwende ergötzen könnten. Aber bisher hält sich die ästhetische Performance der New Economy in recht engen Grenzen – den Vergleich zwischen den Bauwerken auf der Akropolis und denen im Silicon Valley sparen wir uns besser ganz.

Beerdigen wir also aufatmend das Phänomen der New Economy. Und lassen sie im dritten Quartale auferstehen von den Toten. Feiern wir ihre Wiedergeburt als Young Economy – als Jugendzentrum der Weltwirtschaft.

c) Wie New zu Young werden könnte

Ich versuche, etwas gesünder zu leben, gehe regelmäßig ins Sportstudio und mache abends vor dem Einschlafen Liegestützen. Sonst würde mich meine Freundin hassen.

Napster-Gründer Shawn Fanning über
seine Arbeitsweise Ende 2000

Wie geht es denn den Protagonisten der New Economy, jetzt, da ihre Firmen reihenweise an der Börse zerschreddert wurden oder ihnen die Venture Capitalists schon weit vor dem Börsengang den Strom abdrehten? Ich kenne noch keine psychologischen Studien zu dieser Frage, ich kenne nur ein paar Leute, so dass mein Eindruck nicht repräsentativ sein muss. Mir scheint aber, es geht ihnen gut.

Richtig gut.

Die wenigsten haben ihr Geld verloren. Verloren haben sie nur den Traum vom schnellen, großen Geld. Viele haben einige ihrer besten Jahre in Projekte investiert, die niemals auch nur in die Nähe eines Kunden kommen werden, geschweige denn an die Börse. Aber auch wenn aus dem jeweiligen Projekt nichts wird – die investierte Zeit hält keiner für vertan. Sie haben sehr intensiv gearbeitet und gelebt, sie haben sich selbst und ihre Kollegen in Extremsituationen kennen gelernt, sie haben Unmengen von Kontakten zu Menschen, die sich jetzt, nach dem Crash der New Economy, in alle Winde und Branchen zerstreuen werden (und dadurch globale, informelle Ehemaligen-Netzwerke entstehen lassen), sie haben in kurzer Zeit genügend Sensationen und Katastrophen erlebt, um ihr Leben lang davon zu zehren und um ohne Ende ihren Enkeln die Geschichten von damals zu erzählen – so wie ihr Großvater ihnen vom Krieg erzählt hat.

Und weil sie inzwischen selbst erfahren haben, dass die Firma zwar viel, aber nicht alles sein kann, können sie jetzt damit anfangen, an die Kinder zu denken, ohne die man keine Enkel zum Erzählen haben wird.

Zugegeben, der Kampf der Großeltern an West- und Heimatfront hatte eine ganz andere, existenziellere Dimension als der ihrer Enkel um die Zuteilungsschlüssel für die Aktien des Friends-and-Family-Programms. Aber die Hyperproduktivität der New Economy passt sicherlich weit besser zur Wissensgesellschaft als der Schützengraben. Und sie ist wohl einer der volkswirtschaftlich wertvollsten Wege, um sich in jungen Jahren mit Extremerfahrungen zu versorgen. Andere heutzutage gängige Wege, etwa Bandenkriege, Brandanschläge oder besinnungsloses Besaufen, sind weit weniger angenehm und wertschöpfend.

Wenn alles wie üblich läuft, müsste die New Economy den Weg aller Jugendrevolten gehen: Nach ebenso kurzem wie heftigem Aufenthalt im Scheinwerferlicht der Öffentlichkeit zieht sie sich ins Gedächtnis der Dabeigewesenen zurück, um zu runden Jahrestagen auf Veteranentreffen und in Feuilletons für einige Augenblicke wieder ans Tageslicht zu kommen. So ging es den Halbstarken der 50er, den Apo-Rebellen der späten 60er, den Umweltbewegten der 70er, und so ging es auch schon vor 100 Jahren den Wandervögeln und vor 200 Jahren den Sturm-und-Drang-Bewegten. Immerhin würde die New Economy den ewigen Strom der Jugendbewegungen aus einer neuen Quelle speisen: Bisher kristallisierten sich diese Bewegungen an politischen (AKWs, Notstandsgesetze) oder kulturellen Phänomenen (Rock'n Roll, Geniekult) – die New Economy wäre in Deutschland die erste, die um die Arbeitswelt kreist.*

Dauerhaften Bestand kann die New Economy allerdings erwerben, wenn sie zur Young Economy mutiert. Als allgemein akzeptierte, produktive Variante des Hörner-Abstoßens kann sie ein attraktives Angebot für die Persönlichkeitsentwicklung 20- bis 30jähriger Menschen werden: Man lernt viele Menschen gleichen Alters und beiderlei Geschlechts kennen, experimentiert mit den verschiedensten Varianten der Kombination von Berufs- und Privatleben, findet einen intensiven Einstieg ins lebenslange Lernen, hat das Gefühl, am Puls der Zeit zu sein, erfährt viel über die eigenen Stärken und Schwächen, kann dabei richtig Geld verdienen, und mit ein bisschen Glück sogar richtig viel Geld.

Alles zusammen kann den bisherigen Marktführer in diesem Segment heftig ins Straucheln bringen – die Universität.** Wenn es gelingt, die extrem fragile New Economy in eine extrem lebendige Young Economy zu verwandeln, wird diese ein weit attraktiveres Angebot für die Persönlichkeitsentwicklung abgeben, als es die Universität, wie wir sie kennen, jemals können kann. Dann wird die Institution Universität heftig danach suchen müssen, wo, daran gemessen, ihr Wettbewerbsvorteil liegen könnte.

Ich glaube kaum, dass sie einen finden würde.

---

* Außerhalb Deutschlands wäre zum Beispiel die Kibbuz-Bewegung in Israel zu nennen. Hingegen gibt es auch in Deutschland relativ viele Berufe, in denen praktisch nur junge Menschen arbeiten, die aber keinerlei Ideologie mit diesem Faktum verbinden: zum Beispiel Messe-Hostessen und Stewardessen bei Frauen oder Profifußball bei Männern.
** mehr zum Bildungssystem in der humanen Revolution im 12. Kapitel.

5. Freiheit statt Sozialismus: Wie den Unternehmen die Planwirtschaft ausgetrieben wird

Hinweis: Sollten Sie auf den folgenden drei Seiten das Gefühl haben, plötzlich im falschen Buch gelandet zu sein – lesen Sie einfach weiter. Sie sind genau richtig.

a) Leiche oder Zombie?

Erinnern Sie sich noch an den real existierenden Sozialismus? Der bis 1990 in halb Europa praktiziert wurde und gerne die ganze Welt beherrscht hätte? Er ist seither so gründlich von der Bildfläche verschwunden, dass man sich kaum noch vorstellen kann, dass dieses System 40 Jahre lang, in einigen Staaten sogar 70 Jahre lang, mit absoluter Gewalt geherrscht hatte.

Überall, wo dieser Sozialismus real existierte, folgte er zwei Ordnungsprinzipien:

• Das ökonomische Ordnungsprinzip war die *Planwirtschaft*. In der zentralen Plankommission des Staates wurde entschieden, für welche Zwecke welche Ressourcen zur Verfügung gestellt wurden. Hier wurde entschieden, wie viele Strümpfe die DDR-Bürger in den nächsten fünf Jahren brauchen würden, in welchen Farben ihre Autos lackiert werden würden, wieviel Walzstahl mit wie viel Eisenbahnwaggons in welche befreundeten Staaten exportiert werden würde. Jeder Betrieb bekam sein Plansoll, das er zu erfüllen hatte, und am Ende des Planungsprozesses wusste jeder Arbeiter, was er in den nächsten fünf Jahren im allgemeinen und im nächsten Jahr im besonderen zu tun haben würde.

• Das politische Ordnungsprinzip war der *demokratische Zentralismus*. Die allgewaltige kommunistische Partei war streng hierarchisch aufgebaut. Zwischen den (sehr seltenen) Parteitagen herrschte das Politbüro unumschränkt. Alle Anordnungen, die von oben kamen, mussten von den unteren Gliederungen ohne Widerspruch und Diskussion ausgeführt werden. Was daran demokratisch war? Im Vorfeld wichtiger Entscheidungen wurde in allen Parteigliederungen diskutiert und die Ergebnisse nach oben weitergereicht. Und alle fünf Jahre wurde auf dem Parteitag das Zentralkomitee neu gewählt.

1990, nach Gorbatschow und Mauerfall, wusste natürlich jeder, dass Planwirtschaft und demokratischer Zentralismus nicht funktionieren konnten. Auch Gerhard Schürer, von 1966 bis zur Abschaffung dieser Organisation der Chef der Zentralen Plankommission der DDR. Seine intime Kenntnis von Theorie und Praxis der Planwirtschaft fasste er, als alles vorbei war, in einem bis heute unveröffentlichten Manuskript zusammen. Einige der Kernargumente daraus:

• Im Regelfall wurden an der Parteispitze irgendwelche Zahlen als Erwartungen zusammengetragen, mit einem »motivierenden« Aufschlag versehen und auf die einzelnen Gliederungen »herunter«-kaskadiert. Auf diese Weise verlagerte die Führung einfach ihre kurzfristigen Erfolgsansprüche auf die Betriebsleiter, diese wiederum auf die Werktätigen. Was übrig blieb, waren Zahlendiktate.

• Da Planziele in der Regel für ein Jahr vorgegeben wurden, vernachlässigte das System längerfristige Zieldimensionen. Die Werktätigen ließen sich dazu verführen, nur den kurzfristigen Erfolg zu sehen. Schwierigere, nur langfristig lösbare sowie qualitativ anspruchsvolle Aufgaben blieben auf der Strecke.

• Oberhalb einer gewissen Hierarchieebene fand sich nur noch selten ein Mensch, der sich als Persönlichkeit geistsprühenden Witzes in die Erinnerung grub. Unterschieden wurde zwischen steingrau, schlammgrau und mausgrau. Zu einer kritischen Auseinandersetzung mit der Organisation waren viele dieser »entwickelten« Leitungskader weder bereit noch in der Lage. Sie waren Geschöpfe und Exponate des Systems und wurden vom System geschützt.

• Es stellte sich als großes Problem heraus, dass die Werktätigen sich an die Planvorgaben *hielten.* Um keine finanziellen Nachteile in Kauf zu nehmen, konzentrierten sie sich ausschließlich auf die vorgegebenen Planziele – jene, die Konsequenzen in der Brieftasche hatten. Dabei hätten sie dem Betrieb aber ein viel breiteres Leistungsspektrum zur Verfügung stellen können, als sich über das planwirtschaftliche System abbilden ließ.

• Oft hütete man sich, »zuviel« zu erreichen, da dies einen ungünstigen Einfluss auf die Planziele für das Folgejahr hatte. Ich kenne inzwischen etliche Brigaden, die über Jahre alle Mühe hatten, ihre Leistung aus diesem Grund zu drosseln. Je inniger das Geld mit dem Leistungsergebnis verknüpft war, desto größer war der Schaden.

• Die Suspendierung der Persönlichkeit war die Voraussetzung der planwirtschaftlichen Produktion schlechthin. Die eigentlich notwendige Aufwertung des Individuellen prallte gegen eine Organisationsform, deren Stoßgebet nur einen Refrain hatte: »Ordnung, Ordnung über alles.«

• Die Menschen waren die richtigen. Die Organisation war die falsche.

Klingt einleuchtend, oder?

Ist natürlich nicht von Gerhard Schürer.

Beschreibt auch nicht die Defizite der DDR-Planwirtschaft.

Resümiert auch nicht etwas, das es seit zehn Jahren nicht mehr gibt.

Sondern etwas, das immer noch sehr real existiert.

Alle sieben hier aufgeführten Kritikpunkte stammen aus dem Buch »Aufstand des Individuums« von Reinhard Sprenger.* Alle wenden sich gegen Führungspraxis und Unternehmensorganisation in den Welt umspannenden, omnipotenten Konzernen von heute. Die Textpassagen wurden sprachlich an die DDR-Terminologie angepasst und in die Vergangenheitsform gesetzt, inhaltlich aber nicht verändert.

---

* Sprenger, a.a.O. Die hier aufgeführten Argumente finden sich auf den Seiten 15, 36, 108, 149, 153, 154, 156

Wer den größten Teil seines Lebens im real existiert habenden Sozialismus verbracht hatte, konnte in den letzten Jahren verwundert feststellen, dass die *internen* Verhältnisse in kapitalistischen Unternehmen vieles mit den *politischen* Verhältnissen im Sozialismus gemeinsam haben:

- Die Unternehmensleitsätze, die heute überlebensgroß an die Werkshalle gemalt werden, unterscheiden sich kaum von den Spruchbändern, die in der DDR dort die Landschaft zierten, wo im Westen eine Plakatwand gestanden hätte.
- Die offizielle Fixiertheit auf die Erfüllung der zentral vorgegebenen Budgetziele, die in der Praxis aber kaum jemand beeindrucken, unterscheidet sich weder in Anspruch noch in Wirklichkeit vom planwirtschaftlichen System der Sozialisten.
- All die ständigen Weiterbildungen und Motivationsseminare dienen letztlich nur einem Zweck: die Interessen des Unternehmens zu meinen eigenen zu machen, im Klartext also: die eigenen Interessen zu vernachlässigen, wenn sie denen des Unternehmens zuwider laufen sollten. Im Sozialismus wurde mit den gleichen Instrumenten der Weg »vom Ich zum Wir« beschritten – natürlich genauso erfolglos.
- Die Betriebszeitungen beschreiben den tatsächlichen Zustand im Unternehmen und die Stimmung der Belegschaft etwa genauso zutreffend wie das »Neue Deutschland« bis zur Wende den Zustand der DDR und die Stimmung ihrer Bewohner.
- Auf allen Ebenen wird teamorientierter Führungsstil und Offenheit für Kritik propagiert. Aber wehe, jemand nimmt die hehren Worte ernst. Ihm wird es genauso ergehen wie Wolf Biermann oder Freya Klier: Wer zu lästig wird – fliegt einfach raus.
- Auf der Hauptversammlung, der formal höchsten Instanz des Unternehmens, wird im Regelfall nicht debattiert und entschieden, sondern zugehört und per Akklamation beschlossen. Alle Entscheidungen sind de facto schon längst getroffen, wenn die Sitzung beginnt. Das war in der DDR-Volkskammer auch nicht anders.

Was ist das Wesen der Marktwirtschaft? Die Freiheit zu eigener

Entscheidung im Rahmen der Normen und Gesetze der Gesellschaft.

Was ist das Wesen der Planwirtschaft? Die Einschränkung der eigenen Handlungsmöglichkeiten gemäß dem Ratschluss eines Führungsgremiums.

Welche dieser beiden Definitionen passt besser auf Ihren Arbeitsalltag? Eben.

Daraus ergibt sich als erstes Zwischenfazit:
Die interne Organisation der Unternehmen westlicher Prägung folgt weitestgehend den zwei Grundprinzipien der sozialistischen Staaten: dem ökonomischen Grundprinzip der Planwirtschaft und dem politischen Grundprinzip des so genannten demokratischen Zentralismus.

Natürlich sind die beiden Systeme nicht deckungsgleich. Neben den augenfälligen Gemeinsamkeiten gibt es auch ebenso offensichtliche Unterschiede zwischen dem sozialistischen System und den kapitalistischen Unternehmen:
- Die Grenzen der Unternehmen sind offener, als es die der DDR waren. Es gibt kein Pendant zu Mauer und Schießbefehl.
- Eine Kontrollfunktion, wie sie in der bundesdeutschen Unternehmensverfassung der Aufsichtsrat wahrnimmt, existierte im politischen System der DDR nicht. Zwar arbeitet der Aufsichtsrat im Regelfall eng mit dem Vorstand zusammen, im Ernstfall kann er jedoch die Vorstände feuern, um so Schaden vom Unternehmen abzuwenden.
- Das sozialistische System war ideologisch: Es beruhte auf einer scheinbar wissenschaftlichen Grundlage (Lenin: »Die Lehre von Marx ist allmächtig, weil sie wahr ist«) und war nicht in der Lage, Änderungen am System zuzulassen. Kapitalistische Unternehmen sind pragmatisch: Sie arbeiten mit einem System, das sich bisher bewährt hat, und werden nicht zögern, es für ein besser geeignetes zu opfern – weil sonst sie selbst der moderneren Konkurrenz zum Opfer fallen.

Diese Unterschiede laufen allerdings eher darauf hinaus, dass die interne Unternehmensorganisation etwas anderes *werden* kann als ein planwirtschaftliches System – nicht darauf, dass sie etwas anderes *ist*.

Halten wir also noch einmal fest: Privatwirtschaftliche Unternehmen, diese Kathedralen des Kapitalismus, sind in der entwickelten Welt der letzte Hort von Planwirtschaft und demokratischem Zentralismus. Der Anspruch des Unternehmens, über die Verwendung des in ihm investierten Humankapitals zu entscheiden, entspricht den Ordnungsprinzipien des real nicht mehr existierenden Sozialismus.

Womit wir beim scheinbar entscheidenden Unterschied zwischen den beiden System wären: Vor gut zehn Jahren meldete die auf Planung und Zentralismus aufgebaute politische Ideologie Bankrott an und verabschiedete sich von der Weltbühne. Die auf Planung und Zentralismus aufgebaute unternehmerische Praxis ist hingegen vitaler und potenter als jemals zuvor. Was auf volkswirtschaftlicher Ebene untauglich war, ist offensichtlich auf betriebswirtschaftlicher Ebene effizient.

In der Tat: So ist es. Gewesen.

Tatsächlich dürfte den großen Konzernen in den nächsten Jahren das bevorstehen, was die ehemals sozialistischen Staaten im vergangenen Jahrzehnt hinter sich gebracht haben – der Zusammenbruch ihrer Machtbasis und die verzweifelte Suche nach einer neuen Existenzgrundlage.*

Um dies zu belegen, möchte ich mich hier mit einem Grund für den Zusammenbruch des realen Sozialismus beschäftigen, der meiner Auffassung nach in der bisherigen Diskussion bei weitem unterschätzt wird: *Beide Ordnungsprinzipien des Sozialismus, das politische und das ökonomische, sind an der Komplexität des modernen Industriestaats gescheitert.*

---

* Auch wenn es so klingen mag: Diese Prognose steht nicht im Widerspruch zu der vom »Comeback der Konzerne« aus dem 3. Kapitel. Hier geht es um die real existierenden Konzerne und ihre interne Organisation, dort ging es um die Überlebens-Chance der Super-Struktur Konzern in der Auseinandersetzung mit Start-ups, Netzwerken und Entrepreneuren.

Planwirtschaft und Zentralismus sind konkurrenzfähige Systeme, wenn es um relativ einfache Prozesse geht, die mit wenigen Variablen gesteuert werden können. Auf volkswirtschaftlicher Ebene ist ein solcher Prozess beispielsweise der Übergang von einem Agrar- zu einem Industriestaat. Für den Aufbau von Schwerindustrie und Infrastruktur müssen große, langfristig angelegte Investitionen vorgenommen werden, die dann über viele Jahre eine vergleichsweise schnelle nachholende Entwicklung zur Folge haben. Die Entscheidungen, die dafür getroffen werden müssen, sind vergleichsweise einfach: Welche Kohle- und welche Eisenerzvorkommen müssen in welchem Umfang erschlossen werden? Welche Verkehrsnetze müssen wie weit ausgebaut werden, um die Rohstoffe zum Stahlwerk und den Stahl zur Panzerfabrik zu bringen? Wie viele Arbeiter werden dafür an welchen Standorten gebraucht? Wie viele neue Wohnungen müssen deshalb dort gebaut werden? Jede große Investition verästelt sich zwar auf diese Weise in viele kleine Folge-Entscheidungen, aber die Bewegungsrichtung geht stets von oben nach unten, stets vom Großen zum Kleinen. Das war der Entwicklungspfad, auf dem die Sowjetunion unter Chruschtschow begann, die Früchte dessen zu ernten, was Stalin ohne Rücksicht auf Verluste durchgezogen hatte. Das war die Zeit, als einige die Vorstellung hegten, der Kommunismus könne sich als das ökonomisch überlegene System erweisen und den Kapitalismus überholen.*

Doch als der Aufbau von Schwerindustrie und Infrastruktur geschafft war, blieb nicht mehr viel, das man so exakt hätte planen können. Wachsender Wohlstand bedeutete wachsende Konsumgüterausstattung je Haushalt, und das System war heillos damit überfordert, die Konsumbedürfnisse von Millionen von Menschen zentral zu erfassen, zu planen und zu lenken – von den Konsumwün-

---

* Schumpeter hatte dies bereits 1942 in »Kapitalismus, Sozialismus und Demokratie« prognostiziert. »Die Sozialisierung bedeutete einen Schritt über die Großunternehmung hinaus auf dem Weg, der durch diese vorgezeichnet worden ist; die sozialistische Leitung wird sich vermutlich dem Kapitalismus der Großunternehmung ebenso überlegen erweisen, wie der Kapitalismus der Großunternehmung sich jener Art des Konkurrenzkapitalismus überlegen gezeigt hat, dessen Prototyp die englische Industrie vor gut hundert Jahren war.« (S. 313)

schen ganz zu schweigen. Dazu gesellte sich der Innovationsdruck, dem das System durch äußere Einflüsse ausgesetzt war: durch Krisen wie den Ölschock von 1973 oder durch neue Technologien wie die Mikroelektronik.

Was alles passieren kann, wenn Menschen, die von der Komplexität eines Systems überfordert werden, eben dieses System zu steuern versuchen, hat Dietrich Dörner in »Die Logik des Misslingens« beschrieben:

- Reparaturdienstverhalten: Handeln ohne vorherige Situationsanalyse
- Nichtberücksichtigung von Fern- und Nebenwirkungen
- Nichtberücksichtigung der Ablaufgestalt von Prozessen
- Flucht in die Projektemacherei
- Entwicklung von zynischen Reaktionen[52]

Und alles das passierte auch.

Damit wurde in der planwirtschaftlichen Praxis die legendäre theoretische Auseinandersetzung definitiv entschieden, die sich in den 30er Jahren zwischen dem konservativen Ökonomen Ludwig von Mises und dem Sozialisten Oskar Lange entspann: Von Mises hatte behauptet, dass ein effizientes zentralisiertes planwirtschaftliches System »unmöglich« sei, weil es keine Alternative zu den Preissignalen gebe, die eine Marktwirtschaft steuerten. Oskar Lange hatte dagegen argumentiert, dass Warenbestände ebenso gut für die Steuerung benutzt werden könnten wie Preise. Doch dieses Argument, das schon damals eher eine Hoffnung als eine Realität war, hatte den Praxistest nicht bestanden.*

Nicht sofort, sondern erst mit Zeitverzögerung scheiterte Schumpeters Argument, die Komplexität der modernen Gesellschaft lasse sich durch Bürokratie bewältigen. Vor 50 Jahren mag das noch möglich gewesen sein, aber die Komplexität der Gesellschaft nahm seither schneller zu als die bürokratischen Möglichkeiten zu ihrer

---

* Robert Heilbroner konzediert 1993 diesen Ausgang des Disputs mit offenem Bedauern. Er sieht den Hauptgrund für das Scheitern der Planwirtschaft im »Fehlen eines Rahmens, der dazu beiträgt, Eigennutz in gesellschaftlich sinnvolle Aktivitäten zu verwandeln.« (Kapitalismus im 21. Jahrhundert, S. 94).

Bewältigung. An einem der letzten Versuche, eine ganze Volkswirtschaft mit Formeln zu erfassen und so im Computer zu verankern, dass wissenschaftlich exakte Fünfjahrespläne dabei herauskommen konnten, war die Mathematik-Professorin (und spätere Schriftstellerin) Helga Königsdorf in der DDR der frühen 70er Jahre beteiligt. Das Projekt schlug fehl – das heißt: Eigentlich war es ein Erfolg, denn es konnte schlüssig belegt werden, dass die DDR-Volkswirtschaft ein zu komplexes System war, um sie hinreichend exakt erfassen und planen zu können. »Rein mathematisch betrachtet ist die Dimension der Steuerungsprobleme zu groß«, resümierte Königsdorf. »Sie sind nicht nur schwierig zu behandeln. Sie haben prinzipiell keine vernünftige Lösung. Kleine Fehler in der Datenerfassung, wie sie in der Praxis unvermeidbar vorkommen, summieren sich, schaukeln sich auf und führen zu erheblichen Abweichungen von dem theoretisch vorhergesagten Verhalten. Und das ist nicht nur ein Berechnungsproblem, sondern eine reale Verhaltensweise.«[53]

Jetzt hätte nur noch die SED-Parteispitze den Abschied von der zentralen Planung erklären, eine neue Epoche des Übergangs vom Sozialismus zum Kommunismus einläuten und ein dezentralisiertes Planungssystem einführen müssen. Aber dazu war Erich Honecker nicht in der Lage.*

Damit war der Wettlauf der Systeme entschieden. Das multizentrale, marktwirtschaftliche Konkurrenzmodell, das eine Zeitlang einholbar nah erschienen war, spielte gerade in der Komplexität seine Stärken aus. Die Diktatur war einem politischen System von Checks and Balances, die zentrale Planwirtschaft der dezentralen Marktwirtschaft unterlegen – die unsichtbare Hand des Marktes siegte über den starken Arm der Diktatoren.

Volkswirtschaften sind vergleichsweise komplex strukturierte

---

* Dass die sozialistischen Staaten Osteuropas theoretisch sehr wohl in der Lage gewesen wären, eine Einparteienherrschaft mit marktwirtschaftlicher Ordnung zu verbinden, zeigt heute das chinesische Beispiel. Ob sie es auch praktisch hätten schaffen können, wird man wohl nie herausfinden. Dass sie es gar nicht erst versucht haben, lag an der erstarrten Führungsriege.

Systeme, Unternehmen sind dagegen weit einfacher strukturiert. Auch die größten Konzerne werden zu jedem beliebigen Zeitpunkt weit weniger komplex aufgebaut sein als die Bundesrepublik Deutschland zur gleichen Zeit. Aber das ist hier nicht der Maßstab – der Maßstab ist die DDR-Volkswirtschaft zu Beginn der Ära Honecker. Könnte es sein, dass Daimler Chrysler inzwischen einen Komplexitätsgrad erreicht hat, der dem dieser zentralistischen Entwicklungsdiktatur entspricht?

Messen lässt sich das kaum – höchstens ermessen. »Komplexität ist keine objektive Größe, sondern eine subjektive«,[54] schreibt Dörner und führt das Beispiel des Autofahrens an: Was für Anfänger höchst komplex sein könne, sei für einen erfahrenen Fahrer locker zu beherrschen, da er über einen Vorrat an »Superzeichen« verfüge, der ihn die Gestalt einer Situation auf einen Blick erfassen lasse. »Komplex ist ein System mithin immer nur im Hinblick auf einen bestimmten Akteur mit seinem Superzeichenvorrat. Der aber kann individuell sehr verschieden sein. Und deshalb gibt es keine objektive Komplexität.«[55]

Viele Konzernlenker, die sich, mit weniger oder mehr Berechtigung, etwas auf ihre Steuerkünste in Industriekonzernen einbildeten, werden sich in den letzten Jahren immer häufiger wie Fahrschüler gefühlt haben. Der Superzeichenvorrat, den sie sich in der Industriegesellschaft angeeignet hatten, ist in der Wissensgesellschaft weit schlechter einsetzbar. Sowohl im internen als auch im externen Verhältnis der Unternehmen haben die Komplexität erzeugenden Situationen stark zugenommen. Eines der Lieblings-Schaubilder von Bertelsmann-Chef Thomas Middelhoff (s. Abb. 4) zeigt, welche Branchen und welche Unternehmen aktuell zu den Konkurrenten des Medienkonzerns gehören. Da tauchen Telekommunikationskonzerne wie Vodafone genauso auf wie der Software-Riese Microsoft, Internet-Anbieter wie T-Online genauso wie der von der Wasserversorgung her kommende französische Mischkonzern Vivendi – der Ex-Schnapsbrenner Seagram und der Ex-Stahlkocher Mannesmann sind dagegen fusionsbedingt gerade von der Liste gestrichen worden.

Die neue Unüberschtlichkeit in der Kommunikationsindustrie

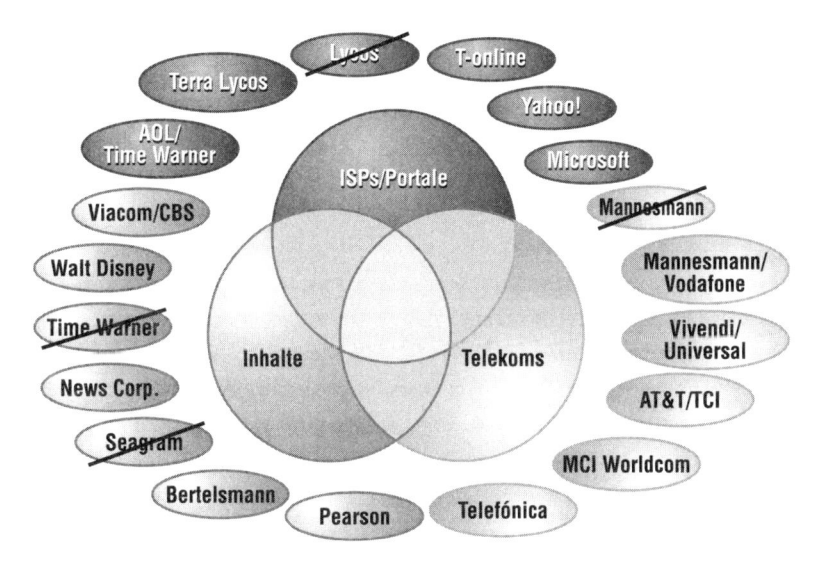

Konvergenzumfeld des Bertelsmann-Konzerns　　　　　　　　　　　　Abb. 4
Status Juli 2000
Quelle: Bertelsmann

Ganz schön unübersichtlich geworden, das Ganze. Und wahrscheinlich ist auch das erst der Anfang:

- Die zunehmende Globalisierung der Wirtschaftsbeziehungen führt ebenso zum plötzlichen Auftauchen neuer Konkurrenten wie die Verschmelzung ehemals strikt getrennter Branchen.
- Die Entwicklung der Kapitalmärkte führt dazu, dass auch neue, kleine Konkurrenten aus scheinbar völlig fremden Branchen die alteingesessenen Großen in Gefahr bringen können.
- Das steigende Ausmaß von Team- und Projektarbeit schafft interne Vernetzungen, die von oben weder erkennbar noch steuerbar sind.
- Neue Kommunikationstechniken erlauben es immer mehr Beschäftigten, die ursprünglich fest gefügten Grenzen ihrer Abteilung

zu durchbrechen und Kontakte zu Kollegen rund um den Globus zu knüpfen.

Nehmen wir nur einmal ein einfaches Rechenbeispiel:
Eine Firma hat 1111 Beschäftige:
1 Geschäftsführer
10 Bereichsleiter,
100 Abteilungsleiter (10 je Bereichsleiter), und
1000 Angestellte (10 je Abteilungsleiter).
Wenn strikt von oben nach unten geplant wird, muss jede Führungskraft genau 10 Untergebene kontrollieren. Die Gesamtzahl der arbeitsrelevanten Beziehungen in dieser Firma liegt bei genau 1110 (jeder mit seinem direkten Vorgesetzten, nur der oberste Chef nicht).

Rechnet man zusätzlich für jede Führungskraft 10 Außenkontakte hinzu, steigt die Beziehungszahl auf 1110 + 1110 = 2220.

Wird zusätzlich jede Abteilung als Team organisiert, in dem jeder mit jedem zusammenarbeitet und der Abteilungsleiter kontrolliert, entstehen je Team 45 neue arbeitsrelevante Beziehungen. Ihre Gesamtzahl steigt auf 2220 + (45 · 100) = 6720.

Addiert man zusätzlich fünf Außenkontakte je einfachem Angestellten, steigt die Zahl auf 6720 + 5000 = 11 720.

Und jetzt noch zusätzlich je einfachem Angestellten zehn Kontakte zu Mitarbeitern außerhalb der eigenen Abteilung – macht insgesamt 11 720 + 5000 = 16 720 arbeitsrelevante Beziehungen, also etwa das Fünfzehnfache dessen, was im herkömmlichen planwirtschaftlichen System zusammenkäme. Und wir haben dafür nicht einmal eine Matrix-Organisation, eine netzwerkorientierte Teamstruktur oder ähnliches eingeführt.

So holzschnittartig diese Rechnung auch ist, sie zeigt, in welchen Situationen sich die Komplexität des Systems plötzlich potenziert: Sobald die einfachen Angestellten außerhalb der herkömmlichen Hierarchie Kontakte knüpfen oder Kompetenzen erhalten, läuft das zentralistische System aus dem Ruder.

Doch die Unternehmen müssen ihre Systeme offener gestalten: Der Wettbewerb und die Mitarbeiter verlangen, neue Technologien ermöglichen das. Es sieht nicht so aus, als könnte diese Öffnung mit Planwirtschaft und Zentralismus noch lange gemanagt werden. Wenn es trotzdem versucht wird, wird es in diesem Fall keine 25 Jahre dauern, bis das System an seiner Komplexität scheitert. Denn die Beschäftigten der Konzerne sind mündiger, kundiger, flexibler und anspruchsvoller als es damals die DDR-Bürger waren. Und Eigentümer und Konkurrenten werden nicht tatenlos zusehen, wie sich ein Unternehmen auf einem ehemals für richtig erkannten Weg jahrzehntelang zu Tode siegt.

Dann könnte es sich ziemlich schnell als ziemlich wichtig erweisen, dass die interne Unternehmensorganisation etwas anderes werden kann als ein planwirtschaftliches System.

Daraus ergibt sich ein zweites Zwischenfazit:
So wie Staaten scheiterten, als die Anforderungen an das System zu komplex wurden und die Konkurrenz zu weit enteilte, so werden auch Unternehmen scheitern, die zentrale Planung verwenden, wo marktwirtschaftliche Flexibilität von Nöten wäre – sobald sich eine Konkurrenz etabliert hat, die ihnen davonprescht.

b) Unsichtbare Hand oder starker Arm?

Ich nehme an, Sie möchten hier Einspruch einlegen. Schließlich stelle ich nicht nur Jürgen Schrempp und Erich Honecker auf eine Stufe, sondern auch die Performance von DaimlerChrysler und der DDR-Wirtschaft. Das kann ja wohl nicht stimmen, oder? Die einen, die DDR-Machthaber nämlich, haben offenkundig ihr Land in Grund und Boden gewirtschaftet, haben seine Substanz geplündert, seine Ressourcen verschleudert, haben schlicht auf ganzer Linie versagt. Die anderen aber, die DaimlerChrysler-Chefs, bauen großartige Autos, verkaufen sie teuer genug, um (fast) jedes Jahr beachtliche Renditen zu erwirtschaften, leiten also ein ordentliches Unternehmen auf der Höhe der Zeit. Und wenn es mal nicht so sein sollte,

werden die Chefs ausgewechselt,* und danach geht's wieder besser.
Ich verstehe den Ansatz, gebe zu, dass es so scheinen mag, weise den Einspruch aber dennoch zurück. Was zur Zeit in allen Unternehmen geschieht, ist eine gigantische Verschleuderung von Ressourcen, ein Plündern der Substanz, ein Versagen auf der ganzen Linie. Die Konzerne können zwar behaupten, damit auf der Höhe der Zeit zu agieren – das heißt aber nur, dass ihnen, anders als damals den sozialistischen Staaten, eine effizientere Konkurrenz fehlt. Dennoch: Die Vergeudung der Potenziale der produktivsten Ressource überhaupt, der eigenen Mitarbeiter, erreicht in den Unternehmen von heute ein ähnlich hohes Ausmaß wie in den finstersten Zeiten der Planwirtschaft.

Ich möchte versuchen, Ihnen an einem Beispiel klar zu machen, was ich meine. »Die Telebörse« ist eine von mehreren hundert Publikumszeitschriften in Deutschland und eins von etwa einem Dutzend Magazinen, das sich auf Kapitalanleger spezialisiert hat. Nachdem der Eigentümer, die Verlagsgruppe Handelsblatt aus Düsseldorf, im Herbst 1999 den Startschuss für dieses Magazin gegeben hatte, wurde die gesamte Maschinerie des Konzerns auf Hochtouren gebracht, um bereits im Januar 2000 mit dem fertigen Produkt am Kiosk liegen zu können. Was auch gelang. 70 Angestellte in Frankfurt sorgen seither dafür, dass Woche für Woche 110 bis 120 redaktionelle Seiten gefüllt werden. Der Verlag sorgt dafür, dass dazwischen genügend Anzeigen stehen, das Heft gedruckt, verteilt und verkauft wird. Ganz normales Geschäft in einem ganz normalen Markt also.

Es gibt zwar viele in der Frankfurter Redaktion, die glauben, etwas Besonderes zu sein und etwas Besonderes zu machen; aber diese Einstellung ist ja noch nichts Besonderes – das wird an Ihrem Arbeitsplatz nicht anders sein.

Und wie an jedem Arbeitsplatz wird nicht nur gearbeitet, sondern auch geredet: tagsüber, in der Mittagspause, oft auch abends.

---

* Bei Abschluss des Manuskripts war Jürgen Schrempp zwar schwer unter Druck, aber immer noch Daimler-Chrysler-Chef.

Meist geht es dabei um interne Techtelmechtel und Scharmützel, doch immer wieder auch um das, was man da macht, und was man da besser oder ganz anders machen könnte. Und manchmal wird aus dem »man könnte« ein »man müsste doch eigentlich«, und eine Idee erblickt das Licht der Welt, die aus der »Telebörse« von heute ein Microsoft von morgen machen könnte oder zumindest einen Marktführer im Segment der Anlegermagazine.

In den neun Monaten, die ich bei der »Telebörse« war, habe ich auf dem »man-könnte-man-müsste«-Weg die Entstehung folgender Ideen miterlebt:

- ein eigenes Anlegermagazin nur für das Börsensegment des Neuen Marktes;
- ein multinational ausgerichtetes Anlegermagazin für Europas Neue Märkte, mit mindestens vier nationalen Ausgaben;
- kostenpflichtige Newsletter für einzelne Aktien: jede Woche ein Update zu BMW und für Abonnenten ein Alarmruf bei für BMW besonders wichtigen Ereignissen;
- einen Mehrwertdienst für Neuemissionen;
- eine Mischung aus Lotterie und Börsenspiel;
- eine Übertragung des Zukunft handelnden Börsenprinzips auf Prozesse jenseits des Aktienmarkts;
- die Produktion eigener Radiobeiträge: Aktien-Tipp des Tages in 60 Sekunden, Marktbericht live von der Börse in 90 Sekunden;
- der Aufbau einer privatwirtschaftlichen Kontrollinstanz für den deutschen Aktienmarkt an den zahn- und kraftlosen Aufsichtsbehörden vorbei.

Natürlich war im Frankfurter Büro niemand für solche Ideen zuständig. In Frankfurt saßen und sitzen ja nur die, die jede Woche die Magazinseiten zu füllen haben. Für die Entwicklung neuer Projekte ist die Zentrale in Düsseldorf zuständig. Natürlich erreichte keine dieser Ideen jemals die dort für neue Projekte zuständigen Herren. So wird man wohl nie erfahren, welche von diesen Ideen wirklich profitabel sein könnten oder welche Projekte aus einer dieser dahingeworfenen Idee entstehen könnten, wenn man sie nur ein bisschen durchknetet. Und selbst wenn es der eine oder andere Vorschlag bis in den Düsseldorfer Thronsaal gebracht hätte: Die in der Zentrale für neue Projekte zuständigen Manager haben natürlich längst andere Steckenpferde – im Internet, wo sonst. Also sollten es die in Frankfurt wohl besser bleiben lassen, sich über Dinge den Kopf zu zerbrechen, für die sie nicht bezahlt werden. Es könnte ja sonst der Eindruck entstehen, die Mannschaft dort sei nicht ausgelastet.

Ähnliches könnte ich von jedem meiner bisherigen Arbeitsplätze erzählen. Ähnliches haben Sie wahrscheinlich auch an jedem Ihrer bisherigen Arbeitsplätze erlebt. Es sei denn, Sie sind Manager. Denn dann erfahren Sie ja gerade nicht, was Ihnen und Ihrem Unternehmen da alles entgeht.

»Alle Unternehmen suchen nach unentdeckten Wertreserven. Die menschliche Individualität ist die größte«, schreibt Reinhard Sprenger.[56] Und sogar dieser Superlativ beschreibt nur unzureichend, welches Potenzial in all den Menschen steckt, die bisher nur dafür bezahlt werden, das zu tun, was das Unternehmen von ihnen verlangt – also fast allen Arbeitnehmern. Würden sie das tun können, was das Unternehmen *nicht* von ihnen verlangt, weil es gar nicht darauf kommt, dass sich an dieser Stelle ein Profitpotenzial verbergen könnte, sie wären mehr Geld wert, als sie sich selbst überhaupt vorstellen können.

Die Ähnlichkeit zwischen einer klassischen Unternehmensorganisation und einem planwirtschaftlichen System ist mehrfach beschrieben und kritisiert worden, besonders vehement, wie weiter oben geschildert, bei Sprenger.

Aber was ist die Alternative?

Wenn die Analogie zum politischen System des realen Sozialismus bei der Analyse der planwirtschaftlichen Unternehmensorganisation hilfreich war: Können uns Analogieschlüsse zum Umbau von Wirtschaft und Gesellschaft in den ehemals sozialistischen Staaten dabei helfen, einen praktikablen Weg zum Umbau der kapitalistischen Konzerne zu finden?

Wir sollten es einfach mal probieren.

Wenn wir bei Sprenger selbst nachschauen, so laufen seine Ratschläge am ehesten auf eine Art *Sozialismus mit menschlichem Antlitz* hinaus. »Wenn Sie als Führungskraft also Leistung wollen, dann lassen Sie Ihre Mitarbeiter ihre Ziele selber setzen«,[57] heißt es da, oder: »Behandeln Sie Ihre Mitarbeiter wie Kunden! Finden Sie ihre individuellen Bedürfnisse heraus und dienen Sie ihnen in der für sie besten Weise.«[58] Diejenigen, die im bisherigen System ihre Macht zementierten und damit die Potenziale ihrer Untergebenen verschütteten, sollen jetzt lernen, freundlicher zu werden. Und kooperativer. Sollen Macht abgeben. Freiwillig sogar.

Das hat schon in Osteuropa nicht funktioniert. Nach ähnlichem Muster wollte Dubcek 1968 im »Prager Frühling« den Sozialismus reformieren. Er scheiterte, weil es ihm nicht gelang, die tonangebenden Kräfte des Systems, also die Parteiführer in Moskau, auf seine Seite zu bringen, sie nicht einmal zur Tolerierung des Experimentes bereit waren.

Die für den Vergleich mit wirtschaftlichen Vorgängen sinnvollere Analogie setzt allerdings nicht 1968 an,* sondern Ende der 80er Jahre. Denn das war die Situation, in der die tonangebende Kraft des sozialistischen Systems, der KPdSU-Chef Michael Gorbatschow, das System reformieren wollte. Sprengers Ansatz entspricht denn auch ziemlich genau dem, was damals Gorbatschow versucht hatte – die alten Strukturen schrittweise umbauen, indem sie erst transparenter und freundlicher werden (Glasnost) und dann mit neuen Inhalten gefüllt werden (Perestroika). Und das alles ohne einen Austausch der Eliten: Durch gutes Beispiel und sanften Druck sollte die komplette Nomenklatura der Nation gegen die eigenen, kurzfristigen Machtinteressen handeln, um langfristig ihre Macht aufrecht erhalten zu können.

Es hätte durchaus funktionieren können. Hätte die Sowjetunion in dieser Situation einen Führer wie General-Electric-Boss Jack Welch gehabt, wäre sie noch immer am Leben. Aber nein, sie hatte

---

* Jürgen Schrempp wird ja wohl keine Panzer auffahren lassen, um einen solchen Sprengerschen Frühling zu unterdrücken.

Michael Gorbatschow, also eher einen wie den ehemaligen Ford- und VW-Vorstand Daniel Goeudevert. Bemüht, besorgt, verbindlich, visionär, aber ohne Gespür für die Organisation und ohne Plan für die Wege, die zum Ziel führen sollten.* Hätte Goeudevert einen Automobilkonzern von der Spitze her umbauen dürfen, er hätte ihn wohl zerstört. Weil er das nicht durfte, zog er sich zurück und nahm übel: »Meine Gedanken haben mich aus dem Amt getrieben. Meine Ideen waren nicht mehr in dem Maße umzusetzen, wie ich es vor mir selbst verantworten konnte.«[59]

Gorbatschow durfte die Sowjetunion von der Spitze her umbauen. Als er sie zerstört hatte, zog er sich zurück und nahm übel.

Ob ein Jack Welch 1985 tatsächlich noch die Chance gehabt hätte, die Sowjetunion von oben zu retten, ist eine theoretisch hochinteressante Frage mit wenig praktischer Relevanz. Als nach fünf Jahren Gorbatschow der Ostblock an allen Ecken auseinander bröselte, war es jedenfalls für den Umbau von oben zu spät. In dieser Umbruchzeit 1989/90 versuchten überall in den Satellitenstaaten Osteuropas die alten Staatsparteien, sich durch allmähliche Reformen und den Austausch einiger Spitzenfunktionäre an der Macht zu halten. Gelungen ist das nur in Rumänien. In allen anderen Ländern übernahmen diejenigen die Macht, die mit Sozialismus und Planwirtschaft abrechnen wollten.

Wenn der freundliche Übergang, bei dem die alte Elite freiwillig von ihrer Macht abgibt, mit hoher Wahrscheinlichkeit zur Ablösung eben jener alten Elite und zum Durchbruch für eine systemverändernde neue Elite führt, wird man nur wenig Vertrauen in den Reformwillen der aktuellen Machthaber setzen können. Sollte man also lieber für eine *schlagartige Ablösung des alten Systems* plädieren, die Machtergreifung durch die bisher unterdrückte Opposition?

---

* Zumindest brachte er es fertig, eine der größten Chancen zur Runderneuerung der Automobilindustrie zu vergeben: 1987 gab er Frederic Vester den Auftrag, »die Funktion des Automobils im Rahmen eines zukünftigen Verkehrsgeschehens im Systemzusammenhang zu untersuchen. Zwei Jahre und eine Million Mark später war die Studie fertig, eine radikale Neuformulierung dessen, was Autos eigentlich leisten sollen, und wie sie das am besten machen. Goeudevert erklärte Vesters Konzept für »den einzig richtigen Zukunftsweg« – und ließ zu, dass es auf Nimmerwiedersehen verschwand. (Magyar/Prange, S. 219-224)

Das ist der Weg, den 1989/90 beispielsweise die Tschechen und die Polen gegangen sind.

Auf die Unternehmenswelt und die aktuelle Situation übertragen, würde man diese Variante zum Beispiel auf den Begriff »Durchmarsch der New Economy« bringen können. Ein komplett neues Wirtschafts- und Unternehmensmodell weckt über enorm steigende Aktienkurse erst die Aufmerksamkeit und dann die Begierde der Investoren. Schließlich verfügen selbst Zwergfirmen, die noch nie seit ihrer Gründung auch nur einen Cent Gewinn gemacht haben, über einen Börsenwert, der es ihnen erlaubt, die Großkonzerne der Old Economy – und damit die Macht – zu übernehmen. Es sei denn, diese würden schnell genug auf den Zug aufspringen und selbst so agieren wie die neuen Konkurrenten.

Die Probleme, die sich damit auftun, entsprechen allerdings wiederum ziemlich genau dem, was auch die osteuropäischen Reformstaaten erlebten: Wenn die erste Euphorie des Wandels verflogen ist, stellt man ernüchtert fest, dass neues Denken allein nicht unbedingt zu besseren Ergebnissen führt. Die Freiheit ist da, gewiss, aber der Preis dafür ist oft hoch. In der Konsequenz erleben die alten Eliten ihr Comeback, Macht und Einfluss floaten frei zwischen neuer und alter Elite, ein zähes Ringen beginnt, das eher zu einer Seitwärts- als zu einer Aufwärtsbewegung führt. Auch keine wirklich begeisternde Perspektive.

Die *Übernahme*, also das Verschwinden unter den Fittichen eines stärkeren Kontrahenten, ist in der Wirtschaft weit häufiger als in einer politischen Landschaft von Nationalstaaten. Beim Zusammenbruch des Sozialismus gab es bisher nur einen solchen Fall – die Implosion der DDR.* Bei einem Umbauprozess in der Wirtschaft gäbe es solche Fälle zu Hunderten. Unternehmen, denen es gelingt, die besten Humankapital-Investoren ihrer Branche anzuziehen, werden diejenigen Firmen schlucken können, die hier versagen (oder die Reste aus deren Konkursmasse herauskaufen). Die Übernahme ist allerdings streng genommen kein Instrument, mit dem sich ein

---

* Nordkorea könnte noch ähnliches passieren.

Umbau initiieren ließe – er lässt sich durch Übernahmen allerdings massiv beschleunigen, weil umbau-unwillige Manager allein schon durch Übernahmedrohungen zum Dazulernen gezwungen sind.

Drei mögliche Wege, aber der Königsweg, wie sich eine Alternative zum planwirtschaftlichen Unternehmenssystem aufbauen ließe, ist noch nicht dabei – zumindest keiner, mit dem sich der eine oder andere der heutigen Unternehmenslenker für dieses Projekt gewinnen ließe.

Wenden wir also die zur Zeit hoch geschätzte Managementpraxis des »Benchmarking« an: Suchen wir nach dem Land, das den Übergang vom Plan zum Markt, vom Kommunismus zum Kapitalismus am erfolgreichsten bewerkstelligt hat, nach dem Land, in dem diejenigen, die den Umbau angestoßen hatten, auch die Früchte des Umbaus ernten konnten, und prüfen, inwieweit sich die dortige Vorgehensweise auf die Wirtschaftswelt übertragen lässt.

Erfolgreiche Übergänge? Gibt es die überhaupt? In Osteuropa nicht wirklich. Einige der osteuropäischen Reformstaaten sind zwar inzwischen auf gutem Wege in die Europäische Union, aber beim Übergang vom einen System ins andere sind sie alle kräftig ins Straucheln geraten: schrumpfende Sozialprodukte, Währungskrisen, hohe Arbeitslosigkeit und extreme Ungleichheit der Einkommens- und Vermögensverteilung – die alten Wirtschaftskreisläufe zerbrachen schneller, als die neuen gezimmert werden konnten.

Den einzigen ökonomisch erfolgreichen Übergang schaffte – China. Zweistellige Wachstumsraten, boomende Regionen, Hunderte von Millionen Menschen, die im Aufbrechen der alten Wirtschaftsstrukturen eine Chance sehen, ihr Glück zu machen. Das Ganze geschieht zwar bei großen sozialen und regionalen Ungleichgewichten, aber bisher hat die interne Wachstumsgeschwindigkeit dazu beigetragen, dass die zentrifugalen Kräfte keine Sprengkraft gewinnen, sondern Dynamik entfalten.

Was hat China richtig gemacht, das Osteuropa falsch gemacht hat? Zum einen gibt es natürlich regionale bzw. nationale Besonderheiten – China verfügt über einen extrem großen und entwicklungsfähigen Binnenmarkt und bekam mit Hongkong ein internationales Finanzzentrum frei Haus geliefert. Auch Mentalitätsunterschiede mögen eine Rolle spielen. Der entscheidende Unterschied liegt aber in der Abfolge des Wandels: »Wenn bei uns sich eine Demokratie entfaltet, wenn uns das gelingt, werden wir den Sieg davontragen«,[60] war die Überzeugung Gorbatschows; erst Glasnost, dann Perestroika, war demnach seine Strategie; erst Demokratie, dann Marktwirtschaft, war später der Ablauf in ganz Osteuropa. Das ging schief. Erst Marktwirtschaft, dann (vielleicht irgendwann einmal) Demokratie, ist der Ablauf in China. Das ging bisher gut.

- Weil es eine Zentralgewalt gibt, die die Rahmenbedingungen für die neu entstehenden Märkte nicht nur festsetzen, sondern auch ihre Einhaltung kontrollieren kann.
- Weil die schlimmsten Auswüchse räuberischer Aneignung ehemals volkseigenen Vermögens geahndet werden können.
- Weil die Zerstörung der alten politischen Machtzentren automatisch eine Zerstörung der planwirtschaftlichen Kreisläufe mit sich bringt – aber eine Zerstörung der planwirtschaftlichen Kreisläufe nicht automatisch auch die alten Eliten aus ihren Positionen fegt.
- Weil das Sein das Bewusstsein bestimmt. Weil erst das Fressen kommt, und dann die Moral.

Unter der Annahme, dass sich das Ergebnis dieses Benchmarkings auf die Unternehmenswelt übertragen lässt, ergibt sich als drittes Zwischenfazit:

Wenn man die planwirtschaftliche Unternehmensorganisation und die diktatorische Führungsstruktur der Unternehmen beseitigen möchte, um damit die Potenziale freizusetzen, die in den Beschäftigten stecken, ist der ökonomisch erfolgversprechendste Weg, mit dem Übergang von der Planwirtschaft zur Marktwirtschaft zu beginnen und erst danach von Diktatur zu Demokratie überzugehen.

Auf die Unternehmenswelt übertragen, steht die Demokratisierung für den Abbau von Hierarchien, den Ausbau von Teamarbeit und die

Neuverteilung der Entscheidungsgewalt. Also in etwa das, was Cisco, Amazon und Co. versuchen.

Der Übergang zur Marktwirtschaft steht für – ja: wofür? Wie Unternehmen aussehen, die sich planwirtschaftlich organisieren, wissen wir. Aber wie sehen Unternehmen aus, die sich marktwirtschaftlich organisieren? Bisher hat sich meines Wissens noch niemand damit beschäftigt, wie eine marktwirtschaftliche Ordnung für Unternehmen aussehen könnte. Wenn man bedenkt, dass der Aufbau einer solchen Ordnung eigentlich *vor* der Auflösung der alten Hierarchie stattfinden müsste, um zu vorzeigbaren Ergebnissen zu führen, ist das kein gutes Zeichen.

Aber ein guter Grund, um weiterzudenken.

c) Wie bastle ich mir eine unsichtbare Hand?

Ich komme zurück auf zwei Definitionen von Seite 77:
- Das Wesen der Marktwirtschaft ist die Freiheit zu eigener Entscheidung im Rahmen der Normen und Gesetze der Gesellschaft.
- Das Wesen der Planwirtschaft ist die Einschränkung der eigenen Handlungsmöglichkeiten gemäß dem Ratschluss eines Führungsgremiums.

Wenn der erfolgversprechendste Weg zur humanen Revolution »erst Marktwirtschaft, dann Demokratie« heißt, ergibt sich daraus eine anzustrebende Unternehmensorganisation, in der alle Beschäftigten im Rahmen der internen Normen und Gesetze frei agieren können, in der dieser Rahmen aber nicht von ihnen selbst gesetzt und kontrolliert wird, sondern von den alten Hierarchien.

Die Fließbandarbeiter bei Daimler können eben nicht frei entscheiden, Strohsterne zu basteln oder Websites zu programmieren, anstatt Autos zu montieren (obwohl sie eine solche Entscheidung ohnehin nie treffen würden). Sie können sich nur innerhalb des von oben gesetzten Rahmens bewegen.

Wo da der Unterschied zur heutigen Situation ist? Im Entscheidungsmechanismus. Denn zum marktwirtschaftlichen Umbau gehören natürlich in erster Linie: Märkte.

Eine marktwirtschaftliche Ordnung für Unternehmen wird erreicht, indem für die wichtigsten Ressourcen unternehmensinterne Märkte eingeführt werden.

Das ist einfach aufzuschreiben. Aber schwer begreiflich zu machen.

Oder können Sie sich wirklich vorstellen, wie ein Humankapital-Markt bei DaimlerChrysler aussieht und funktioniert?

Ich gebe zu, dass es nicht einfach ist, etwas zu beschreiben, was es noch nicht gibt und von dem man auch noch nicht weiß, wie es einmal genau aussehen wird. Im 1. Kapitel habe ich den Vergleich mit den heutigen Profifußballern benutzt, um ein Gefühl für das Selbstbewusstsein und das Einkommen zu geben, das die humane Revolution für jeden möglich machen könnte. Bei der Beschreibung der zukünftigen Unternehmensorganisation hilft uns dieses Bild allerdings nicht weiter – der Arbeitsalltag eines Fußballers ist etwa genauso sehr mit Routine und Sachzwängen angefüllt wie Ihrer.

Ich könnte dafür ein Bild aus einem ganz anderen Bereich anbieten, der Geldanlage nämlich, um das Ausmaß der Veränderung deutlich zu machen, die durch den Übergang zur Marktwirtschaft im Unternehmen erreicht werden kann. Ihre jetzige Stellung im Unternehmen gleicht der eines Sparbuchbesitzers: Sie müssen das an Zinsen nehmen, was die Bank Ihnen bietet, Sie wissen, dass Ihr Kapital weit unter seinen Möglichkeiten arbeitet, aber wenn Sie das ändern wollen, müssen Sie Ihr Sparbuch kündigen. Ihre zukünftige Stellung im Unternehmen gleicht eher der eines Fondsmanagers. Er darf, sagen wir mal, in alle DAX-Werte investieren, und sucht sich die aus, die ihm am meisten versprechen. Ihr Pendant zu den DAX-Werten in diesem Beispiel könnten etwa alle Produktentwicklungen sein, die zur Zeit in Ihrem Unternehmen durchgeführt werden und für die noch Fähigkeiten benötigt werden, über die Sie verfügen. Sie können Ihre gesamte Arbeitskraft für ein Projekt aufwenden, oder Sie können sich an mehreren zugleich in einem entsprechend begrenzten Ausschnitt beteiligen. Anders als der Fondsmanager, der strikte Performancevorgaben hat, dürfen Sie sich allerdings selbst aussuchen, was Sie als optimale Rendite für Ihr investiertes Humankapital ansehen: Sie können sich die Projekte so auswählen, dass Sie damit am meisten verdienen, am wenigsten Stress haben, den besten Projektleiter oder die hübschesten Frauen im Team haben. Ob sich Ihre Rendite-Erwartungen erfüllen, oder ob es nicht doch besser gewesen wäre, auf andere Projekte zu setzen, erfahren Sie, wie bei jeder Investition, so ganz genau erst hinterher. Und wenn es mal nicht so gut laufen sollte, haben Sie wenigstens etwas für die nächste Entscheidung gelernt.

Die fünf meiner Auffassung nach wichtigsten Unternehmensressourcen, für die solche internen Märkte eingerichtet werden sollten:
- Finanzkapital;
- Sachkapital: Technik, infrastrukturelle Einrichtungen;
- dispositives Humankapital: Management;
- kreatives Humankapital: Innovation;
- operatives Humankapital: Umsetzung.

Wobei sich die einzelnen einzurichtenden Märkte natürlich von Unternehmen zu Unternehmen unterscheiden können.

Mit einem Beispiel, wie ein solcher interner Markt für Humankapital in der Realität aussieht, kann ich leider nicht dienen: Mir ist keiner bekannt.*

Mit einem zugedrückten Auge könnte man vielleicht bei Bertelsmann in den letzten Jahren von einem Einstieg ins Finanzkapital-Marktmodell reden: Die Milliarden-Gewinne, die dem Medienkonzern durch die Wertentwicklung der vor Beginn des Internet-Hypes gekauften AOL-Aktien in die Kasse flossen, wurden zum Aufbau des Multimedia-/Internet-Bereichs genutzt. Und während von allen anderen Konzernbereichen eine Eigenkapitalrendite von 15 Prozent erwartet wurde, galt für die Investitionen in dieser Sparte nicht so sehr die kurzfristige Rentabilität als Gradmesser, sondern vielmehr das langfristige Potenzial des Marktes, in den investiert wurde. Auf den Bilanzpressekonferenzen der Bertelsmann AG hat CEO Thomas

---

* Sollten Sie einen kennen, würde ich mich auf www.die-humane-revolution.de über sachdienliche Hinweise freuen.

Middelhoff denn auch nie versucht, die hohen Verluste des Multimedia-Bereichs zu beschönigen, aber dafür immer vorgerechnet, dass all diese Anlaufverluste immer noch unter den Gewinnen aus dem Verkauf der AOL-Aktien lagen.

Windfall Profits als Fonds für Zukunftsinvestitionen oder als Grundausstattung eines internen Finanzmittel-Marktes – so könnte die materielle Basis für den Ausstieg aus der Planwirtschaft aussehen. Von der organisatorischen Basis her taugt dieses Modell allerdings nicht: Die Investitionsentscheidungen unterlagen dem unerforschlichen Ratschluss des Vorstandsvorsitzenden sowie dem allzu oft ungeschickten Management des Bereichsvorstands.

Ein Beispiel dafür, wie die Organisation solcher internen Märkte aussehen könnte, bietet dagegen ein kürzlich eingerichteter Markt, der ähnliche Zwecke verfolgt, nach einem ähnlichen Mechanismus funktioniert und ebenfalls ausschließlich konzerninterne Marktteilnehmer zulässt, allerdings einen völlig anderen Gegenstand hat – Treibhausgase. Es handelt sich hierbei um das »Emission Trading System« von BP Amoco[61]. In diesem Online-Handelssystem können alle 126 Geschäftseinheiten des Energie-Multis dicke Luft kaufen und verkaufen, also Emissionen von Treibhausgasen wie Kohlendioxid oder Methan. Wer mehr Abgase produzieren will, als ihm konzernintern zugebilligt wurde, kann sich entsprechende Quoten zukaufen, CO_2 zum Beispiel für rund zehn Dollar je Tonne. Verkäufer sind Abteilungen, die weniger Abgase verbrauchen als vorgesehen – weil sie in Umweltschutz investiert haben oder gerade schlecht ausgelastet sind. Jahr für Jahr werden die zugebilligten Abgasmengen um drei Prozent reduziert,* und wer seine Abgas-Zielgröße überschreitet, ohne sich entsprechende Quoten zugekauft zu haben, riskiert einen Abzug beim Jahresbonus. Mit diesem Mechanismus soll dafür gesorgt werden, dass konzernintern dort in Umweltschutz oder Prozessinnovation investiert wird, wo das beste Ergebnis zu erwarten ist.

---

* bei etwa 80 Millionen Tonnen CO_2-Äquivalent, die der gesamte Konzern pro Jahr erzeugt, geht es immerhin um eine Einsparung von mehr als zwei Millionen Tonnen pro Jahr.

Mit dem Emissionsrechte-Handel hat BP Amoco einen völlig neuen Markt geschaffen. Nicht nur gab es ihn vorher nicht, es existierten auch weder Rahmenbedingungen noch Spielregeln noch Aufsichtsorgane oder Sanktionsmaßnahmen für diesen Markt und seine Teilnehmer. Alles musste vor Errichtung des Marktes geschaffen werden. Und dafür war es von großer Wichtigkeit, dass der Rahmen von den alten, anerkannten Hierarchien bestimmt wurde. Denn nur sie genießen ausreichend Legitimation, um Entscheidungen zu treffen, die für jede einzelne Abteilung des Konzerns ergebnisrelevant werden können, in diesem Fall: Emissionsrechte auf 126 Einheiten zu verteilen, die Quoten pro Jahr um drei Prozent zu kürzen und die Überschreitung der Quoten mit Abzügen beim Jahresbonus zu bestrafen.

Es gibt wohl kein System, mit dem die Energieproduktivität, also das Sozialprodukt je Energieeinheit, besser gesteigert werden kann als mit solchen konzerninternen Handelssystemen. Probleme gibt es erst, wenn die Konzerngrenzen verlassen werden sollen und es um die Neu-Einrichtung von national oder gar weltweit funktionierenden Märkten geht. Wie massiv diese Probleme sind, erleben wir beim Emissionsrechte-Handel seit einigen Jahren und werden wir noch ein paar weitere Jahre erleben.*

Aber um Märkte mit Weltgeltung soll es bei der humanen Revolution ja auch erst einmal nicht gehen, sondern »nur« um die Einführung der Marktwirtschaft in der internen Unternehmensorganisation. Genau diese Aufgabe würde die Einführung solcher Handelssysteme für die wichtigsten Unternehmensressourcen erfüllen. Und so wie Emissions-Märkte die Energieproduktivität eines Unternehmens drastisch steigern können, werden Humankapital-Märkte die Humankapital-Produktivität drastisch steigern können.

---

* Der Streitpunkt ist natürlich, wer den Rahmen und die Spielregeln festsetzt: »Die kann nur die Politik festlegen, nicht die Wirtschaft«, sagt der grüne Bundestagsabgeordnete Reinhard Loske. Was den Bundesverband der Deutschen Industrie nur mäßig begeistert: »Wenn der Handel mit Emissionsrechten das Gestrüpp von Gesetzen und Verordnungen in Deutschland noch dichter macht, werden wir das garantiert nicht unterstützen.«

Und wie sehen Unternehmen aus, die solche Märkte eingerichtet haben? Und wie funktionieren sie? Bisher habe ich jeweils versucht, mit Bildern und Vergleichen zu verdeutlichen, worauf ich hinaus will. Hier versuche ich es gar nicht erst. Ich habe keine Ahnung, wie die Rahmenbedingungen und die Spielregeln dieser Märkte oder die Entscheidungsstrukturen eines solchen Konzerns aussehen werden.

Aber dafür habe ich eine wunderbar einfache Antwort:

Der Markt wird es richten.

Wenn irgendwo jemand damit beginnt und Erfolg hat, werden andere sein System kopieren. Wenn einzelne dieser Kopien scheitern, werden die nächsten, die das Markt-Modell einführen, versuchen, die Fehler zu vermeiden, die dort gemacht wurden. Es werden sich auf diese Weise Regeln, Strukturen, Sicherungen und Vorsichtsmaßnahmen ergeben, über die heute zu spekulieren, so ganz ohne Vorbild, nicht weit führt (eine Möglichkeit, um wissenschaftliche Erkenntnisse über die Einrichtung solcher Märkte zu gewinnen, beschreibe ich im 8. Kapitel).

Zugegeben: Selbst wenn es einmal solche internen Märkte geben sollte, ist das alles noch sehr weit entfernt von dem verheißenen »Jeder kann tun, was er will.« Und es mag zaghaft klingen, wo doch eigentlich eine Revolution anstehen soll. Denken Sie deshalb bitte an das 1. Kapitel zurück: Es handelt sich hier um eine säkulare Umwälzung, die nicht mit einem Donnerschlag die Weltbühne betritt, sondern Stück für Stück erdacht, erarbeitet, oft auch erkämpft werden muss.

Ich könnte auch versuchen, ein Bild zu malen, wie die marktwirtschaftliche Organisation der Unternehmen im Stadium der Vollendung aussehen kann.

Ich will es nicht.

Das würde den Anschein erwecken, als gäbe es so etwas wie einen Masterplan, mit dem man in den nächsten Jahrzehnten die Weltwirtschaft humanisieren könnte.

Es gibt ihn nicht.

Letztlich geht es hierbei in jedem einzelnen Fall um Machtfragen, solange das Marktmodell noch nicht durchgesetzt ist. Bei funktionierenden Märkten muss man nicht die Machtfrage stellen:* Wer das beste Angebot hat, setzt sich durch, und da es unterschiedliche Auffassungen der Nachfrager gibt, was das beste ist (das billigste, das teuerste, das haltbarste, das blinkendste, das vertrauteste), gibt es viele Anbieter, die sich mehr oder weniger profitabel nebeneinander auf dem Markt behaupten können. Aber solange noch die Planwirtschaft am Leben ist, ist jede einzelne Entscheidung mit Machtfragen verbunden. Auch wenn die Einführung und Durchsetzung interner Marktmechanismen eine starke Führung braucht: Jede Reform nimmt der Nomenklatura ein Stück Macht, ersetzt Funktionseliten durch Leistungseliten, Kommando durch Kooperation.

Es wird dem Top-Management nichts helfen, wenn es sich in seiner Vorstandsetage einmauert und darauf hofft, dass seine Machtposition schon irgendwie überleben wird. Sie wird nicht überleben.

Es wird ihm auch nichts helfen, wenn es mit aller Kraft versucht, den Übergang zur humanen Revolution zu bekämpfen. Es kämpft auf verlorenem Posten.

Es wird ihm auch nichts helfen, wenn es so lange wartet, bis es der Revolution nicht mehr ausweichen kann, um dann umzuschwenken. Es wird dann den Wandel nicht mehr glaubwürdig vertreten können.

Was dem Top-Management am ehesten den mittelfristigen Machterhalt sichern könnte, ist der Übergang von Plan- zu Marktwirtschaft im Unternehmen. Denn für den wird es die Regeln noch vorgeben und kontrollieren können.

Langfristig hilft das auch nicht weiter. Aber: in the long run we're all dead.

---

* Wenn man über ein effizientes Wettbewerbs- und Kartellrecht verfügt.

6. Freiheit im Kopf:
Das neue Verständnis der Arbeit

Tom Sawyer vertiefte sich wieder in die Malerei und antwortete gleichgültig:
   »Na ja, vielleicht ist's Arbeit, vielleicht auch nicht. Ich weiß nur, mir gefällt's!«
   »Nu mach mal'n Punkt. Du willst doch nicht behaupten, dass du's gern tust?«
   Der Pinsel fuhr geschäftig hin und her.
   »Gern tun? Ich wüsst' nicht, warum ich's nicht gern tun sollte! Schließlich hat man ja nicht jeden Tag Gelegenheit, 'n Zaun anzustreichen!«
   Mark Twain

Ich vermute, Ihnen ist nicht so ganz wohl in Ihrer Haut, wenn Sie daran denken, dass in einer Arbeitswelt, in der Sie selbst bestimmen können, was Sie tun wollen, das Reich der Freiheit beginnen könnte. Ich gebe zu, dass auch ich mich von diesem Unwohlsein nicht frei machen kann. So sehr ich auch inhaltlich davon überzeugt bin, dass die humane Revolution den Ausgang des Menschen aus seiner Unmündigkeit am Arbeitsplatz hervorbringen wird – der Gedanke, dass ausgerechnet in der Erwerbsarbeit der Schlüssel zum Lebensglück liegen soll, fühlt sich merkwürdig an.

Was wahrscheinlich nicht daran liegt, dass der Gedanke so merkwürdig ist, sondern dass unsere Jahrtausende alte abendländische Kultur ihn uns merkwürdig erscheinen lässt. Denn sie hat die Erwerbsarbeit mit einem Fluch belegt.

a) Der Fluch, der zum Segen wird

Wenn jemand »bei Adam und Eva beginnt«, steht er üblicherweise unter starkem Schwafelverdacht. In diesem Fall ist es aber wohl unabdingbar, bis zur Vertreibung aus dem biblischen Paradies zurückzugehen. Denn bei diesem Hinauswurf erhielt jedes der beiden Geschlechter seinen eigenen Fluch mit auf den dornenreichen Weg: »Im Schweiße deines Angesichts sollst du dein Brot essen«, hieß es für Adam, und »mit Schmerzen sollst du deine Kinder gebären«, für Eva.[62]

Die Eva-Welt hat inzwischen einen Weg gefunden, dem Fluch zu entrinnen: die Periduralanästhesie, kurz PDA, die den größten Teil der Wehenschmerzen schluckt. Die Adam-Welt hat zwar auch ihren PDA, dort heißt er »Personal Digital Assistant«, aber er hat es bisher nicht geschafft, das Arbeitsleben schweißfrei zu machen – was jeder bestätigen wird, der schon einmal versucht hat, mit einem Gesprächspartner über die Infrarot-Schnittstellen der PDAs die Adressen auszutauschen.

Natürlich gibt es heute jede Menge Arbeitsplätze, an denen nicht mehr im buchstäblichen Sinne geschwitzt wird (und wenn, wird eher Angstschweiß vergossen als der Schweiß der körperlichen Anstrengung). Und natürlich bekommt man heute, zumindest in Deutschland, auch ohne Arbeit genügend Brot zu essen – und auch die Butter und den Käse obendrauf und das Besteck und den Herd und den Fernseher dazu; die Sozialhilfe macht's möglich.

Aber jenseits der rein wörtlichen Auslegung ist der göttliche Fluch, mit dem Adam bei der Vertreibung aus dem Paradies belegt wurde, noch so gültig wie eh und je. Der – auf diese Weise selbst verschuldeten – Mühsal des Erdenlebens wird in der christlichen (und in der jüdischen und in der islamischen) Theologie die Aussicht auf ein im Jenseits wieder erreichbares Paradies gegenübergestellt. Und so unterschiedlich die Ausschmückungen dieser zukünftigen Paradiese auch von Religion zu Religion und von Jahrhundert zu Jahrhundert sein mögen – in keinem davon müssen sich die Bewohner ihren Lebensunterhalt verdienen, in keinem wird geschwitzt.

Das Paradies selbst wird auf Erden niemals zu haben sein. Aber paradiesische Zustände gab es zu allen Zeiten – für eine schmale Oberschicht. Die jeweils herrschende Klasse oder Kaste zeichnete sich stets dadurch aus, dass ihre Tätigkeiten, so sie überhaupt welche auszuführen hatte, nicht von einem so profanen Zweck wie der Sicherung des Lebensunterhaltes verunreinigt wurden.

Und da, wie der junge Marx treffend bemerkte, »die Gedanken der herrschenden Klasse in jeder Epoche die herrschenden Gedanken sind«,[63] zieht sich die Verherrlichung der Nicht-Erwerbsarbeit wie ein roter Faden durch die abendländische Philosophiegeschichte. »Wer seine Arbeit für Geld hergibt, verkauft sich selbst und stellt sich auf eine Stufe mit den Sklaven«, urteilte Cicero, und in Platons Muster-Republik sollten Bürger, die sich als Händler betätigen, mit einem Jahr Gefängnis bestraft werden.[64]

Als besonders folgenschwer erwies sich die Unterscheidung zwischen *praxis* und *poiesis*, die von Aristoteles eingeführt wurde: Während er mit *praxis* eine Tätigkeit bezeichnete, die um ihrer selbst willen ausgeführt wird (z.B. ein Kind vor dem Ertrinken retten), hat *poiesis*, auch Herstellung oder Arbeit genannt, ihren Zweck außerhalb ihrer selbst, und zwar im »Werk«, das durch sie hergestellt wird (z.B. wird ein Haus nicht gebaut, um zu bauen, sondern um darin zu wohnen). Und natürlich ist die *poiesis* der *praxis* untergeordnet – was die Beschäftigung von Priestern, Fürsten und Philosophen quasi automatisch in einen Adelsstand versetzte, von dem Normalsterbliche zeitlebens ausgeschlossen blieben, sofern sie nicht gerade ein Kind vor dem Ertrinken retteten oder ihrem Schöpfer in der Kirche dienten.

Aristoteles nun eine Mitschuld an der Jahrtausende alten Geringschätzung der Arbeit zu geben, wäre allerdings unfair – hätte er statt dessen das Hohelied der Arbeit gesungen, als das, was den Menschen vom Tiere unterscheidet, als das, was dem Menschen erst erlaubt, seine eigenen Möglichkeiten und Bedürfnisse zu entwickeln, er wäre wohl nicht für zwei Jahrtausende zum einflussreichsten Philosophen des Abendlands geworden. Also konnte er das getrost Karl Marx überlassen.

Der US-Sozialphilosoph Thorstein Veblen verortete Anfang des 20. Jahrhunderts die eigentliche Ursache für die Verachtung, die dem Broterwerb im Schweiße des Angesichts gezollt wurde und wird, tief im Urgrund der menschlichen Entwicklung, in einer Zeit, als es noch nicht einmal das Brot gab, das man durchgeschwitzt hätte essen können: »Die moderne Unterscheidung zwischen Arbeit und anderen Tätigkeiten ist nichts anderes als eine Abwandlung der alten, barbarischen Unterscheidung zwischen Plackerei und Heldentat.«[65] Entstanden auf der Kulturstufe der räuberischen Gesellschaft, qualifizierte diese Unterscheidung die Tätigkeiten, die den Männern vorbehalten blieben (jagen, kämpfen), als ehrenvoll und die Arbeiten, die den Frauen oblagen (sammeln, kochen, Kinder hüten), als notwendig, aber unwürdig.

Die Bibel verzeichnet übrigens die erste derartige »Heldentat« schon direkt nach der Vertreibung aus dem Paradies: Kain erschlägt seinen Bruder Abel.[66] Zwar wird diese Tat noch moralisch verworfen, doch schon bald flechten die Autoren des Alten Testaments Kränze für Helden, die an Grausamkeit und Niedertracht den einfach gestrickten Bauern Kain bei weitem übertreffen. Ob Moses, ob Josua, ob David, ob Samson, alles Kämpfer- und Führernaturen, die über Leichen gingen, um ihre (natürlich Gott wohlgefälligen) Ziele zu erreichen.

Einer der wenigen ehrbaren, schwitzenden Arbeiter, die im Alten Testament Aufnahme fanden, war der junge Jakob. Er war zu skrupulös, um sich seine geliebte Rahel einfach zu rauben, und verdingte sich deshalb für sieben Jahre als Knecht bei ihrem Vater Laban. Der ausgehandelte Lohn für die harte Arbeit, die Hand Rahels, wurde Jakob allerdings rechts- und absprachewidrig vorenthalten: Er wurde mit der übrig gebliebenen älteren Schwester Lea abgespeist. Erst gegen das Versprechen, noch einmal sieben Jahre Schufterei hinter sich zu bringen, durfte er Rahel endlich heiraten.[67] Wahrlich kein Vorbild, an dem sich die Fron- und Lohnarbeiter der letzten Jahrtausende hätten orientieren und motivieren können, sondern einer wie sie, dem es ging wie ihnen – endloses Schuften für kargen Lohn, und am Ende wird man auch um den noch betrogen.

Über verschiedene Metamorphosen verfolgt Veblen seine Unterscheidung zwischen Heldentat und Plackerei weiter bis ins Industriezeitalter: »In dem Maße, in dem die Arbeit den Raub im täglichen Leben und in den Vorstellungen der Menschen verdrängt, ersetzt das Anhäufen von Reichtum allmählich die Trophäe der räuberischen Heldentat, die bisher das konventionelle Symbol von Erfolg und Überlegenheit darstellte.«[68] Was früher das Privileg des Mannes war, das gesellschaftlich hoch angesehene Nichtstun, ist damit der müßigen Klasse, also der Oberschicht zugefallen: »Die uralte theoretische Unterscheidung zwischen dem ›Gemeinen‹ und dem ›Ehrenvollen‹ in der Lebensführung eines Menschen hat selbst heute noch viel von ihrer einstigen Macht bewahrt; dies trifft so sehr zu, dass es wohl wenige Angehörige der oberen Klasse gibt, die nicht von einem instinktiven Widerwillen gegenüber den vulgären Formen der Arbeit besessen sind.«[69]

Veblens Landsmann und Zeitgenosse Mark Twain verpackte den gleichen Gedanken in die Geschichte vom Gartenzaun streichenden Tom Sawyer, der andere Jungen dazu brachte, seine Strafarbeit zu erledigen, indem er diese mit einer begehrenswerten Aura versah. »Wenn Tom ein ebenso großer und weiser Philosoph gewesen wäre wie der Verfasser dieses Buches«, resümierte Twain, »dann hätte er jetzt begriffen, dass die Arbeit aus all dem besteht, was man tun muss, während das Vergnügen das ist, was man nicht tun muss.«[70]

Mag sein, dass Thorstein Veblen in seinem Bemühen, den »feinen Leuten« seiner Zeit ein paar sarkastische Seitenhiebe zu verpassen, etwas übers Ziel hinausschoss. Schließlich ist die Geschichte des Abendlandes nicht nur von Huldigungen an den geist- und stilvollen Müßiggang erfüllt. Den alten Griechen und Römern galt zwar körperliche Arbeit noch durchweg als schändend.* Aber schon das Altertum kannte eine hitzige Debatte über den Sinn der Arbeit: Sie wurde zwischen den Stoikern und den Epikureern ausgefochten. Während, etwas verkürzt gesagt, Epikur den Sinn des Lebens darin

---

* Bis hin zur Wortwahl: Arbeit heißt auf lateinisch negotium, ist also negativ als das Gegenteil von Muße (otium) definiert.

sah, es sich selbst gut gehen zu lassen, betonten die Stoiker die Verpflichtung, die eigenen Gaben in den Dienst der Gemeinschaft zu stellen. Zwar beschäftigten sich beide Denkschulen nur mit *praxis*, nicht mit *poiesis*, aber die Grundpositionen, für die sie stehen, wirken bis in die heutigen Diskussionen über den Sinn des Lebens und der Arbeit fort.

Durch den Zusammenbruch des römischen Reiches und den damit verbundenen Rückgang von Wohlstand und Wirtschaftskraft verringerte sich nicht nur die Zahl derer, die sich über Muße und den Dienst an der Gemeinschaft den Kopf zerbrechen konnten – es entstanden auch die zur neuen Armut passenden Philosophien. Erstmals wurde auch eine Arbeit, die zumindest zum Teil der Sicherung des Lebensunterhaltes diente, in den Adelsstand erhoben. Das geschah 529 nach Christus, als Benedikt von Nursia den ersten christlichen Mönchsorden gründete, den Benediktinerorden eben. »Ora et labora«, bete und arbeite, hieß der Kernsatz seiner Ordensregel. Damit begründete er eine abendländische Tradition, nach der es für Menschen, die ihr Leben in den Dienst Jesu Christi stellten, nicht schändlich, sondern Gott gefällig war, wenn sie auf dem Feld arbeiteten, Kühe molken oder Bier brauten. Die Klöster wurden zu den wichtigsten Wirtschaftsbetrieben des Mittelalters, die großen Orden waren als multinationale Konzerne verfasst, lange bevor die Fugger, die Medici oder die Hanse solche grenzüberschreitenden Verflechtungen organisierten.

In der Neuzeit schließlich schaffte die Arbeit in der Philosophie wie im wirklichen Leben den Durchbruch, wie Hannah Arendt ebenso knapp wie brillant zusammenfasste: »Der plötzliche Aufstieg der Arbeit von der untersten und verachtetsten Stufe zum Rang der höchst geschätzten aller Tätigkeiten begann theoretisch damit, dass John Locke entdeckte, dass sie die Quelle des Eigentums sei. Der nächste entscheidende Schritt war getan, als Adam Smith in ihr die Quelle des Reichtums ermittelte; und auf den Höhepunkt kam sie in Marx' System der Arbeit, wo sie zur Quelle aller Produktivität und zum Ausdruck der Menschlichkeit des Menschen selbst wird.«[71]

Nimmt man noch Jean Calvin hinzu, dem zufolge die Früchte

unser Arbeit im Diesseits bereits erkennen lassen, wie unsere Chancen stehen, im Jenseits das Paradies zu erlangen, ist das philosophische Grundgerüst der »Vita activa« beisammen. Deren Verfechter liegen seither mit den Verfechtern der »Vita contemplativa« im Streit um die Lufthoheit:* Epikur gegen Stoa, Franziskus von Assisi gegen Benedikt von Nursia, Lafargues »Recht auf Faulheit« gegen die protestantische Arbeitsethik, und Karl Marx gegen ... Karl Marx.

In Marx' Werk taucht immer wieder ein grundlegender Widerspruch in seiner Stellung zur Arbeit auf. Er besteht darin, dass »Marx in allen Stadien seines Denkens davon ausgeht, den Menschen als ein *animal laborans* zu definieren, um dann dies arbeitende Lebewesen in eine ideale Gesellschaftsordnung zu führen, in der gerade sein größtes und menschlichstes Vermögen brach liegen würde.«[72]

In der »Deutschen Ideologie«, einem seiner frühesten Werke, prallen diese Gegensätze besonders hart aufeinander. Gerade eben erst wurde definiert, dass die Menschen anfangen, »sich von den Tieren zu unterscheiden, sobald sie anfangen, ihre Lebensmittel zu *produzieren*«,[73] da wird bereits postuliert, dass »die kommunistische Revolution die Arbeit beseitige«. Und wiederum einige Seiten später, in der berühmten Utopie vom Reich der Freiheit im Kommunismus, schließt Marx die Möglichkeit aus, dass in der »allgemeinen Produktion« die Selbstverwirklichung möglich wäre – Freiheit besteht darin, in beliebigen Hobbys zu dilettieren, was »mir eben dadurch möglich macht, heute dies, morgen jenes zu tun, morgens zu jagen, nachmittags zu fischen, abends Viehzucht zu treiben, auch das Essen zu kritisieren, ohne je Jäger, Fischer oder Hirt oder Kritiker zu werden, wie ich gerade Lust habe.«[74]

Die theoretischen Vordenker der Arbeiterbewegung konnten sich nicht aus Marx' Schatten lösen. Zu verlockend war die Perspektive,

---

* Die industrielle Revolution und die atemberaubende Produktivitätssteigerung der letzten zwei Jahrhunderte änderte an diesem philosophischen Wettstreit nur insofern etwas, als jetzt die Verheißungen der Muße nicht mehr nur für eine schmale Oberschicht erreichbar waren, sondern für jedermann in Reichweite kamen. »Neckermann macht's möglich«, hieß die moderne Übersetzung des epikureischen »Carpe diem«.

dass in der entwickelten Industriegesellschaft die Menschheit praktisch ohne Lohnarbeit, ohne Schweiß im Angesicht ihr täglich Brot essen könnte; zu nah war die säkulare Entwicklung der Reduktion der notwendigen Arbeitszeit, zu nah aber auch die grauen Bilder des Arbeitsalltags, als dass sie sich eine Entfaltung innerhalb der Lohnarbeit hätten vorstellen können. »Da der Arbeiter jeglicher Möglichkeit beraubt worden ist, Ziel und Natur seiner Lohnarbeit selbst zu bestimmen, wird die Sphäre der Freiheit die der Nicht-Arbeit«, heißt es bei André Gorz.[75] Herbert Marcuse schwang sich sogar dazu auf, in der »Verkürzung der Arbeitszeit die erste Vorbedingung der Freiheit« zu sehen, »da die Dauer des Arbeitstages an sich einen der entscheidenden Faktoren für die Unterdrückung des Lustprinzips durch das Realitätsprinzip darstellt.«[76]

In einer späteren Fassung seiner kommunistischen Utopie, in der »Kritik des Gothaer Programms«, lassen sich die Brüche in Marx' Denken noch etwas besser erkennen: »In einer höheren Phase der kommunistischen Gesellschaft, nachdem die knechtende Unterordnung der Individuen unter die Teilung der Arbeit, damit auch der Gegensatz geistiger und körperlicher Arbeit verschwunden ist; nachdem die Arbeit nicht nur Mittel zum Leben, sondern selbst das erste Lebensbedürfnis geworden ist; nachdem mit der allseitigen Entwicklung der Individuen auch ihre Produktivkräfte gewachsen und alle Springquellen des genossenschaftlichen Reichtums voller fließen – erst dann kann der bürgerliche Rechtshorizont ganz überschritten werden und die Gesellschaft auf ihre Fahnen schreiben: Jeder nach seinen Fähigkeiten, jedem nach seinen Bedürfnissen.«[77]

Die von Marx selbst formulierte Erkenntnis, dass der Grad, bis zu dem die Teilung der Arbeit entwickelt ist, am augenscheinlichsten zeige, wie weit die Produktionskräfte einer Nation entwickelt sind,[78] sollte nun plötzlich im Kommunismus nicht mehr gelten. Plötzlich sollten die Produktivkräfte durch allseitige Entwicklung der Individuen wachsen, und nicht mehr durch arbeitsteilige Spezialisierung der Individuen. Der seit der Vertreibung aus dem Paradies immer weiter führende Entwicklungspfad der Menschheit sollte plötzlich wieder im Paradies enden – so als bewege sich die Menschheitsgeschichte im Kreis und nicht vorwärts.

Der große Dialektiker Marx hätte es besser wissen müssen.

Der Fluch, der auf Adam lastete, hatte es diesem ermöglicht, den Urzustand des Paradieses immer weiter hinter sich zu lassen. Der Auftrag an Adam lautete schließlich auch nicht, das Paradies zurückzugewinnen, sondern sich die Erde untertan zu machen, sie zu bebauen und zu bewahren. Das tat er. Und tut es weiter. Das Reich der Freiheit wird auf diesem Weg nicht zu finden sein, indem man die Arbeit abschafft, sondern indem man sie aus dem Reich der Notwendigkeit emporhebt.

Wie bei den Werken großer Religionsstifter üblich, ist bei Marx zwischen den vielen Widersprüchen seines Arbeitsverständnisses auch dieser Ansatz zu finden – und zwar genau in der eben zitierten Utopie, in der es heißt, dass »die Arbeit nicht nur Mittel zum Leben, sondern selbst das erste Lebensbedürfnis« werden soll.

b) Der Geist, der stets verneint

Der Hemmschuh der Revolte
Saß da und alkoholte
Mit angelauf'nen Brillen
Sich geistig einen runter
Und er sang mitunter
Im trunkenen Chorale
Die Internationale.

Erste Allgemeine Verunsicherung

Wollen Sie mal einen Satz hören, mit dem einem die Lust auf die Zukunft so richtig vergehen kann? Vielleicht kennen Sie ihn ja schon: Er stammt schließlich von Ulrich Beck, unangefochtenes Schwergewicht deutscher Befindlichkeitsdiskurse, und wurde von ihm auch 1997 in den Abschlussbericht der »Zukunftskommission der Freistaaten Bayern und Sachsen« hineingedrückt. Der Satz soll uns zeigen, welche Rolle jeder einzelne von uns im 21. Jahrhundert übernehmen wird, ja übernehmen muss: »Das Leitbild der Zukunft ist der Mensch als Unternehmer seiner Arbeitskraft und Daseinsvorsorge.«[79]

Prickelnd, nicht wahr? Andere werden Unternehmer, um reich zu werden oder frei zu sein. Und ich soll Unternehmer werden, um einen Arbeitsplatz zu bekommen und um im Alter nicht zu verhungern. Wenn das die Perspektive ist, die die Zukunft für mich bereithält, möge die Gegenwart doch bitte noch ein paar Jahrzehnte andauern.

Genau das soll dieser Satz auch bezwecken.

Es könnte die Tragik einer ehemals viel versprechenden Generation werden: dass sie einst die Revolution erzwingen wollte, als die Reform nötig war, und jetzt, wo sich eine Revolution abzeichnet, den Stillstand herbeiwünscht. Dabei müsste eigentlich den aufklärerischen, aufrührerischen, antikapitalistischen Geistern von 1968 die Perspektive der humanen Revolution gefallen: Geist (Humankapital) gewinnt gegen Geld (Finanzkapital), wieder einmal findet ein Ausgang des Menschen aus einer selbst verschuldeten Unmündigkeit statt – Herz, was willst du mehr? Doch statt dessen: Mäkelei und schrilles Geraune. Eine ganze Armada hauptberuflicher Jammerlappen durchkämmt die Suppe nach Haaren:

• Uwe Jean Heuser lamentiert über »Das Unbehagen im Kapitalismus«, so der Titel seines Buches: »Das industrielle Zeitalter ist vorbei. Und damit auch die Stabilität seiner wohlgeordneten Wirtschaft: Was zählt, ist der aktuelle Marktwert, und der ändert sich schnell. Mit ihrer Logik des privaten Vorteils drängt die Ökonomie das gemeinschaftliche Interesse an den Rand. Den Widerspruch zwischen Markt und Mensch hat es schon immer gegeben. Aber jetzt wird er auf die Spitze getrieben.«[80]

• André Gorz wähnt hier sogar eine finstere Verschwörung am Werke. »Die so genannte Informationsrevolution wurde von Anfang an in Gang gesetzt, um die Nationalstaaten zu zwingen, sich selbst zu entmachten«, behauptet er,[81] ohne allerdings zu verraten, welche dunkle Macht denn diese Verschwörung in Gang gesetzt haben könnte.

- Richard Sennett prophezeit, dass »Der flexible Mensch«, so sein Titel, von totaler Entwurzelung bedroht sei, in frühe Sinn- und spätere Existenzkrisen gerate: »Instabilität ist normal, Schumpeters Unternehmer erscheint als der ideale Jedermann. Vielleicht ist die Zerstörung des Charakters eine unvermeidliche Folge. ›Nichts Langfristiges‹ desorientiert auf lange Sicht jedes Handeln, löst die Bindungen von Vertrauen und Verpflichtung und untergräbt die wichtigsten Elemente der Selbstachtung.«[82]
- Bernd Ulrich dagegen sieht die Gesellschaft in Erstarrung enden, konstatiert eine »Verlangsamung des Erfindergeistes«, weil es nicht mehr gelinge, »sich Produkte vorzustellen, die mehr sind als eine Kombination und Miniaturisierung bereits bekannter Techniken«.[83] Gleichzeitig bedrückt ihn die sture Anspruchshaltung der Deutschen: »Sie hoffen und erwarten, dass jemand anders eine hinreichend gute Idee und genügend Geld zusammenbringt, um für sie selbst Arbeit zu schaffen.«[84]
- Jeremy Rifkin schließlich bramabarsiert das Ende aller Kultur herbei, wenn Unternehmen nicht mehr Produkte verkaufen, sondern Nutzungs- und Zugangsrechte: »Ist jeder in kommerzielle Netzwerke und über Leasing- und Mietverträge, über Partnerschaften oder Mitgliedschaften in kontinuierliche Beziehungen eingebunden, dann ist Zeit stets nur kommerzielle Zeit. Es gibt keine kulturelle Zeit mehr. Das ist die eigentliche Krise der Postmoderne.«[85]

Wem nützt dieses Irgendwie-passt-uns-die-ganze-Richtung-nicht-Gejammer? Zuallererst sicherlich denjenigen, die unter der humanen Revolution leiden müssten – Kapital und Management. Alles, was die Beschäftigten davon abhält, die freie Entfaltung ihrer Potenziale einzufordern, kann ihnen nur recht sein. Aber natürlich nützt die Verzögerungstaktik auch den in die Jahre gekommenen Revolutionären. Wenn sie die humane Revolution noch einige Jahre hinhalten können, können sie ihre Weltbild- und Versorgungssicherheit in den Ruhestand hineinretten, um dann als die »Generation des geschickten Timing« in die Geschichte einzugehen, wie Wolf Lepenies, der Leiter des Berliner Wissenschaftskollegs, seine Generation, die 68er, bezeichnete: »Wir haben – so dürfen wir sagen – die großen Schrecken dieses Jahrhunderts nicht mitzuverantworten, und wir werden – so können wir hoffen – unter den heraufkommenden Krisen des neuen Jahrhunderts kaum mehr zu leiden haben.«[86] Lepenies meinte mit diesen Krisen wohl eher die sozialen und ökonomischen Krisen, die die Vertreter seiner Generation auf die nach ihnen kommenden zukommen sehen. Ich denke, die Krise, die diese Generation gerne vermeiden möchte, ist die eigene Identitätskrise. Denn so attraktiv der Sieg des Geistes über das Geld auf den ersten Blick erscheinen mag, ist er doch geeignet, gleich ein ganzes Paket linksintellektueller Grundpositionen in ihren Fundamenten zu erschüttern:

• Die humane Revolution behauptet, dass nicht nur die Wissenselite, sondern auch die Masse der Bevölkerung ein sinn- und lusterfülltes Arbeitsleben führen und dabei ihre Potenziale entfalten kann. Traditionell gehört allerdings zur intellektuellen Menschheitsbeglückung, dass die Masse auf andere Weise beglückt wird als man selbst. Besonders prägnant hat diese Tendenz Daniel Cohn-Bendit formuliert: »Wir haben jahrzehntelang um die Gesamtschule gekämpft – und bringen unsere Kinder aufs humanistische Gymnasium.«

• Die humane Revolution beschädigt die Kapitalisten, befördert aber den Kapitalismus. Für Menschen, bei denen beide Begriffe zu einem brettharten Feindbild zusammen gebacken sind, fällt es schwer, die beiden getrennt zu sehen.

• Die humane Revolution erhält ihre Dynamik nicht aus Diskurs und Demonstration, sondern aus Wettbewerb und Gewinnstreben – also aus Fertigkeiten, in denen die mehrheitlich beamteten Alt-Intellektuellen nicht geübt sind und denen sie ohnehin misstrauisch gegenüber stehen.

• Die humane Revolution verhilft dem Hauptwiderspruch wieder zu seinem Vorrecht. Wichtiges Element in all den zähen Post-68-Selbst-und-Strategiefindungs-Debatten war der Streit um Haupt- und Nebenwiderspruch. Die Speerspitzen der Bewegung fanden immer wieder neue, mitreißende Betätigungsfelder: Kulturkritik! Internationalismus! Frieden! Feminismus! Ökologie! Doch die verknöcherten Marxisten konterten stets: Nebenwiderspruch! Ihnen ging es um den Hauptwiderspruch, den zwischen Kapital und Arbeit. Wer immer in den letzten 30 Jahren etwas werden wollte, musste den Hauptwiderspruch ruhen lassen und sich mit schnucklichen Nebenwidersprüchen beschäftigen. Das prägt.

Oder, kürzer gesagt: Früher war alles besser. Wehe dem, der versucht, das Gegenteil zu beweisen. Und so wird alles getan, um die Zukunft, die uns hier dräut, als hartes Brot darzustellen.

Wie wär's, wenn wir statt dessen einfach Kuchen essen?

c) Freiheit aushalten

Am Anfang des Jahres 1914 stand Henry Ford vor einem Problem, das es in dieser Form noch niemals in der Geschichte gab. Wenn Zehntausende seiner Arbeiter erstmals in ihrem Leben mehr Geld verdienen, als sie gerade zum Überleben benötigten, nämlich doppelt so viel wie bisher: Was werden sie damit anfangen? Es gab keinerlei Erfahrung mit diesem heiklen Thema, weder was die große Zahl der betroffenen Arbeiter noch was das Ausmaß der Gehaltserhöhung anging. Henry Ford wünschte sich natürlich, dass sie das zusätzliche Geld sparen oder investieren würden, genauso gut aber könnten sie es ja auch versaufen, verhuren oder verzocken – was Fords Wohltäter-Image schnell beschädigt hätte. Er beschloss deshalb, bei der beispiellosen Einführung des 5-Dollar-Tags kein Risiko einzugehen, und sorgte auf ebenso beispiellose Weise vor: Von den berühmten 5 Dollar wurde gut die Hälfte, 2,66 Dollar, nur unter der Bedingung ausgezahlt, dass der Betreffende »ein sauberes, moralisch einwandfreies und fleißiges Leben führte«.[87] Um die Einhaltung dieser Bedingung zu kontrollieren, gründete Ford eigens eine »Soziologische Abteilung«, die mit Hausbesuchen und der Befragung von Nachbarn und Familienangehörigen die sittliche Eignung der Arbeiter prüfte.[88]

Doch bereits fünf Jahre später gab es diese Bedingung nicht mehr. Den Grundlohn, inzwischen sechs Dollar pro Tag, gab es nun für alle Ford-Arbeiter, und die Soziologische Abteilung hatte sich in eine gewöhnliche Personalabteilung verwandelt. Es hatte sich schnell gezeigt, das die große Mehrheit der Arbeiter durchaus vernünftig mit dem neuen Reichtum umgegangen war. Sie kauften Autos (Fords natürlich), bauten Häuser und sparten – in nur zwei Jahren stiegen die durchschnittlichen Spareinlagen eines Ford-Arbeiters von 196 auf 750 Dollar.[89]

Die Furcht vor der Masse, die Zweifel an ihrer Reife, tauchten bisher noch jedes Mal auf, wenn ein Privileg zum Allgemeingut wurde. Ob bei politischer Demokratisierung (wie der Einführung des allgemeinen Wahlrechts oder der des Frauenwahlrechts) oder ökonomischer Demokratisierung (wie bei der Massenmotorisierung oder beim Massentourismus) oder bei kultureller Demokratisierung (wie bei der Einführung des Fernsehens und später noch einmal bei der des Privatfernsehens), es ist alte konservative Tradition, jeweils den Untergang des Abendlandes oder zumindest der Gesellschaft zu prophezeien. Manche versteigen sich so weit, in solchen Fällen eine anthropologische Überforderung des Menschen zu wittern, wie der Kultursoziologe Arnold Gehlen angesichts der modernen Kommunikationsgesellschaft. Da der Mensch nur in Bezug auf seine unmittelbare Erfahrungswelt ethische Maßstäbe entwickeln könne, moderne Kommunikationsmedien jedoch »sekundäre« Erfahrungen vermittelten, unterminiere die Überfütterung mit sekundären Informationen seine Fähigkeit, sozialethische Verhaltensweisen zu entwickeln.[90] Andere zahlen mit etwas kleinerer Münze, wie Mathias Greffrath, der 1992 bedauerte, dass durch die Vielzahl der Fernsehkanäle die alltägliche Kommunikation am Arbeitsplatz verarme – früher habe man stets über Sendungen des Vorabends diskutieren können, da jeder sie gesehen hatte, heute verhindere die atomisierte Fernsehlandschaft diesen Austausch.

Zugegeben, damals waren »Big Brother« und »Wer wird Millionär?« noch nicht erfunden.

In Deutschland ist das Vertrauen in die Reife der Masse besonders gering ausgeprägt. Wir dürfen weder Bundeskanzler noch Bundespräsidenten direkt wählen noch per Volksabstimmung über Gesetze befinden,* wir dürfen Aspirin nur in der Apotheke kaufen und Joghurt nur bis 20 Uhr. Zur Zeit erleben wir gerade, wie bei der Einführung der staatlich geförderten privaten Altersvorsorge Mechanismen ersonnen werden, die die Menschen vor sich selber schützen sollen, also davor, ihre Privatrente zu verspekulieren oder zu verjubeln. Anstatt, wie in anderen Ländern üblich, ein paar Grundregeln für die Anlagestrategie der Fonds zu formulieren und den Rest dem Wettbewerb der Anbieter zu überlassen, sorgt die deutsche Regelung dafür, dass erst gar niemand in Versuchung geführt werden kann: Alle Anbieter werden darauf verpflichtet, die eingezahlten Beiträge zu garantieren und Rentenzahlungen bis an das Lebensende zu gewährleisten.

Zweifel an der Reife der Masse ist eines der Argumente, das mir am häufigsten entgegengehalten wurde, wenn ich in den vergangenen Monaten unter Freunden und Kollegen über die humane Revolution diskutierte: »Du und ich, wir können bestimmt so arbeiten. Aber die anderen?« Das wird Ihnen wohl kaum anders gehen, wenn Sie sich Ihre Kollegen einen nach dem anderen vorstellen – was um Himmels willen mag da herauskommen, wenn jeder machen kann, was er will? (Es wird übrigens jedem Ihrer Kollegen genauso gehen, wenn er sich vorstellt, was Sie dann wohl treiben würden.)

Immer sind es die anderen, die amorphe Masse, die schweigende Mehrheit, die für eine Innovation noch nicht reif sind. Bei Richard Sennett heißen sie »die meisten Menschen«: »Kreative Zerstörung, hat Schumpeter gesagt, erfordert Menschen, Unternehmer, die sich um die Folgen der Veränderung keine Gedanken machen, die nicht wissen wollen, was als nächstes kommt. Die meisten Menschen aber nehmen Veränderungen nicht so gleichgültig auf.«[91] Diese »meisten Menschen« möchten, wenn man Sennett folgt, am liebsten in Ruhe gelassen werden und möchten wissen, was sie tun und was sie

---

* Erstaunlicherweise wird dies als eine der »Lehren aus der Weimarer Republik« bezeichnet, obwohl Hitler nicht durch seinen Erfolg bei Wahlen an die Macht gekommen war. Ganz im Gegenteil: Im November 1932 war der NSDAP-Anteil bei der Reichstagswahl gesunken, und im April 1932 unterlag Hitler bei der Direktwahl des Reichspräsidenten gegen Hindenburg.

glauben sollen. Aber das verwehrt ihnen die Kurzatmigkeit von Wirtschaft und Gesellschaft: »Wie können Loyalitäten und Verpflichtungen in Institutionen aufrecht erhalten werden, die ständig zerbrechen oder immer wieder umstrukturiert werden? Wie bestimmen wir, was in uns von bleibendem Wert ist, wenn wir in einer ungeduldigen Gesellschaft leben, die sich nur auf den unmittelbaren Moment konzentriert?«[92] Als ob man Loyalitäten nur in Institutionen aufbauen und pflegen könnte; als ob man den bleibenden Wert in sich selber besser aufspüren könnte, wenn sich die umgebende Gesellschaft langsamer bewegt – es mag dann klarere Normen geben und vorgezeichnete Wege in Beruf und Privatleben; vor allem aber gibt es weniger Freiheit.

Die humane Revolution verheißt die größte Freiheit, die im Arbeitsleben denkbar ist. Doch wer ist überhaupt reif dafür zu machen, was er will?

Im Prinzip jeder.

Es hat bisher nur kaum jemand versucht.

Es gibt ja bisher auch keinen Grund dafür.

Obwohl noch praktisch niemand seine Reife für die humane Revolution unter Beweis gestellt hat, behaupte ich, dass praktisch jeder über diese Reife verfügen wird, sobald er sie braucht. Um Ihnen zu erklären, warum ich glaube, das behaupten zu können, möchte ich einen Vergleich anstellen, der uns wieder einmal in die neuen Bundesländer führt:

40 Jahre lang war es für die Bürger der DDR eine Selbstverständlichkeit, dass sie nicht einfach kaufen konnten, was sie wollten (auch nicht, wenn sie das Geld dafür hatten). Manches mussten sie viele Jahre im voraus bestellen (Auto, Telefonanschluss), manches mussten sie auf Vorrat kaufen, wenn es gerade mal da war (Schuhe, Schrauben, Fahrradspeichen), manches gab es einfach nicht (Mallorca-Urlaub, Bananen, Computer). Es wäre schlicht sinnlos gewesen, sich auszumalen, was man alles kaufen würde, wenn man das Geld dafür hätte.

Und dann fiel die Mauer.

Das Verhältnis, das die DDR-Bürger bis zum 9. November 1989

zur Freiheit des Konsums hatten, entspricht ziemlich genau dem Verhältnis, das wir bis heute zur Freiheit der Arbeitswahl haben. Denn für die meisten von uns ist es noch immer eine Selbstverständlichkeit, dass man nicht einfach das als Arbeit machen kann, was man will. Manches kann man erst in Jahrzehnten erreichen (Professor, Regierungsdirektor), manches ist nur möglich, wenn es gerade angeboten wird (samstags in den Stellenanzeigen), und manches gibt es einfach nicht (Manager mit 3-Tage-Woche). Sicher, es gibt ein paar, die fast völlige Freiheit genießen – es gab ja auch in der DDR einige, die Westgeld hatten und deshalb im Intershop einkaufen durften.

Das Beispiel des Verhaltens der DDR-Bürger in den Jahren 1989/90 zeigt, was passiert, wenn eine ganze Gesellschaft in einen Freiheitsschock versetzt wird und innerhalb extrem kurzer Zeit über Möglichkeiten verfügen kann, auf die sie in keiner Weise vorbereitet war.

Es passiert gar nicht so viel.

Die Bilder bananenbeladener Ostdeutscher, die alle West-Berliner Supermärkte leer kauften, so als gäbe es am nächsten Tag keinen Obststand mehr, haben sich zwar tief ins kollektive Gedächtnis eingegraben, doch war innerhalb weniger Monate das Kaufverhalten an die neuen Freiheiten angepasst. Dass nicht die Waren, sondern das Geld auf einmal das knappe Gut war, war offenbar leicht zu begreifen.* In den ostdeutschen Haushalten waren vor der Währungsunion die bisherigen Ersparnisse sorgsam und optimal auf die Konten verteilt worden, der neue Stand ab dem 1. Juli 1990 ausgerechnet und Budgets für die Zeit danach erstellt worden. Neues Auto, klar, aber es musste ja kein Neuwagen sein, und der erste West-Urlaub führte auch eher ins Allgäu als in die Karibik.

Von allen Schocks, die Währungsunion und Wiedervereinigung mit sich brachten, war der Schock der Konsumentenfreiheit wohl der am leichtesten zu bewältigende. Die Unterschiede im Einkaufs-

---

* oder der Verstoß gegen die neuen Regeln wurde so teuer bezahlt, dass der Lernerfolg sich schnell einstellte.

und Konsumverhalten zwischen Ost- und Westdeutschland sind inzwischen kaum größer als die zwischen Nord- und Süddeutschland.

Die Erfahrung mit der Konsumfreiheit nach dem Mauerfall ist ein Indiz, kein Beweis. Ähnliches gilt für die Haltlosigkeit all jener Befürchtungen, die jeweils bei Demokratisierung eines ehemaligen Privilegs geäußert wurden. Ich glaube aber, dass die Arbeits-Freiheit der humanen Revolution ähnlich reibungslos durchgesetzt würde wie all die anderen neuen Freiheiten vor ihr.

Es wird Hilfsmittel geben müssen, um mit der neuen Freiheit umzugehen. Es werden Umbauten in Wirtschaft, Wissenschaft und Gesellschaft nötig sein. Aber all diese Neuerungen und Änderungen werden problemlos verkraftet werden. Wenn die humane Revolution dazu führt, dass es durch sie, um Helmut Kohls berüchtigtes Versprechen am Vortag der Währungsunion aufzugreifen, »vielen besser gehen wird und niemandem schlechter.«

Wenn die humane Revolution das nicht leisten kann, ist sie auch keine neue Freiheit.

7. Freiheit für alle:
Die Aufgabe der humanen Revolution

Besondere Befriedigung vermittelt die Berufstätigkeit, wenn sie eine frei gewählte ist.
Sigmund Freud

Bei einer Befragung der »Public Agenda Foundation« unter US-amerikanischen Erwerbstätigen gaben 1983 mehr als die Hälfte der Befragten an, sie hätten ein inneres Bedürfnis, beste Arbeit zu leisten, unabhängig von der Höhe der Entlohnung. Gleichzeitig sagten drei Viertel der Befragten, sie könnten »wesentlich effektiver in ihrem Job arbeiten«. Und wiederum etwa die Hälfte der Befragten sagte sogar, sie arbeiteten gerade genug, um zu vermeiden, entlassen zu werden.[93]

Der hier offensichtlich werdende Widerspruch zwischen Arbeitsethos und Arbeitsrealität kann prinzipiell auf zweierlei Weise erklärt werden: Entweder nehmen die Arbeitnehmer ihre Arbeit nicht ernst, oder die Unternehmen nehmen ihre Beschäftigten nicht ernst. John Naisbitt und Patricia Aburdene entschieden sich 1985 in »Megatrends Arbeitsplatz« eindeutig für die zweite Erklärung: »Es wird immer deutlicher, dass die Betriebe nicht mit den Arbeitnehmern von heute Schritt halten. Die Menschen möchten die Genugtuung haben zu wissen, dass ihre Arbeit kompetent, geachtet und effektiv ist. Doch die breite Mehrheit unserer Betriebe ist nicht so strukturiert, dass sie dieser Forderung entsprechen kann.«[94] Eine Unfähigkeit, für die die beiden Erfolgsautoren schon damals nur ein Kopfschütteln übrig hatten. »Das ist um so grotesker, als die psychischen Anreize, die die Menschen wünschen – eine anspruchsvolle Arbeit, die Möglichkeit persönlicher Entfaltung, die Chance beruflicher Weiterbildung, Autonomie, Partizipation, Respekt, Anerkennung, ein effektives Management und Information – genau das sind, was die Unternehmen heute brauchen. Wenn die Menschen nicht bereits diese Dinge wünschten, müssten die Unternehmen einen Weg finden, ihnen diese Ideen zu verkaufen, denn im neuen Informationszeitalter sind das die Qualitäten, die die Wirtschaft mehr als alles andere benötigt.«[95]

Heute, 16 Jahre später, stellen sich die Unternehmen immer noch genauso unfähig an. Es wird wohl langsam Zeit, ein wenig nachzuhelfen.

a) Die Grenzen des freien Marktes

13. September 1999, Paris, Louvre. Das Jahrestreffen des GBDe, Global Business Dialogue on Electronic Commerce bringt 400 Top-Manager von High-Tech-, Medien- und Internetfirmen aus aller Welt zusammen. Das Ziel: Gemeinsame Normen und Standards für Geschäfte im Internet zu definieren und durchsetzbar zu gestalten. Nur selten zuvor konnten sich Top-Manager so nahe daran fühlen, Politik zu machen – denn auf diesem globalen Gebiet haben es die an nationale Grenzen gebundenen Berufspolitiker schwer, zählbare Ergebnisse zu erzielen.

Am Ende gab es, wie es sich gehört, mehr Probleme als Lösungen, aber man wusste wenigstens besser, welche Probleme man hat. Und es gab den Abschluss- und Gastvortrag von Dominique Strauss-Kahn, damals französischer Wirtschafts- und Finanzminister, der mit seinem letzten Satz gehörige Irritation bei den Wirtschaftsgrößen hinterließ: »Ein Fortschritt ist nur dann ein Fortschritt, wenn er allen Menschen zugute kommt.«[96]

Das ist ein Gedanke, der Unternehmern fremd ist. Er ist, zugegeben, auch in der Politik nicht weit verbreitet – die meisten Politiker denken auch nur an ihre Zielgruppe, also ihr Wählerpotenzial. Aber Politik wird unter anderem daran gemessen, ob sie dieses Ziel erreicht – Unternehmen nur daran, ob sie Profit machen.

Man kann allerdings diesen Anspruch, so er in der Politik formuliert wird, für verfehlt halten, weil er zu Eingriffen in die Freiheit des Marktes verleitet, die nur zu suboptimalen Ergebnissen führen können. Es gibt einige Menschen, die das tun, unter ihnen die große Mehrheit der Wirtschaftswissenschaftler. Sie können sich dabei auf einen klassischen Ausspruch aus ihrer Bibel berufen, dem »Wealth of Nations« von Adam Smith: »Wenn man alle Systeme, ob es sich um Bevorzugung oder Beschränkung handelt, einfach abschafft, so entwickelt sich das klare und einfache System der natürlichen Freiheit von selbst. Jeder Mensch hat, solange er nicht die Gesetze verletzt, vollkommene Freiheit, seine eigenen Interessen auf seine Weise zu verfolgen und beides, seinen Fleiß und sein Kapital, mit dem anderer Menschen in Wettbewerb zu setzen. Der Herrscher ist befreit von der Pflicht, den Fleiß seiner Untertanen zu beaufsichtigen und ihn dahin zu lenken, wo er die Interessen der ganzen Gesellschaft am besten vertreten glaubt.«[97]

Wenn im »System der natürlichen Freiheit«, also der reinen Marktwirtschaft, nur eine kleine Minderheit sich das Privileg wird erkämpfen können, bei der Arbeit ganz allein den eigenen Interessen zu folgen, so ist das eben zwar nicht gott-, aber doch marktgewollt, was ja für Ökonomen so weit nicht voneinander entfernt ist.

Das ist geradezu ein Sturzbach auf die Mühlen all derjenigen, die von der Verderbtheit des kapitalistischen Systems überzeugt sind und als einziges Gesetz, das der Kapitalismus anerkenne, das Wolfsgesetz erkennen: Jeder Versuch, über marktwirtschaftliche Mechanismen die Rendite der Humankapital-Investoren zu steigern, werde letztlich darauf hinauslaufen, dass eine Wissenselite sich frei entfalten und bereichern kann, während der unwissende, unterprivilegierte Rest der Gesellschaft die ehrenvolle Aufgabe hat, den Eliten die Koffer zu tragen, den Prosecco abzufüllen und den Hintern abzuwischen. Alle die, die heute schon am Rande der Gesellschaft dahinvegetieren, würden dies auch weiterhin tun, und zu ihnen würden sich noch all die gesellen, die nicht genügend flexibel sind, um von den neuen Freiheiten profitieren zu können.

In dankenswerter Direktheit hat diesen Vorwurf die Französin Viviane Forrester formuliert: »Eine große Mehrheit von Menschen wird von der kleinen Gruppe, die die Wirtschaft prägt und die Macht besitzt, schon gar nicht mehr gebraucht. Auf diese Weise haben Massen von Menschen dank der herrschenden Logik keinen vernünftigen Grund mehr, in dieser Welt zu leben.«[98]

Was die Sozial-Apokalyptikerin als moralische Anklage gegen die heutige Gesellschaft vorbringt, ist inhaltlich nicht so weit entfernt von der Sorge, die der US-Soziologe Manuel Castells darüber äußert, was die Wissensgesellschaft mit unserem Gemeinwesen anstellen wird: »An die Stelle der Ausbeutung, wie wir sie aus der industriellen Ära kennen, tritt eine viel schrecklichere Form der Ausschließung: Menschen, die nicht über die nötige Bildung und Technologie verfügen, werden ignoriert, weil sie weder als Produzenten noch als Konsumenten gebraucht werden, wenn sie nicht mit dem Netz verbunden werden können. Sie fallen in ein schwarzes Loch.«[99]

Das wiederum trifft sich mit einer Fundamentalkritik, die Peter F. Drucker, dem Kapitalismus nun wirklich nicht abgeneigt, an die Adresse praktisch aller Unternehmen richtet: »Selbst das größte Unternehmen hat wesentlich mehr Nichtkunden als Kunden. Und bislang wissen nur die wenigsten Institutionen etwas über ihre Nichtkunden. Viele wissen noch nicht einmal, dass es sie gibt, geschweige denn, wer sie sind. Nur die allerwenigsten wissen, warum diese zur Gruppe der Nichtkunden zählen – und doch sind es immer die Nichtkunden, die Veränderungen auslösen.«[100]

Und wie das in der Realität aussieht, zeigt ein Blick, nein, nicht in Viviane Forresters französische Vorstädte, sondern nach Lateinamerika. Das ist ein Kontinent, auf dem ganz offensichtlich die Marktwirtschaft funktioniert. Nur Sekunden nach den ersten Regentropfen preisen Regenschirmverkäufer ihre Ware an, Schuhputzer, Zeitungsjungen, Losverkäufer, Marktstände belegen jeden unbebauten Quadratmeter, und auf den bebauten wachsen Bankenpaläste in den Himmel oder werden wieder eingeebnet. Ganz ohne Denkmalschutz, Gewerbeaufsicht und Flächennutzungsplan ist alles geregelt, auch wenn uns einige der Regeln unpraktisch, unsozial oder gar brutal vorkommen.

Doch obwohl alle am freien Spiel der Kräfte teilhaben, ist gut ein

Viertel der Bevölkerung noch immer nicht in der Industriegesellschaft angekommen, von der Überflussgesellschaft ganz zu schweigen. Der Subsistenz-Sektor auf dem Land und sein schamhaft »informell« genanntes Pendant in den Städten wächst und schrumpft mit der Konjunktur, aber er zeigt keinerlei Tendenz zu verschwinden – der Trennstrich, der durch die Gesellschaft geht, ist weit schärfer und stabiler als der, der Anfang der 90er Jahre Ossis und Wessis voneinander trennte.

Für die Unternehmen in einer Gesellschaft ist es eben nicht selbstverständlich, dass sie alle Mitglieder der Gesellschaft mit zum Wohlstand nehmen, ganz im Gegenteil: Wenn Menschen mit Mühe jeden Tag ihr Essen zusammenkratzen können, gibt es für keinen einzigen Unternehmer einen ökonomischen Anreiz, diese in den Produktions- und Konsumtionsprozess einzubeziehen. Er hat seine Kundschaft in den konsumfähigen Schichten, an denen und an deren Bedürfnissen sollte er sich orientieren, wenn er Profit machen will. Deshalb ist es für den einzelnen Unternehmer ökonomisch rationaler, Straßenkinder, die vor seinem Geschäft herumlungern, von Todesschwadronen abknallen zu lassen, als ihnen eine Ausbildung zu bezahlen.

In Afrika und Asien gibt es, kulturell bedingt, zwar weniger Geschäftsleute, die Todesschwadronen anheuern, aber dennoch befindet sich hier ein noch größerer Teil der Bevölkerung unterhalb des Zielgruppenradars sämtlicher Unternehmen. Fast die Hälfte aller Einwohner Südasiens und Schwarzafrikas verfügte 1990 über ein Einkommen von weniger als 375 Dollar im Jahr, weltweit waren es damals mehr als eine Milliarde Menschen, die unterhalb dieser Armutsgrenze lagen.

Noch einmal: Es liegt nicht daran, dass die Unternehmer in Entwicklungsländern dümmer, borniter oder skrupelloser wären als die bei uns. Sie bewegen sich völlig rational innerhalb der für sie geltenden Regeln, wenn sie alles ignorieren oder gar bekämpfen, das nicht zum Geschäft mit ihrer Kundschaft passt.

Es handelt sich hier um einen, wenn nicht *den* blinden Fleck des von allen Fesseln befreiten Kapitalismus – das Ignorieren der Nicht-

Kunden. Was außerhalb der Interessenssphäre des einzelnen Unternehmens geschieht, mag den Unternehmer zwar als Mensch und Bürger interessieren, aber nicht als Unternehmer – es sei denn, er kann durch die Erweiterung seiner Interessenssphäre einen neuen, Profit versprechenden Markt erschließen. Wenn jedes Unternehmen so seine eigenen betriebswirtschaftlichen Interessen vertritt, kann dabei auf der volkswirtschaftlichen Ebene ein bei weitem suboptimales Ergebnis erzielt werden.

Die reine marktradikale Lehre erlaubt hier nichts anderes als abzuwarten, bis sich durch die Kräfte des Marktes eine Veränderung dieses Zustandes, eine Verschiebung des gesamtwirtschaftlichen Gleichgewichts ergibt. Da sich hieraus, wie das lateinamerikanische Beispiel zeigt, sehr stabile Ungleichgewichte entwickeln können, ist eine solche Nichteinmischungspolitik theoretisch falsch und praktisch verantwortungslos.

In der üblichen Praxis der sozialen Marktwirtschaft sieht der Staat in einer solchen Situation seine Aufgabe darin, diejenigen aufzufangen oder zumindest ruhig zu stellen, die beim freien Spiel der Kräfte durch das Raster fallen würden. Das ist mit hohem finanziellen und bürokratischen Aufwand verbunden – eine Art End-of-Pipe-Sozialtechnologie, bei der dafür gesorgt wird, dass die Auswirkungen des im Produktionsprozess angefallenen Problems begrenzt werden.

In der Umweltpolitik, aus der der Begriff End-of-Pipe-Technologie kommt, ist der Staat über solche Methoden weit hinaus. Dort wird auf Anreizsysteme gesetzt, die dafür sorgen sollen, dass das Umweltproblem erst gar nicht entsteht. Auch in der Sozial- und Wirtschaftspolitik* müsste die Aufgabe des Staates weiter gesteckt sein: In solchen Fällen ist es die Aufgabe der Politik, durch Veränderung der Rahmenbedingungen auf den beeinflussbaren Märkten eine Verschiebung des Gleichgewichts zu induzieren, die zu einem volkswirtschaftlich besseren Ergebnis führt.

---

* Wenn der Begriff nicht durch Erich Honecker so fürchterlich negativ besetzt worden wäre, würde ich hier von einer herzustellenden Einheit von Wirtschafts- und Sozialpolitik sprechen.

Die humane Revolution ist ein solcher Fall. Menschen, die bei der Arbeit tun können, was sie wollen, sind produktiver. Doch die Unternehmen gestehen diese Arbeitsweise nur denen zu, bei denen sie *wissen*, dass dadurch bessere Ergebnisse herauskommen. Beides zusammen ergibt eine sowohl individuell als auch gesamtwirtschaftlich suboptimale Situation:
- Zur Zeit können allerhöchstens fünf Prozent der Beschäftigten bei der Arbeit im großen und ganzen tun, was sie wollen.
- Wenn man die weitere Entwicklung allein dem freien Spiel des Marktes überlassen würde, kämen wohl kaum mehr als 15 Prozent in diesen Genuss.
- Schon heute möchte aber die Hälfte der Deutschen bei der Arbeit »eigene Vorstellungen verwirklichen«.[101]
- Und schon heute wünschen sich 80 Prozent der Jungen und 85 Prozent der Mädchen zwischen 15 und 17 Jahren »einen Beruf, der einem auch später etwas bedeutet.«[102]

Und das gesamtwirtschaftlich beste Ergebnis wird erzielt werden, wenn nicht 5, nicht 15, nicht 50, sondern wenn mindestens diese 85 Prozent als Beschäftigte tun können, was sie wollen. Ein derart vergrößertes Reich der Freiheit wird ohne marktkonforme politische Einflussnahme nicht zu erreichen sein.

b) Jeder hat sein Potenzial

Es war einmal eine arbeitslose, alleinerziehende Mutter, die von der Sozialhilfe lebte und ihre Tage damit zubrachte, in Cafés in Birmingham herumzusitzen. Ich glaube kaum, dass Sie als Personalchef diese Joanne Rowling eingestellt hätten. Ich wahrscheinlich auch nicht. Und schon gar nicht, wenn sie erzählt hätte, was sie die ganzen Tage so gemacht hat: Keine Bewerbungen, keine Weiterbildung, kein Persönlichkeitstraining, nichts von alledem, womit Arbeitslose sonst versuchen, wieder ins Berufsleben einzusteigen, nein – ein Kinderbuch schreiben! Über Zauberer!

Sie wird wohl auch nie wieder in ihrem Leben in die Verlegenheit kommen, einem Personalchef gegenübersitzen zu müssen. Die Harry-Potter-Romane, die sie im Café zu Papier brachte, haben dafür gesorgt. Wohl nie zuvor haben Caféhausbesuche einen derart starken Niederschlag im Bruttosozialprodukt gefunden.

Nicht jeder kann schreiben wie Joanne Rowling. Aber jeder hat ein Potenzial, das noch nicht geweckt worden ist. Das behauptet Frithjof Bergmann, Philosophieprofessor, der findet, dass jeder Mensch »wenigstens zum Teil Arbeit – und zwar bezahlte Arbeit – tun sollte, die er wirklich, wirklich will.«[103] Er hat einen Gutteil der letzten 20 Jahre damit verbracht, sich mit den sozialen Gruppen zu beschäftigen, die schon als die Verlierer der späten Industriegesellschaft galten und erst recht als Verlierer in der Wissensgesellschaft gelten werden: müde, abgestumpfte Industriearbeiter, demotivierte, arbeitslose Jugendliche, Drogenabhängige, Langzeitarbeitslose, diejenigen eben, die noch nie in ihrem Leben auf der Sonnenseite standen. Immer ging es ihm darum, diesen Menschen dabei zu helfen, erst herauszufinden, was sie wirklich, wirklich wollten, und dann das auch Wirklichkeit werden zu lassen. Mal eröffnete ein Fließbandarbeiter daraufhin ein Yoga-Studio, mal schlossen sich ehemalige Automobilarbeiter zusammen, um Metallbeschläge für Boote herzustellen, mal gründeten junge Arbeitslose eine Agentur für Senioren, die diesen wiederum dabei helfen sollte, herauszufinden, was sie wirklich, wirklich wollten.

Bergmanns Erfahrungen aus seinen Projekten[104] erlauben den Schluss, dass nicht nur die Elite davon profitieren würde, wenn man bei der Arbeit tun könnte, was man wollte:

- Jeder Mensch hat etwas, das er wirklich, wirklich will, aber die wenigsten wissen, was es ist – und »man muss kein Fabrikarbeiter sein, um dies nicht zu wissen«.
- Wichtiger, als die Antwort zu finden, war regelmäßig die »Begegnung mit der Frage«. Die eigenen Interessen hatten im ganzen bisherigen Berufsleben nie eine Rolle gespielt – »und dann stand diese Frage urplötzlich breitbeinig vor einem da und war nicht nur da, sondern blieb, fing an, die Leute zu begleiten«.
- Allein die Beschäftigung mit dieser Frage durchbrach die Abwärtsspirale, in der sich viele der Teilnehmer an Bergmanns Projek-

ten zuvor befanden. »Die meisten erfahren ihr Leben als ein schrittweises Kapitulieren, als ein Rückzugsgefecht, in dem man langsam immer mehr verliert. Im Kontrast zu diesem Langsam-in-einem-hoffnungslosen-Sumpf-Versinken ist das Suchen nach dem, was man wirklich, wirklich will, mehr wie ein Bauernkrieg: Mit Knüppeln und geradegehämmerten Sensen zieht man aus, und zwar gegen die Feinde Apathie, Indifferenz, Lähmung.«

Sicherlich: Die Eröffnung von Yoga-Studios und Senioren-Agenturen ist nicht gerade das, was man sich vorstellt, wenn es um die Produktivitätssteigerung des Humankapitals geht. Bergmanns Arbeit war auch nie darauf ausgerichtet, aus den Projektbeteiligten die maximal mögliche Produktivität herauszuholen. Ihm ging es vor allem um den Nachweis, dass es niemanden in der Gesellschaft gibt, bei dem es nicht lohnen würde, ihm dabei zu helfen, seine eigenen Potenziale aufzuspüren. Und in der Tat stellt sich auch für die Unterprivilegierten, die Randgruppen der Gesellschaft, sowohl subjektiv als auch objektiv eine Verbesserung ihres Lebensgefühls ein, wenn sie bei der Arbeit das tun dürfen, was sie wollen. Wie groß die Produktivitätspotenziale sind, die dabei frei gesetzt werden, lässt sich zur Zeit vielleicht anekdotisch, aber nicht wissenschaftlich erfassen – akribische empirische Begleitstudien sind Bergmanns Sache nicht. In einer zumindest ähnlichen Größenordnung dürfte sich allerdings ein zusätzliches, gesellschaftlich nutzbringendes Potenzial dadurch auftun, dass der Prozess der A-Sozialisierung, des allmählichen Herausfallens aus der Gesellschaft, gestoppt wird.

Zwischen den, sehr wenigen, Joanne Rowlings sowie der, etwas größeren, Wissenselite und den, noch etwas häufigeren, Mitgliedern sozialer Randgruppen, gibt es die zahlenmäßig weitaus größere Gruppe der schlichten Arbeitnehmer: auf so genannten Normalarbeitsplätzen oder in Teilzeit, in Ausbildung, mitten im Erwerbsleben oder kurz vor der Rente. Wie steht es mit denen? Einfache Logik gebietet es zu vermuten, dass auch sie davon profitieren würden, wenn sie tun könnten, was sie wollten – schließlich gilt das Gleiche für die ganz oben und für die ganz unten.

Und es gibt auch ein paar Zahlen, die diese Vermutung stützen

(s. Abb. 5). Sie stammen aus der Studie »Deutschland 2010« des Freizeitforschers Horst W. Opaschowski, in der er 1996 auch die Einstellungen zur Arbeitswelt abgefragt hat. Danach nennen 57 Prozent der befragten Arbeitnehmer eine »Arbeit, die Spaß macht«, als persönliches Karriereziel, 70 Prozent bezeichnen ein solches Arbeitsumfeld sogar als »persönlich größten Anreiz«. Aber nur 28 Prozent fühlen sich bei ihrer Arbeit glücklich. 47 Prozent aller Befragten und sogar 59 Prozent der 18- bis 34jährigen sehen ihr persönliches Karriereziel darin, ihre »eigenen Vorstellungen verwirklichen« zu können. Das langjährige Lieblingsziel der Gewerkschaften, die kürzere Arbeitszeit, lockt hingegen immer weniger Menschen: 1988 nannten noch 34 Prozent eine kürzere Arbeitszeit als persönlich größten Anreiz, 1996 waren es nur noch 26 Prozent.

Das Bedürfnis, zu tun, was man will, ist also in allen Bevölkerungsgruppen vorhanden. Es wird in Umfragen artikuliert, aber nicht in der Praxis eingefordert.

Bei wem auch? Beim Personalchef? Beim Abteilungsleiter?

c) Arbeit für alle

Wonach sucht ein Unternehmen, wenn es überlegt, was es machen will? Nach Produkten, die Profit bringen.

Wonach sucht ein Mensch, der überlegt, was er machen will? Nach Tätigkeiten, bei denen er sein Humankapital renditebringend einsetzen kann.

Innovation in der Industriegesellschaft heißt: neues Produkt. Innovation in der humanen Revolution heißt: neue Tätigkeit.

Was wird wohl mehr Arbeitsplätze bringen?

Anfang 1999, als die Welt der Internet-Ökonomie noch so hoffnungsfroh und unbefleckt war wie Gretchen vor der Begegnung mit Faust, gelang es dem Internet-Unternehmer Bernd Kolb, die Zukunftsvision seiner Zunft in eine Horrorvision für die Politiker zu übersetzen: »Es stimmt nicht, dass Multimedia in fünf Jahren mehr Arbeitsplätze schafft als die Automobilindustrie. In fünf Jahren

Abb. 5 : Wie die Deutschen arbeiten. Und arbeiten wollen.
(Zustimmung in Prozent)

Wie erleben Sie Ihre Arbeit?	1981	1996
sinnvoll	36	52
erfüllt	26	36
glücklich	10	28
gesellig	17	28
erlebnisreich	29	32

Was wäre am Arbeitsplatz der ›persönlich größte Anreiz‹?	1988	1992	1996
Arbeit, die Spaß macht	57	64	70
Sinnvolle Arbeitsinhalte	37	47	51
Leistungsprämien	23	26	34
Aufstiegschancen	24	31	34
Kürzere Arbeitszeit	34	31	26

Was gehört zu Ihrer persönlichen Karriere-Vorstellung?	Bevölkerung	18-34jährige
Eigene Vorstellungen verwirklichen	47	59
Eine Arbeit haben, die Spaß macht	57	67
Überdurchschnittlich viel Geld verdienen	39	48
Berufliche Aufstiegschancen haben	40	47
Sich in der Arbeit selbst verwirklichen können	38	45
Erfolgserlebnisse haben und anerkannt werden	38	42
Berufliche Tätigkeit von hohem Ansehen haben	26	28
Als Vorgesetzter in Führungsposition sein	21	20

Was muss da sein, um sich am Arbeitsplatz wohlfühlen zu können?	14-34jährig	35-54jährig	55 und älter
Tun können, was Spaß und Freude macht	61	51	39
Entspannte Atmosphäre	53	48	44
Fröhlich und ausgelassen sein	52	38	27
Kein Streit, harmonische Stimmung	54	59	56
Kein Stress, ohne Zeitdruck sein	53	57	42
Geborgenheit, Gemütlichkeit	60	69	72
Sich gegenseitig helfen	50	50	60
Verständnis füreinander haben	50	56	57
Keine Angst haben, Sicherheitsgefühl	47	47	52

Quelle: Opaschowski, H. W.: Deutschland 2010. Wie wir morgen leben, Hamburg 1997

machen wir mehr Umsatz als die Autoindustrie bei einem Tausendstel an Arbeitskräften.«[105]

Denkste.

Inzwischen sieht die Zukunft der Internet-Unternehmer weit düsterer aus – und für die Politiker haben sich dadurch die Aussichten deutlich aufgehellt. Es reicht eben für den Milliardenprofit doch nicht aus, einen Server zu mieten und eine Website zu basteln.

Dafür gibt es eine wirtschaftstheoretische Begründung: Potenzielle Konkurrenten werden sich um so begieriger auf Ihre Marktnische stürzen, je höher die Rendite ist, die Sie dort zur Zeit erzielen. Dadurch werden Ihre Margen reduziert und Ihre Marktposition bedroht – was ursprünglich wie Easy Money aussah, muss dann ebenfalls hart erarbeitet werden.*

Es gibt aber auch eine ganz praktische Begründung: Menschen möchten mit Menschen zu tun haben. Und verhalten sich auch dementsprechend: Dienste, die von Maschinen geleistet werden, werden *genutzt* – Dienste, die von Menschen geleistet werden, werden *bezahlt*. Und das wird so lange gelten, wie Menschen unsere Bedürfnisse besser verstehen als Maschinen. Also bis sehr, sehr weit ins 21. Jahrhundert hinein.

Dass die Internet-Ökonomie für ein paar Jahre die Illusion erwecken konnte und immer noch kann, dass die Kommunikation zwischen Mensch und Maschine der zwischen Menschen überlegen sein könnte, lag und liegt daran, dass wir in unserer Vorstellung das Internet mit einem sehr unpersönlichen, technischen, unkommunikativen Medium verbinden, nämlich dem Computer. Nur weil das

---

* Natürlich gibt es heiße Diskussion darum, ob nicht die technologische Entwicklung auch dieses Gesetz hinwegrevolutioniert hat. Der Netzwerk-Effekt gilt als heißester Kandidat für dessen Außerkraftsetzung. Wenn der Wert eines Angebots mit der Zahl seiner Nutzer wächst, wird der Marktführer überdurchschnittlich belohnt, wird die Konkurrenten platt machen können, Neueinsteigern keine Chance lassen und gigantische Profite einfahren in Ewigkeit, Amen. Mir scheint allerdings, dass der Netzwerk-Effekt nur ein neues Wort für die alte Tatsache ist, dass diejenigen Märkte besonders hohe Profitraten versprechen, in denen Neueinsteiger besonders hohe Anlauf-Investitionen haben, die im Fall eines Scheiterns als *sunk costs* abgeschrieben werden müssten. Für Lokalzeitungen und Branchenfernsprechbücher zum Beispiel galt dieser Zusammenhang schon lange vor der Erfindung der New Economy.

World Wide Web bei seiner Entstehung dazu gedacht war, *Computer* miteinander zu verbinden, nur weil es dazu gedacht war, die *Arbeit* zu erleichtern, kam keiner auf die Idee, dass es eigentlich ideal dafür sein müsste, *Menschen* miteinander zu verbinden und ihnen das *Leben* zu erleichtern. Deshalb blieb das Internet an den PC gefesselt, womit es höchstens ein Zehntel der Weltbevölkerung erreichen kann. Deshalb tut es so, als müsse man erhabene Kulturtechniken wie Lesen, Schreiben, Browser-Installieren und Software-Downloaden beherrschen, um des Segens der Vernetzung teilhaftig zu werden. Deshalb dürfen sich diejenigen als die Hohepriester der Informationsgesellschaft fühlen, die am besten mit Bill Gates' Plug-and-Pray-Software umgehen können.

Noch vor Ablauf dieses Jahrzehnts wird sich das dramatisch verändert haben – wir werden beim Begriff Internet ein ganz anderes, kommunikativeres, menschlicheres Medium vor uns sehen und auch entsprechend benutzen: das Telefon.

So wie im letzten Jahrzehnt die mobile, jederzeit verfügbare Kommunikation ihren Durchbruch erlebte, wird in diesem Jahrzehnt die mobile, jederzeit verfügbare Information ihren Durchbruch erleben.[106] Sie wird ihn, nach Einführung des UMTS-Standards, übers Telefon erleben, und sie wird sich für den Nutzer darin äußern, dass zwei Menschen miteinander sprechen. Welche Informationsquellen der Mensch auf der anderen Seite zur Verfügung hat und auf welchem technischen Weg er auf sie zugreift, kann mir herzlich egal sein: Ich bezahle diesen Menschen dafür, dass er mir so schnell wie möglich, am besten sofort, die Information gibt, die ich brauche. Und im Gefolge dieser instantisierten Information werden auch immer mehr Dienstleistungen instantisiert werden, mir also nach Bedarf zur Verfügung stehen. Durch diese Entwicklung kann die Arbeitsplatz-Bilanz des Internets weit, weit positiver ausfallen, als sich das die Helden der New Economy heute vorstellen können.

Wenn die Unternehmen diese Entwicklung begreifen. Wenn sie begreifen, dass sie nach Tätigkeiten suchen müssen, bei denen Menschen mit Menschen kommunizieren, bei denen Menschen Menschen Arbeit abnehmen.

Wahrscheinlich begreifen sie es eher, wenn sie mit der Suche nicht ihre Manager beauftragen, sondern diese ihren Beschäftigten überlassen. Die Manager werden, von den Einsparpotenzialen des Netzes fasziniert, ganze Unternehmensabteilungen komplett auslöschen oder zumindest radikal dezimieren, und das auch nicht zu unrecht: Einkaufsabteilung, Bestellwesen, Poststelle, vielleicht auch der Außendienst, werden durch das Internet überflüssig werden.

Und die Beschäftigten werden, von den Kommunikationspotenzialen des Netzes fasziniert, ganze Unternehmensabteilungen neu aus dem Boden stampfen. Und dann dürfte es in der Tat nicht mehr lange dauern, bis das Internet so viele Arbeitsplätze schafft wie die Automobilindustrie – mit dem entsprechenden Umsatz natürlich. »Derselbe Ideenreichtum«, so Axel Börsch-Supan, »der technische Innovationen schafft, die alte Jobs untergehen lassen, schafft auch die neuen Produkte, die die Jobs an neuer Stelle wieder auferstehen lässt.«[107]

Wie diese Arbeitsplätze aussehen werden, wer dort was macht – keine Ahnung. Am Markt wird sich wiederum zeigen, welche Tätigkeiten überhaupt angeboten werden und für welche davon die Menschen auch bezahlen werden. Drei Beispiele für solche instantisierten Dienstleistungen möchte ich allerdings nennen – Tätigkeiten, von denen ich glaube, dass es Menschen geben wird, die sie gerne machen möchten, Dienstleistungen, für die ich bezahlen würde. Sie auch?

1. Der Ozean des Wissens

Sie sitzen mit ein paar Freunden in der Kneipe und reden mal wieder über Fußball. Und plötzlich steht diese Frage im Raum, keiner weiß so genau, wer sie aufgebracht hat, und erst recht weiß keiner, wie die Antwort lautet: Wer schoss 1966 im WM-Endspiel England – Deutschland das 1:0? Das dritte Tor, das 3:2 für England, bei dem bis heute nicht geklärt werden konnte, ob der Ball die Linie im vollen Umfang überschritten hatte, ist ja eines der berühmtesten Tore der Fußballgeschichte. Aber das erste Tor? Bobby Charlton, Geoffrey Hurst, Karlheinz Schnellinger und natürlich Uwe Seeler sind die

Kandidaten Ihrer Freunde, Sie tippen auf Helmut Haller – und wie es sich für solche Fälle gehört, hat sich die Diskussion ein wenig erhitzt. Bevor Sie sich so richtig zerstreiten, drücken Sie auf den blauen Auskunfts-Knopf Ihres Handys, stellen dem Ozean des Wissens Ihre Frage, geben mit dem gelben Cash-Knopf die Abbuchung von fünf Euro frei und haben nach spätestens zehn Minuten die korrekte Antwort auf Ihrem Display.

Ob Ihr Netzanbieter auf der anderen Seite mit Datenbanken arbeitet, mit den Champions von »Wer wird Millionär?«, oder mit einem weltumspannenden Wissens-Netzwerk, kann Ihnen egal sein – so lange Antwort und Service stimmen. Wenn Ihnen fünf Euro für diesen Service zu viel sind, können Sie natürlich auch mit Ihrem UMTS-Handy selbst ins Internet gehen und nach der richtigen Antwort suchen. Was allerdings in diesem Fall ziemlich lange dauern dürfte. Bis eine Suchmaschine erfunden ist, die mir auf die Frage »Wer schoss 1966 im WM-Endspiel in Wembley das erste Tor?« die korrekte Antwort »Helmut Haller in der zwölften Minute« liefert, und nur die, das wird wohl noch sehr, sehr lange dauern.

2. *Der Lotse*
Sie sind im Büro und wollen nach Hause. Wie mehrere zehntausend andere Menschen ebenfalls. Sie wissen nicht, ob die Sierichstraße wieder mal dicht sein wird, wenn sie dort ankommen, Sie wissen nicht, ob das Grau am Himmel sich bis zu Ihrer Wohnung zu einem Wolkenbruch verdichten wird, der Ihnen die fünf Minuten Fußweg von der U-Bahn-Haltestelle verleiden würde, und Sie wissen schon gar nicht, ob das alles schlimmer oder besser würde, wenn Sie erst noch den kleinen Abstecher zu Karstadt machen, wo es gerade günstige Schlumpf-Puzzles gibt. Aber der Lotse von Mobil24 weiß das. Ein Anruf auf dem Weg in die Mönckebergstraße, und er scannt Verkehrs- und Wettersituation jetzt und in einer halben Stunde sowie die Verfügbarkeit seiner Autos. Klare Antwort: Nachher wird die Hölle los sein. Jetzt aber stünden Sie gerade 50 Meter vom nächsten Mobil24-Wagen entfernt. Also nichts wie rein. Ob Sie mit dem Auto am nächsten Morgen zurück in die Stadt möchten, oder

ob es in der Nacht abgeholt werden soll? Danke, und gute Fahrt – das Leitsystem im Wagen ist bereits so eingestellt, dass es Ihnen automatisch den schnellsten Weg nach Hause zeigt.

Ein solches Mobilitäts-System, das nicht an einem Verkehrsmittel, sondern an Ihren Bedürfnissen ausgerichtet ist, lässt sich nicht einfach programmieren. Es wird nur dann effizient und komfortabel arbeiten, wenn es von Menschen betreut wird. Von Menschen, die zu Ihren Wünschen die bestmöglichen Verkehrsmittel herausfinden, und von Menschen, die dafür sorgen, dass die Autos, die Sie bei Bedarf nutzen, dort stehen, wo Sie sie brauchen.

3. Der Datenverwalter
Wie oft haben Sie im Internet schon einen Fragebogen mit Ihren persönlichen Daten ausgefüllt? Bei jedem neuen E-Commerce-Shop, bei jeder Jobdatenbank, bei jeder Registrierung für ein neues Online-Spiel. Muss das sein? Und wie läuft das, wenn alles übers Telefon geht? Doch bitte nicht über die Handy-Tastatur. Eine mögliche Lösung für das Dilemma ist ein Datenverwalter. Dem haben Sie einmal alle Ihre Daten gegeben, er hat sie gespeichert und gibt bei jeder Anwendung genau das frei, was der Anbieter braucht, kein einziges Bit darüber hinaus. Sie müssen nie mehr Fragebögen ausfüllen, Sie können bestimmen, wieviel Sie Ihrem Gegenüber von sich preisgeben wollen, und Sie behalten dabei immer ein gutes Gefühl. Denn der Datenspeicherer ist natürlich keine Maschine, sondern jemand, der sein Büro bei Ihnen um die Ecke hat, den Sie persönlich kennen und dem Sie vertrauen können.

Wie am Ende die Gesamt-Arbeitsplatzbilanz des Internets aussehen wird – wird dann keinen mehr interessieren. Wie viele Arbeitsplätze hat das Telefon vernichtet, wie viele hat es geschaffen? Wie viele der Container? Wie viele der Computer? Bei diesen drei Innovationen kommt es, genau wie beim Internet, nicht so sehr darauf an, was sie direkt *bewirken*, sondern was sie indirekt *ermöglichen*. Sie sind nicht die Produkte des Fortschritts, sondern dessen Infrastruktur.

Es ist natürlich nicht automatisch so, dass von einer solchen neuen Infrastruktur des Fortschritts alle Menschen profitieren würden. Es ist sogar durchaus möglich, dass die Zahl der Profiteure weit geringer ist als die Zahl derer, die dadurch Nachteile erfahren. Wenn man die Entwicklung des Internets allein den Bernd Kolbs dieser Welt überließe, wäre es sogar sehr wahrscheinlich, dass das so wäre.

Aber wenn etwas, das wir uns wünschen, nicht automatisch passiert, heißt das doch nichts anderes, als dass wir etwas dafür tun müssen, *dass* es passiert.

Es liegt an uns, wem wir die Gestaltung der neuen Möglichkeiten überlassen.

Und an unseren Repräsentanten.

d) Wie man Grenzen überwindet

Das zentrale Dokument der amerikanischen Revolution ist die Unabhängigkeitserklärung von 1776. Der zentrale Begriff in diesem Dokument besteht aus drei Worten: Pursuit of Happiness, das Streben nach Glück. Damit führte Thomas Jefferson, der damals 33jährige Verfasser der Unabhängigkeitserklärung, etwas in den Aufgabenkatalog der Politik ein, was bis dahin in den alleinigen Verantwortungsbereich der Religion fiel: dafür zu sorgen, dass alle Menschen glücklich werden können. Zwar ist es nicht die Aufgabe der Politiker, alle Menschen glücklich zu machen (obwohl manche Regierungen das leider so verstanden haben), aber sie müssen dazu beitragen, dass jeder die Chance hat, aus seinem Leben das Beste zu machen.

Pursuit of happiness – für die Amerikaner ist das ein individuelles Grundrecht, das Kernelement des »American Dream«.

Pursuit of happiness – für die Deutschen ist das ein kollektives Ziel. »Wohlstand für alle«, hieß das bei Ludwig Erhard, wohl der prägnanteste Begriff, auf den der »German Dream« jemals gebracht wurde. Der Staat mischt sich in die *Erzeugung* des Wohlstands nur wenig ein, dafür dann aber um so mehr in seine *Verteilung*.

Und er nimmt sich die Befugnis, die Rahmenbedingungen, innerhalb derer die Unternehmen agieren können, so zu definieren, dass der blinde Fleck des Kapitalismus, das Ignorieren der Nicht-Kunden, möglichst klein bleibt.

Der von dem Franzosen Michel Albert geprägte Begriff des »rheinischen Kapitalismus« macht klar, dass es sich hier nicht um einen deutschen Spezialweg handelt, sondern um eine im gesamten Westteil Kontinentaleuropas herrschende politische Kultur.

• Die wichtigste europäische Revolution versammelte sich nicht hinter dem Pursuit of Happiness, sondern hinter Freiheit, Gleichheit, Brüderlichkeit;

• In Europa sind die Parteien, die historisch als Anwalt der unterprivilegierten Arbeiterklasse groß wurden, immer wieder mal, zur Zeit sogar fast überall, an der Regierung;

• In den Staaten des rheinischen Kapitalismus würden ökonomische und soziale Ungleichheiten, wie sie in den USA üblich sind, jede Gesellschaft sprengen;

• In diesen Gesellschaften ist der moralische Appell für Gleichheit und Solidarität immer zugleich Aufruf zu politischem Handeln.

Survival of the fittest, das Recht des Stärkeren, ist in den USA selbstverständlich, genauso wie in der Natur – Sozialdarwinismus in Reinkultur. Die europäische politische Kultur ist von der Natur nicht vorgesehen: Sie ist eine spezifisch menschliche Errungenschaft.* Diese politische Kultur, die in der aktuellen, amerika-besoffenen Stimmung als eurosklerotischer Standortnachteil angesehen wird, kann sich zum Wettbewerbsvorteil erster Güte entwickeln. Wenn es gelingt, die humane Revolution für alle durchzusetzen.

Und wie kann das gelingen? Ein Beispiel dafür haben wir im Jahr 2000 erlebt. Es ist ein Musterbeispiel für die Dummheit von Unternehmen und die Notwendigkeit kluger Regeln. Und es ist an der Speerspitze des technischen Fortschritts zu finden – beim Internet.

---

* Es gibt allerdings Biologen, die auch in der Evolution neben dem bekannten Kampf ums Dasein ein »Bedürfnis nach Kooperation und Konvergenz« am Werke sehen, so erst kürzlich Howard Bloom in »Global Brain« (Deutsche Verlags-Anstalt, Stuttgart 1999). Gut möglich, dass es in der Natur in einigen Situationen zu altruistischem Handeln kommt – eine systematische Betonung von Gleichheit und Solidarität wie in den westeuropäischen Sozialstaaten wurde in freier Wildbahn aber noch nicht beobachtet.

Wohin sich dieses Netz eigentlich entwickeln sollte, zeigen zur Zeit Werbespots der Kreditkartenfirma Visa: Ein Beduinenpärchen schaut sich in tiefster Wüste mittels Datenbrille »Ein Amerikaner in Paris« an, nachdem es per Augenabgleich gezahlt hat; ein Japaner, der sich beim Joggen in Brasilia verlaufen hat, geht in ein Sportgeschäft, deutet auf ein Paar Laufschuhe, bezahlt per Fingerabdruck und lässt sich von dem im Schuh eingebauten Leitsystem zurück zu seinem Hotel dirigieren – auf japanisch natürlich.

Zu dumm nur, dass die Unternehmen, die im Internet-Geschäft agieren, keine Kreditkartenfirmen sind, sondern Computerbauer, Leitungsverleger, Software-Produzenten und Website-Bastler. Sie wollen nichts anderes als Computer oder Programme verkaufen, Netzwerklösungen oder Multimedia-Anwendungen. Der Japaner und die Beduinen aus der Visa-Werbung sind für sie alle Nicht-Kunden und werden ignoriert.*

Für die nächste Generation des Internets, für die UMTS-Technologie, wird es in Westeuropa allerdings keine Nicht-Kunden mehr geben. Die Unternehmen, die in diesem Geschäft agieren, werden es sich schlicht nicht leisten können, irgend jemand zu ignorieren.

Und dafür können wir uns bei Tony Blair und Gerhard Schröder bedanken.

Nicht, dass der britische Premierminister und der deutsche Bundeskanzler die UMTS-Technik erfunden oder durchgesetzt hätten: Sie haben lediglich die UMTS-Lizenzen in ihren Ländern versteigert, anstatt sie wie bisher üblich zu vergeben. Das Ergebnis war ein extrem hoher Preis, weit mehr, als sich die Regierung jemals hätte trauen können als Lizenzgebühr zu verlangen. Und die Konsequenz des hohen Preises: Die Lizenznehmer werden nicht wie bei früheren Mobilfunknetzen erst einmal eine exklusive Kundschaft mit hohen Preisen ansprechen können, sie mussen von Anfang an auf Lösungen setzen, die für alle Bürger attraktiv sind. Denn nur wenn tat-

---

* Visa wiederum fehlt die Möglichkeit, solche Anwendungen um- und durchzusetzen. Der Slogan des Werbespots klingt deshalb fast resignativ: Was auch immer die Zukunft bringt – die Zukunft heißt Visa.

sächlich nicht nur Millionen Deutsche, sondern Dutzende von Millionen Deutschen auf UMTS umsteigen, werden sich die extrem hohen Vorlaufkosten amortisieren können.*

Das heißt: Von Beginn an werden durch UMTS alle die vernetzbar, die die vergleichsweise einfache und weit verbreitete Kulturtechnik des Telefonierens beherrschen. Und sie werden sehr schnell auch tatsächlich vernetzt werden – und nicht mit jahrelanger Verzögerung, wie es der Fall gewesen wäre, wenn die Lizenzen für einen so kleinen Betrag vergeben worden wären wie damals bei den D-Mobilfunk-Netzen. Dadurch entsteht ebenso schnell ein gewaltiges Marktpotenzial für heute nicht realisierbare, kaum überhaupt denkbare Dienstleistungen.

Sicherlich wird in diesem Fall die schnelle Marktdurchdringung nicht der Hauptgrund gewesen sein, warum sich die britische und die deutsche Regierung für das Auktionsverfahren entschieden hatten – das war wohl eher der erhoffte und auch erreichte dicke Batzen für die Staatskasse. Aber Nebenwirkungen müssen ja nicht immer nur Risiken beinhalten, sondern können auch Chancen eröffnen.**

UMTS war ein Glücks- und Ausnahmefall. Wenn der Staat darauf Einfluss nehmen will, dass Unternehmen ihren Mitarbeitern größere Freiräume geben, wird er dafür kein solches Instrument in die Hand bekommen. Am ehesten könnte der Staat der humanen Revolution wohl dadurch zum Durchbruch verhelfen, dass er seinen eigenen Mitarbeitern, also den Beschäftigten im öffentlichen Dienst, die Möglichkeit gibt, das zu tun, was sie wollen. Wenn er sich nicht ganz so weit aus dem Fenster lehnen möchte, wird er sich des traditionellen Instrumentariums bedienen müssen:

---

* Der Blick von Europa weg nach Japan scheint dieses Argument zu widerlegen. Schließlich hat der dortige Mobilfunk-Konzern NTT Docomo bis Ende 2000 mehr als 14 Millionen Kunden für i-Mode, ein internetfähiges Mobilfunknetz, gewonnen – ohne teure Lizenzgebühren, ohne politische Vorgabe. Doch die Klugheit des einen Unternehmens belegt umso mehr die Blödheit der anderen.

** Britische Studien haben beispielsweise ergeben, dass die massive Handy-Verbreitung in Schüler-Kreisen zu einem ebenso massiven Rückgang der Zahl der jugendlichen Raucher geführt hat – Rauchen *war* cool, aber Handy *ist* cool.

- Direkte Einflussnahme auf einzelne Unternehmen ist nur möglich, wenn der Staat Zuschüsse oder Subventionen vergibt. Ein mögliches Einsatzfeld sind hierbei Altersteilzeit- oder Vorruhestandsprogramme, die von der Bundesanstalt für Arbeit bezuschusst werden. Dieser Zuschuss ließe sich zum Beispiel mit der Auflage verbinden, einen von außen moderierten Ideenwettbewerb unter den Beschäftigten durchzuführen, um Tätigkeiten aufzuspüren, die diese lieber machen wollen als bei reduzierten Bezügen in Rente zu gehen.
- Allgemeine Anreize können über Gesetzgebung und Steuerpolitik geschaffen werden. Man könnte Coaching als Bildungsurlaub im Sinne des Bildungsurlaubsgesetzes definieren, oder im Betriebsverfassungsgesetz ab einer bestimmten Unternehmensgröße die Verpflichtung zur Beschäftigung eines betriebseigenen Arbeitnehmerberaters verankern, oder oder oder. Der Phantasie dürften hier gerade in Deutschland keinerlei Grenzen gesetzt sein.

Was wir tatsächlich davon haben, wenn die humane Revolution alle Bürger einer Nation erfasst, wissen wir noch nicht. Es gibt bisher zu wenig geschichtlich überlieferte Situationen, in denen versucht worden ist, die geistige Produktivität einer gesamten Bevölkerung zu stimulieren.

Eine davon liegt jetzt bald 2500 Jahre zurück. Damals kam die Stadtverwaltung von Athen auf die ziemlich blödsinnig klingende Idee, jedes Jahr in einem Wettbewerb den besten Tragödien- und Komödiendichter der Stadt zu küren – und dabei die Preisrichter aus der gesamten Bevölkerung *auszulosen*. Zwar dürfte anfangs kaum einer dieser ausgelosten Bürger in der Lage gewesen sein, ein weises, abgewogenes, künstlerisch angemessenes Urteil zu fällen. Doch im Lauf der Jahre und Jahrzehnte entstand ein leidenschaftliches Expertentum bei Kulturkonsumenten und -produzenten. Die Athener hatten davon jahrzehntelang erstklassigen Stoff für endlose Diskussionen. Wir hatten davon Aischylos, Euripides und Sophokles. Und davon profitieren wir heute noch.

Zugegeben: Eine so explosionsartige Entwicklung von Wissenschaft und allen Arten von schönen Künsten wie in Athen im 5. vorchristlichen Jahrhundert (vor allem im »Goldenen Zeitalter« unter Perikles, 443 – 429 v. Chr.) hat es nie zuvor und seither auch niemals wieder gegeben. Und ebenfalls zugegeben: Wie im 4. Kapitel bereits erwähnt, handelte es sich beim damaligen Athen um eine parasitäre Sklavenhaltergesellschaft, bei der sich der Ausdruck »gesamte Bevölkerung« nur auf die freien Bürger der Stadt erstreckte. Aber viel mehr Beispiele bietet die Geschichte nicht. Bei den seltenen Versuchen, das Potenzial eines ganzen Volkes zu erwecken, handelte es sich ansonsten eher um Umsturzsituationen wie nach 1789 in Frankreich und nach 1917 in Russland – und dann reichte der revolutionäre Schwung stets nur für ein paar Jahre, nicht für Jahrzehnte wie unter Perikles.

Kulturell weit weniger hoch stehende, aber dafür zeitgemäßere Beispiele lassen sich in der Jetztzeit bei traditionellen Nationalsportarten beobachten. Russische Schachspieler, türkische Ringer, österreichische Abfahrtsläufer, brasilianische Fußballer, kenianische Langstreckenläufer und venezolanische Schönheitsköniginnen sind seit vielen Jahren auf Medaillenränge abonniert; und das nicht, weil sie mit besonders günstigen Genen gesegnet sind, sondern weil in diesen Ländern, wo sich fast jeder in der jeweiligen Disziplin versucht, Talente früh gefunden und intensiv gefördert werden können – und weil eine herausgehobene Position in der Nationalsportart besonders hohen Status verheißt. All das sind Indizien, die darauf hindeuten, welche Potenzen in der Gesamtbevölkerung schlummern können und durch die humane Revolution produktiv eingesetzt werden können – wenn die humane Revolution die gesamte Bevölkerung erfasst.

Nicht dass wir auf unsere alten Tage ein Volk von Philosophen, Bildhauern und Tragödiendichtern werden sollten. Zu Perikles' Zeiten waren das quasi brandneue, hochmoderne Disziplinen, die zu einer jahrtausendelang nicht mehr erreichten Vervollkommnung gebracht wurden. Wir können heute ähnliches mit den jetzt gerade hochmodernen Disziplinen erreichen.

Dass auch das größte Engagement für Kunst und Kultur nicht zu solchen Blüten führt, wenn die Basis nicht mit einbezogen wird, zeigt das Beispiel Weimars. Großherzog Karl August holte an seinen Hof die besten Dichter, die Deutschland zu bieten hatte. Die Höflinge sonnten sich in Ästhetik, die Stadt aber blieb das gleiche minderbemittelte Provinznest, das sie vorher war. Nur eben *mit* Goethe.

8. Menschen und Märkte: Wissenschaften für die humane Revolution

»Welches Geistes Kind ein Volk ist, auf welcher Kulturstufe es steht, wie seine soziale Struktur aussieht, was seine Politik für Unternehmungen vorbereiten mag – das und viel anderes noch steht phrasenbefreit in seinem Finanzhaushalt.«[108] Joseph Schumpeter wusste, wovon er da sprach. Er war ja selbst im Jahr 1919 sieben Monate österreichischer Finanzminister gewesen.

Dass sich die Entwicklungsstufe einer Ökonomie in irgendeiner Form in ihrer Wirtschaftswissenschaft widerspiegle, hat Schumpeter nie behauptet. Er wusste auch, wovon er nicht sprach. Er war ja selbst einige Jahrzehnte Ökonomieprofessor gewesen.

Wenn es überhaupt eine Wissenschaft gibt, die noch länger als die Rechtswissenschaft an längst überholten Werten und Methoden festhält, dann ist es die Wirtschaftswissenschaft. Eigentlich ist sie für weite Strecken des heutigen Wirtschaftslebens komplett unbrauchbar, wenn nicht sogar schädlich:

• Menschen haben kein Wertschöpfungspotenzial, sie sind lediglich ein Kostenfaktor. Es gibt bis heute keinerlei Möglichkeit, um Humankapital als Vermögenswert zu verbuchen. Humankapital verursacht Personalkosten, basta, und nur unter diesem Namen taucht es in der Gewinn- und Verlustrechnung auf.

• Die gesamte Kostenrechnung der Unternehmen ist auf die Erfassung materieller Ströme aufgebaut. Immaterielle Ströme und jegliche Form von Potenzialen sind nicht vorgesehen. Was seine Dienste leistet, wenn es um eine möglichst kostengünstige Produktion geht, versagt völlig, wenn es um die Nutzung zukünftiger Chancen geht.

• Die Bilanzierung ist so konzipiert, dass sie vor allem Klarheit über die Liquidationswerte des Unternehmens gewährt. Deshalb hat

das Bild, das die Bilanz zeichnet, sehr wenig mit dem tatsächlichen Zustand des Unternehmens zu tun. Daher sind ihre Ergebnisse für alle unternehmensstrategischen Fragen schlicht unbrauchbar.
- Es gibt viele, ausgiebig getestete Verfahren, um etablierte Unternehmen zu bewerten. Es gibt praktisch keinerlei Möglichkeit, junge, stark wachsende Unternehmen zu bewerten.
- Es gibt umfangreiche Literatur darüber, welche Hemmnisse abgebaut werden müssten, um einzelne Märkte besser funktionieren zu lassen. Es gibt praktisch keine Literatur darüber, welche Grenzen erst einmal gezogen werden müssen, um überhaupt einen Markt etablieren zu können.

Manchmal scheint es, als seien Ökonomen so sehr von der urwüchsigen Genialität des Marktmechanismus begeistert, dass sie darüber völlig die Realität aus den Augen verlieren. »Wo immer wir einen gewissen Freiheitsspielraum entdecken, einen gewissen Fortschritt im materiellen Wohlstand des Normalbürgers und die große Hoffnung auf künftigen Fortschritt, da finden wir auch, dass die ökonomischen Aktivitäten durch den Mechanismus des freien Marktes organisiert sind«, trompetete Milton Friedman 1980.[109] Als Argument gegen die Planwirtschaft ist dieser Satz durchaus brauchbar, als Argument für freie Märkte weit weniger. Denn die Umkehrung dieses Satzes ist eben nicht möglich: Die Existenz freier Märkte führt nicht zwangsläufig dazu, dass sich für den Normalbürger* materieller Fortschritt einstellt – und sie führt schon gar nicht zu politischem »Freiheitsspielraum«, wie damals zum Beispiel in Chile zu sehen war.

Wenn sich die Realität dann doch einmal ins Ökonomen-Leben drängt, wie etwa bei der deutsch-deutschen Währungsunion mit nachfolgender Wiedervereinigung, dann sind die Wirtschaftsexperten völlig überfordert. Viele Ökonomen waren damals in der Lage, schlüssig nachzuweisen, dass das 1:1-Umtauschverhältnis zwischen Ost- und Westmark nicht funktionieren konnte. Manche waren

---

* Wer ist überhaupt ein Normalbürger in einem Land, in dem die Hälfte aller Erwerbstätigen dem informellen Sektor zuzurechnen sind?

immerhin in der Lage, andere, ökonomisch sinnvollere Modelle zu entwerfen. Aber keiner war in der Lage, ein ökonomisch sinnvolleres und politisch durchsetzbares Modell zu formulieren. Es war eine Once-in-a-lifetime-Chance, einer Volkswirtschaft die Fehlallokation mehrerer hundert Milliarden Mark zu ersparen. Sie wurde vertan.

Auch die Realität, die in Form der Wissensgesellschaft die entwickelten Nationen erreicht hat, ist noch nicht bis zu den Wirtschaftswissenschaftlern vorgedrungen. Die Steigerung der Produktivität des heute bereits knappsten Produktionsfaktors Humankapital ist in der Pampering-Ecke der Personalwirtschaftler untergebracht – was ein echter Ökonom ist, der kümmert sich um Geld, und wenn um Menschen, dann ausschließlich um Manager. Wie Wissensarbeiter in die Lage versetzt werden könnten, die bestmögliche Leistung zu bringen, ist schlicht unerforscht.

Auf das, was mit der humanen Revolution bevorsteht, ist die Wirtschaftswissenschaft nicht im geringsten vorbereitet. Hier geht es darum, völlig neue Märkte zu entwickeln, zu analysieren und zu steuern – unternehmensinterne Märkte für Kapital jeglicher Art. Hier geht es nicht um die Allokationsentscheidungen von Regierungen, Unternehmen oder Managern, sondern um die Entscheidungen von Humankapital-Investoren – also von Menschen.

a) Einführung in die Individualökonomie

Für Volks- und Betriebswirte sind Menschen ein *Objekt* ihrer Forschungen. Gegenstand der Forschung sind Nationen, Märkte und Unternehmen.

Die wissenschaftliche Analyse der Wirtschaft in der humanen Revolution wird aber den Menschen in seiner Einzigartigkeit als *Gegenstand* ihrer Forschung betrachten müssen.

Der Unterschied zwischen diesen Ansätzen mag nicht so groß klingen.

Er ist aber gewaltig.

Es gibt auch jetzt schon Ökonomen, die behaupten, den Menschen in den Mittelpunkt ihrer Arbeit zu stellen. Wie zum Beispiel

Michael Hammer und James Champy, die Erfinder des berüchtigten Reengineering: »Business Reengineering versucht nicht, Arbeitnehmern und Managern fremde Verhaltensweisen aufzuzwingen«, schreiben sie. »Statt dessen stützt es sich auf die vorhandenen Begabungen und setzt die menschliche Kreativität frei.«*

Und am Ende dieses »kreativitätsfördernden« Prozesses sollten sich »die Glaubenssätze der Mitarbeiter etwa so anhören:
- Nur die Kunden zahlen unsere Gehälter: Ich muss alles tun, um sie zufrieden zu stellen.
- Jede Position im Unternehmen ist wesentlich und wichtig: Mein Beitrag bewirkt etwas.
- Bloße Anwesenheit ist keine Leistung: Ich werde für den Wert bezahlt, den ich erzeuge.
- Der Schwarze Peter bleibt bei mir hängen: Ich muss die Verantwortung für Probleme auf mich nehmen und sie lösen.
- Ich bin Mitglied eines Teams: Wir gewinnen oder scheitern gemeinsam.
- Niemand weiß, was der morgige Tag bringen wird: Stetiges Lernen ist Teil meiner Arbeit.«[110]

Kennen Sie jemanden, der freiwillig solche »Glaubenssätze« annehmen würde? Oder gar jemanden, der das Gefühl hätte, dass diese düsteren Drohungen »die menschliche Kreativität freisetzen«?

Wenn in der humanen Revolution überhaupt Glaubenssätze für die Humankapital-Investoren formuliert werden können, dann wohl eher solche, wie sie 1486 von dem damals 23jährigen Giovanni Pico della Mirandola aufgestellt wurden:[111]
- »Mögest du jeden beliebigen Wohnsitz, jedes beliebige Gesicht

---

* Hammer, Michael/Champy, James: Business Reengineering. Die Radikalkur für das Unternehmen, Campus Verlag, Frankfurt 1994, S. 13. Dass es in den meisten Fällen eher darum geht, Arbeitskräfte freizusetzen, geben sie erst 176 Seiten später verschämt zu: »Letzten Endes kommt der ernüchternde Augenblick, in dem das Reengineering-Team den übrigen Beschäftigten im Unternehmen erklären muss, zu welchem Ergebnis es gelangt ist – jenen Menschen, die sich anpassen und mit den Unternehmensprozessen leben müssen, die sich das Reengineering-Team ausgedacht hat. Das Team muss nun von der Ideenfindung zur Umsetzung schreiten. Dieser Teil des Reengineering-Prozesses kann weniger erfreulich sein.«

und alle Gaben, die du dir sicher wünschst, auch nach deinem Willen und nach deiner eigenen Meinung haben und besitzen.
- Du bist durch keine unüberwindlichen Schranken gehemmt.
- Du bestimmst als dein eigener, vollkommen frei und ehrenhalber schaltender Bildhauer und Dichter dir selbst die Form, in der du zu leben wünschst.
- In den Menschen hat der Vater gleich bei seiner Geburt die Samen aller Möglichkeiten und die Lebenskeime jeder Art hineingelegt. Welche er selbst davon pflegen wird, diejenigen werden heranwachsen und werden in ihm Früchte bringen.«*

Pico della Mirandola hatte damals in Rom insgesamt 900 Thesen zu allen Gebieten der Philosophie aufgestellt, wollte sie dort mit allen Gelehrten seiner Zeit diskutieren und wurde dafür von Papst Innozenz VIII. mit dem Kirchenbann belegt. Aber wahrscheinlich hätte man diese Thesen immer noch besser mit Theologen des ausgehenden 15. Jahrhunderts diskutieren können als mit Ökonomen des beginnenden 21. Jahrhunderts.

Ich glaube, dass es hier nicht damit getan sein wird, ein paar neue Forschungsprogramme, Bücher und Lehraufträge aufzulegen. Ich plädiere dafür, eine neue Fachrichtung innerhalb der Wirtschaftswissenschaften zu schaffen: die Individualökonomie.

(*Hinweis*: Wenn Sie mit Formeln, Diagrammen und ökonomischen Fachbegriffen nichts anfangen können, überschlagen Sie am besten die nächsten zehn Seiten und lesen auf Seite 157 weiter. Für die Frage, wann und wie die humane Revolution sich durchsetzt, ist es nicht so wichtig, ob die Ökonomen davon etwas bemerken oder nicht.)

Der Gegenstand der Individualökonomie ist der Humankapital-Investor. Die Nationalökonomie stellt die Wohlfahrt eines Volkes in

---

* (Mit dem »Vater« ist hier natürlich nicht der leibliche Vater gemeint, sondern Gott, dem Pico die drei Sätze mit direkter Anrede in einer fiktiven Ansprache an Adam in den Mund gelegt hat.)

den Mittelpunkt ihrer Tätigkeit, die Betriebswirtschaft die Interessen des Unternehmens. Und im Zentrum der Individualökonomie steht der Mensch in seiner Einzigartigkeit, und zwar in seiner Eigenschaft als Inhaber eines spezifischen Humankapitals. Dieser Humankapital-Investor fällt Entscheidungen darüber, für welche Tätigkeiten er welche Bestandteile seines Humankapitals aufwenden möchte.

Hierbei handelt es sich um den entscheidenden Unterschied zwischen der Individualökonomie und der Anfang der 60er Jahre maßgeblich von Gary Becker entwickelten Humankapitaltheorie. Diese setzt die Aufwendungen für Aus- und Weiterbildung mit dem individuell erzielbaren Arbeitseinkommen in Beziehung – sie untersucht also die Investition *in* Humankapital. Die Individualökonomie dagegen untersucht die Investition *des* Humankapitals.

Ziel der theoretischen Individualökonomie ist es, die Bestimmungsgründe für diese Investitionsentscheidungen und ihre Änderungen im Zeitverlauf zu untersuchen sowie Kriterien für die Ermittlung des optimalen Investitionspunktes zu definieren. Die angewandte Individualökonomie beschäftigt sich dagegen mit Techniken, die die Entscheidungsfindung des Humankapital-Investors erleichtern und/oder deren Resultate verbessern können sowie mit Methoden, die zur Vermehrung des individuellen Humankapitals beitragen können.

Die spezielle Investitionstheorie des Humankapital-Investors beschäftigt sich ausschließlich mit Investitions-Entscheidungen, die produktive und profitorientierte Tätigkeiten betreffen – also dem Lebensbereich, der im allgemeinen Erwerbsarbeit genannt wird. Sie untersucht, nach welchen Kriterien sich Menschen für oder gegen eine Investition ihres Humankapitals entscheiden.

Wie könnte die Investitionsrechnung eines solchen Humankapital-Investors aussehen?

In seinen Produktionsprozess gehen ein:
Geld (Werbungskosten, Investitionen in die Arbeitsfähigkeit)   I
Humankapital (der Wissen- und Erfahrungsschatz) W_a
Zeit (Arbeitszeit, Anfahrtsweg, Ehestreit etc.)   t

Am Ende stehen der Arbeitslohn   L
Und ein erweiterter Wissens- und Erfahrungsschatz* W_n

Daraus ergibt sich der Finanzertrag
EBIT (Earnings before Interest and Taxes):   L – I
Und der Wissensertrag
KEBI (Knowledge Earnings before Interest**): $W_n - W_a$

Um die Qualität der Investitionsentscheidung zu beurteilen, muss der Humankapital-Investor zuerst die Opportunitätskosten der Investition ermitteln: Welchen Finanz- und Wissensertrag könnte man in der gleichen Zeit mit alternativen Investitionen erreichen?

$$E_i = \frac{L_i - I_i}{t_i} \text{ für } i = 1, 2, 3, 4 \ldots \quad \text{einzelne Investitionsentscheidungen}$$

$$W_i = \frac{Wn_i - Wa_i}{t_i} \text{ für } i = 1, 2, 3, 4 \ldots \quad \text{einzelne Investitionsentscheidungen}$$

---

* Zwar kann Humankapital auch so investiert werden, dass es den eigenen Wert vermindert (z.B. Saufen, Fixen), aber so lange es sich um Erwerbsarbeit handelt, sind solche Wertverläufe extreme Ausnahmen.

** Unter der Annahme, dass Wissenserwerb weiterhin steuerfrei bleibt, vernachlässigen wir hier die Steuern. Geht man allerdings davon aus, dass Schumpeters Bonmot über die phrasenbefreite Ehrlichkeit des Finanzhaushalts der Realität nahe kommt, wird sich diese Annahme nicht auf Dauer aufrecht erhalten lassen. Wenn Wissen die wichtigste Quelle für Wohlstand ist, wird es auch in irgend einer Form besteuert werden. Mehr dazu im 12. Kapitel.

Investment-Optionen eines Humankapital-Investors Abb. 6

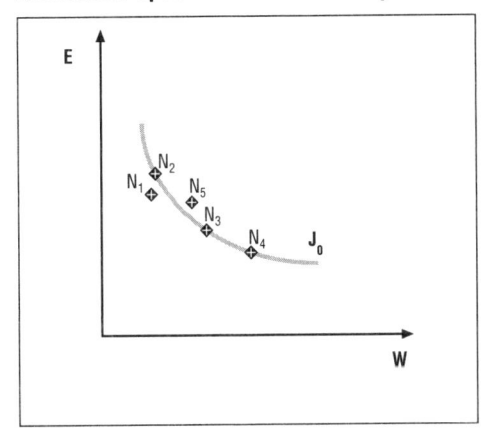

Die Kombination der einzelnen Finanz- und Wissenserträge ergibt sich grafisch als Punkt im Wissen-Einnahme-Diagramm. In Abb. 6 sind die erwarteten Erträge von fünf Investitions-Optionen eines Humankapital-Investors eingezeichnet. Wenn er rational handelt, wird er sich für die Investition entscheiden, die ihm den größten Nutzen bringt. Der persönliche Nutzen einzelner Investitionsentscheidungen N(i) ist vom Wissens- und vom Finanzertrag abhängig,

$$N(i) = N(E_i, W_i),$$

und nimmt mit steigendem Ertrag zu. Damit ist klar, dass N_1 nicht der Optimalpunkt sein kann: Sowohl Finanz- als auch Wissensertrag sind niedriger als bei N_2. Für alle übrigen eingezeichneten Punkte gibt es keine derart eindeutige Bewertung; welche Option der Investor wählt, hängt von seinen Präferenzen ab. Angenommen, er hält N_2, N_3 und N_4 für gleichwertig, aber N_5 für etwas besser, so lässt sich die Kurve J_0 als Indifferenzkurve einzeichnen, also als Verbindung zwischen Punkten, denen der Betreffende gleichen persönlichen Nutzen zumisst.

Berufspräferenzen dreier Humankapital-Investoren Abb. 7

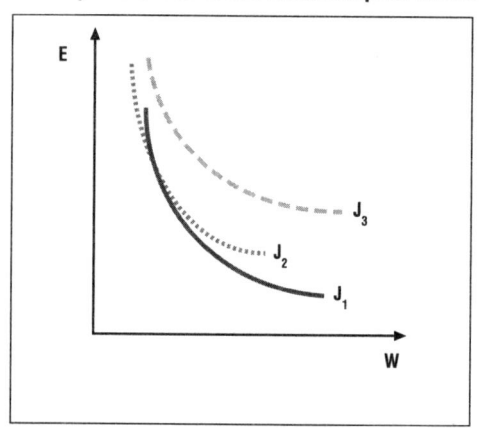

[Diagramm: Koordinatensystem mit E (vertikale Achse) und W (horizontale Achse); drei fallende Indifferenzkurven J_1, J_2, J_3]

In Abb. 7 stellen J_1, J_2 und J_3 Indifferenzkurven unterschiedlicher Humankapital-Investoren dar. Ich nenne sie Jobkurven, weil sie Aufschluss darüber geben, welche Berufspräferenzen sich dahinter verbergen. Drei Beispiele für Präferenzen, die sich aus solchen Jobkurven ergeben, sind in Abb. 8, 9 und 10 dargestellt.

Diese Operationalisierung der Investitions-Entscheidungen hat den Vorteil, dass sie einfach und übersichtlich ist und den am Entscheidungsprozess Beteiligten eine Handhabe bietet, ihr eigenes Verhalten auf Tauglichkeit zu überprüfen. Der einzelne Investor erhält so einen Überblick, welche Kriterien seine Entscheidung (sprich: Berufswahl) beeinflussen, und ob sein aktueller Zustand überhaupt seinen Präferenzen, also seiner Jobkurve, entspricht. Die Unternehmen erhalten einen Überblick, welche Einzelfaktoren für ihre aktuellen und potenziellen Beschäftigten von besonderer Bedeutung sind und wie sie deren Investitions-Entscheidung zu ihren Gunsten beeinflussen können. Zudem wird sich relativ einfach damit feststellen lassen, welchen Einfluss eine spezifische Weiterbildung, ein Coaching oder ein sonstiges Einzelereignis auf die Jobkurve des betreffenden Investors haben.

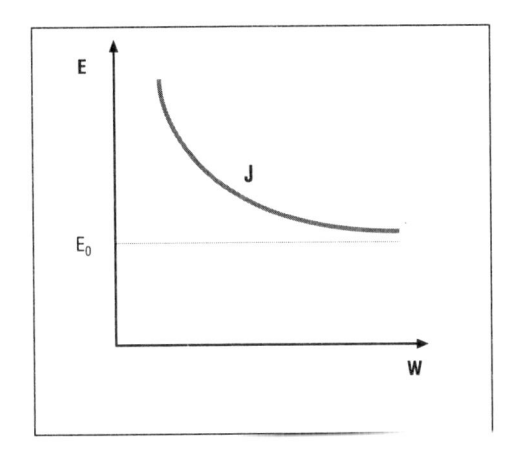

Abb. 8: Die Einkommens-Untergrenze von E_0 soll auf keinen Fall unterschritten werden. Gründe hierfür kann es viele geben: weil es sich um das subjektive Existenzminimum handelt oder um den Sozialhilfesatz oder um das Gehalt, das dieser Mensch zur Zeit verdient und dem gegenüber er sich auf keinen Fall verschlechtern möchte; eine solche Indifferenzkurve ist typisch für Personen mit mittlerem Einkommen und relativ hoher Einkommens- und Statusfixiertheit.

Wie die meisten einfachen Theorien ist auch die spezielle Investitionstheorie des Humankapital-Investors dennoch eher für den Hörsaal als für die Praxis geeignet. Vor allem in zwei Punkten ist sie reichlich realitätsfern:
- Es handelt sich um eine rein statische Betrachtung, die die Zeitachse nicht mit ins Kalkül zieht.
- Sie beschränkt den Blick auf Entscheidungen, die die Erwerbsarbeit betreffen, obwohl doch alle Entscheidungen, mit denen Menschen über ihre Zeit verfügen, als Investitionsentscheidungen über ihr Humankapital gewertet werden können.

Beide Kritikpunkte sollten durch Weiterentwicklungen der speziellen Investitionstheorie aus der Welt geschaffen werden.

Die dynamische Investitionstheorie des Humankapital-Investors betrachtet die Investitionsentscheidungen im Zeitverlauf. Sie untersucht zum Beispiel,
- wie sich die Jobkurven eines Investors mit zunehmendem Alter ändern: Handelt es sich eher um eine Wellenbewegung, mit hoher Präferenz für den Finanzertrag in mittleren Jahren sowie hohem Interesse an Wissenserwerb in Jugend und Alter? Oder eher um eine

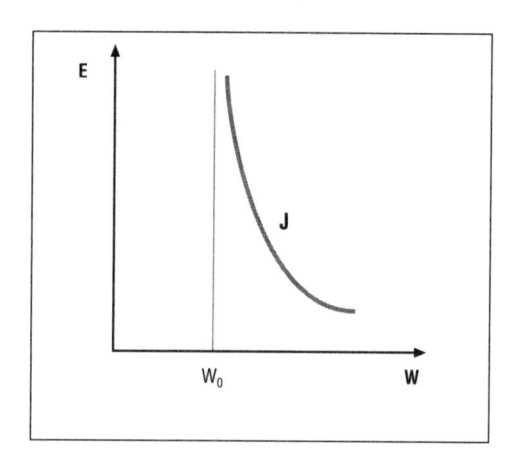

Abb. 9: Der Wissenszuwachs W_0 soll nicht unterschritten werden. Dieser Humankapital-Investor möchte also auf jeden Fall einen Job ausüben, bei dem er etwas lernen kann. Das starke Gefälle der Kurve zeigt darüber hinaus eine relativ geringe Wertschätzung des Einkommens; solche Indifferenzkurven kommen am ehesten bei jungen, aufstrebenden Menschen, aber auch bei finanziell unabhängigen Beschäftigten gehobener Altersgruppen vor.

beständige Abnahme des Lernwunsches, weil Hans nicht mehr lernt, was Hänschen nicht lernte? Oder dominiert die grundlegende psychische Disposition: einmal neugierig, immer neugierig?

• welchen Einfluss die Art der bisherigen Investitionen auf zukünftige Investitionen hat: Gibt es besonders häufige oder besonders Erfolg versprechende Zeitpunkte zum Einstieg in eine zweite Karriere? Wie wirken sich zusätzliche Ausgaben für Weiterbildung auf die Präferenzen des Investors aus? Investieren Menschen ihr Humankapital anders, wenn sie finanziell unabhängig werden?

• welchen Einfluss die Dauer der bisherigen Investitionen auf zukünftige Investitionen hat: Wie kann jemand, der bisher stets Job-Hopper war, dauerhaft gebunden werden? Sind Menschen, die es besonders lange am selben Arbeitsplatz aushalten, auch besonders innovationsfeindlich?

Die allgemeine Investitionstheorie des Humankapital-Investors (oder auch: *Portfoliotheorie des Humankapitals*) hebt die Beschränkung auf die Erwerbsarbeit auf. Denn natürlich gibt das Wissen-Einnahme-Diagramm die Nutzenfunktion des Humankapital-Investors nicht komplett wieder – es beschränkt ihn immer noch auf die

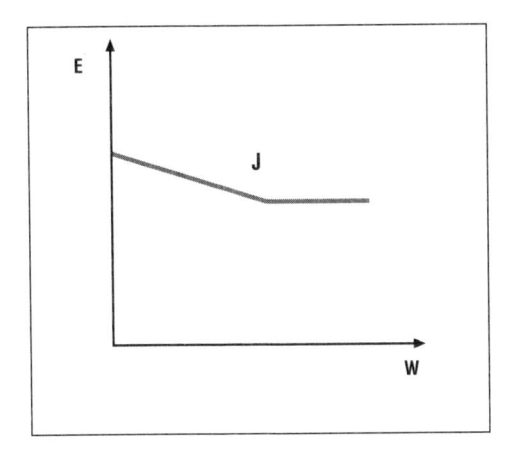

Abb. 10: Dieser Investor hat kein Problem damit, eine Arbeit zu leisten, die ihm keine neuen Erfahrungen einbringt – Hauptsache, sie ist gut bezahlt. Einkommen ist hier nur begrenzt gegen Wissen substituierbar; eine solche Indifferenzkurve zeigt sich am ehesten bei Beschäftigten mit klassischer Industrie- oder Bürokratiearbeit: Wissenszuwachs wird nur als Investition für direkte Gehaltssteigerung akzeptiert.

Modell-Annahme des *homo oeconomicus*, des Menschen, der sich bei jeder Entscheidung nur von rationalen ökonomischen Kriterien leiten lässt:
- Das Einkommen, das er mit seiner Investition erzielt, dient der kurzfristigen Profitmaximierung.
- Der Lerneffekt, den er aus seiner Investition zieht, trägt zur langfristigen Profitmaximierung bei.

Erst wenn man diese Begrenzung auf den *homo oeconomicus* fallen lässt, kann tatsächlich der Mensch in seiner Einzigartigkeit von der Individualökonomie untersucht werden. Liebe, Leid, Neid, Glück, Hass, Sex, Sympathie, Langeweile, alles, was Menschen bewegt, spiegelt sich in ihren Zeitdispositionen wider. Und nur wer weiß, was er als *Mensch* will, wird auch in der Lage sein, eine optimale Entscheidung darüber zu treffen, was er als *Humankapital-Investor* will.

Dies dreht den Denkansatz genau um, den in den 70er Jahren wiederum Gary Becker in der Ökonomie der Nicht-Markt-Beziehungen entwickelte. Bei ihr wird, so Becker 1977, »die Ökonomie nicht durch den marktmäßigen oder materiellen Charakter des zu behandelnden Problems definiert, sondern sie umfasst jede Fragestellung, bei der es um die Ressourcenverteilung oder die Wahl in einer Knappheitssituation geht.«[112] Becker wollte das gesamte menschliche Dasein in das Prokrustesbett des *homo oeconomicus* zwängen* – die Portfoliotheorie des Humankapitals hingegen holt die Menschen dort ab, wo sie sind: in ihrer Einzigartigkeit.

Um die gesamte Palette der Wünsche und Begierden theoretisch und praktisch handhabbar zu machen, müssen auch sie operationalisierbar werden. Mein Vorschlag: Neben die Variablen E und W, die die zwei Zeitebenen der Profitmaximierung umreißen, könnten noch zwei weitere Variablen treten, die das gleiche für die Glücksmaximierung tun (s. Abb. 11):

• Die kurzfristige Glücksmaximierung: der Spaß (F), den der Investor mit und bei seiner Investition hat.

• Die langfristige Glücksmaximierung: der Sinn (S), den seine Investition stiftet.

Die derart erweiterte Nutzenfunktion heißt also

$N(i) = N(E_i, W_i, F_i, S_i)$ i = 1, 2, 3, 4 ... einzelne Investitionsentscheidungen

Auch in dieser erweiterten Form lässt sich die Bewertung der einzelnen Optionen kaum auf eine Zahl reduzieren – je unterschiedlicher die Optionen, desto weniger kann das gelingen. Aber auch hier kann der Investor seine Optionen vergleichen: Was klingt für ihn am besten, welche Varianten sind gleichwertig, was kommt nicht in Frage? Die hieraus resultierenden Indifferenzkurven sind allerdings nicht mehr grafisch darstellbar: Da es sich um vier unabhängige Variablen handelt, müssten die Indifferenzkurven im vierdimensio-

---

* Was zum Beispiel bei der ökonomischen Theorie der Ehe kläglich scheiterte. »Im Grunde ist doch die Ehe nichts anderes als eine vertragliche Verpflichtung beider Parteien zur Lieferung bestimmter Inputs und zur Aufteilung des Haushalts-Outputs«, begeisterte sich der französische Ökonom Jean-Luc Migué, nur um wenige Zeilen später festzustellen, dass es da ein kleines Detail bei der Ehe gebe, das sich mit ökonomischen Begriffen nicht erfassen lasse – »die Rolle der Liebe« (zitiert nach Lepage, a.a.O., S. 195)

Variablen der individuellen Rendite-Maximierung

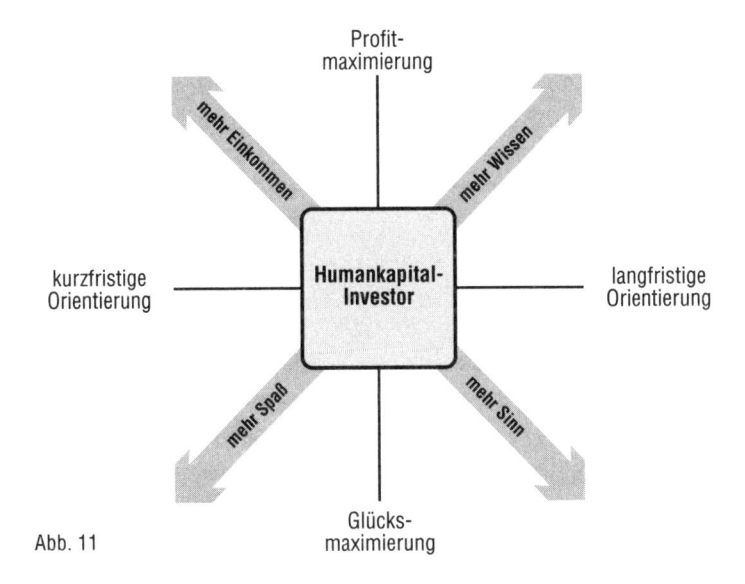

```
                    Profit-
                  maximierung
         ↖                        ↗
      mehr Einkommen         mehr Wissen

kurzfristige      Humankapital-      langfristige
Orientierung        Investor         Orientierung

      mehr Spaß              mehr Sinn
         ↙                        ↘
                    Glücks-
                  maximierung
```

Abb. 11

nalen Raum gezeichnet werden. Also wird hier eine andere Darstellungsform nötig sein.

Da es hier außerdem um eine Theorie geht, die hohen praktischen Wert für alle Humankapital-Investoren haben kann, sollte ohnehin eine Darstellungsform gewählt werden, die eine bessere Visualisierung der eigenen Nutzenfunktion ermöglicht. Eine Variante hierbei ist die Typenbildung, also die Zusammenfassung von Investoren mit ähnlichem Verhalten in Kategorien. Eine andere Möglichkeit wäre die Visualisierung über Farben.

Aber bevor ich zu sehr ins Detail gehe, sollte ich wohl besser erst einmal abbrechen. Schließlich beschreibe ich hier eine Disziplin, die es bisher noch gar nicht gibt.

Ob und wann es die Individualökonomie als eigenständige wissenschaftliche Disziplin geben wird, ist von eher akademischem Interesse. Die Errichtung von individualökonomischen Lehrstühlen oder gar Fakultäten dürfte eher die endgültige Durchsetzung der humanen Revolution markieren als ihren Beginn, wenn die Hochschulen ihrem üblichen Entwicklungstempo treu bleiben.

Entscheidend ist der Zeitpunkt nicht: Eine Wissenschaft kann auch jenseits der Universität entwickelt werden, wie die Geschichte der Psychoanalyse beweist. Auch Politikwissenschaft wurde in Deutschland schon betrieben, als es noch keinen einzigen Lehrstuhl für diese Disziplin gab. Und umgekehrt hält die Verankerung an den Universitäten eine Wissenschaft nicht am Leben, wenn ihr Gegenstand verwest – was die Marxismus-Leninismus-Professoren zu spüren bekamen. Nachdem sie jahrzehntelang auf einem abgenagten Knochen herum gelutscht hatten,* wurde er ihnen einfach weggenommen.

Sogar wenn es die Individualökonomie überhaupt nicht in die Hörsäle schaffen sollte, dürfte sie große Bedeutung erlangen: Viele berufliche Entscheidungen können einfacher und mit besserem Ergebnis getroffen werden, wenn sie auf individualökonomischen Erkenntnissen beruhen.** Und alles, was der Produktivitätssteigerung der Unternehmen oder der Humankapital-Investoren dient, wird sich durchsetzen.

Die wichtigsten Managementprinzipien wurden nicht in Universitäten, sondern in Unternehmen entwickelt – wahrscheinlich werden auch bei der Individualökonomie die anwendungsorientierten Forscher ihre Kollegen von der theoretischen Abteilung zwar nicht an Renommee, aber doch an Relevanz übertreffen.

Die angewandte Individualökonomie verhält sich zur theoretischen Individualökonomie etwa so wie die Bestsellerliste der Managementbücher zum Vorlesungsverzeichnis der Betriebswirtschaftslehre. Hier kommt es nicht so sehr darauf an, ob das alles hundertprozentig stimmig und verifiziert ist – hier kommt es darauf an, dass es hilft. Und dass es sich verkauft.

---

* Statt ihn zu knacken und das Knochenmark auf andere, lebensfähigere Organismen zu transplantieren.
** Einige der im 9. Kapitel dargestellten Hilfsmittel für Humankapital-Investoren könnten Gegenstand der angewandten Individualökonomie sein bzw. von ihr entwickelt werden.

b) Einführung in die Marktdesignlehre

Möglicherweise könnte Ihnen bei der bisherigen Lektüre der Eindruck entstanden sein, ich sei ein glühender Verehrer der Marktwirtschaft. Dann wird es Zeit, diesen Eindruck zu korrigieren.

Eine Marktwirtschaft an sich ist weder gut noch schlecht. Gut oder schlecht, effizient oder unproduktiv wird sie durch die Regeln, die auf ihren Märkten gelten.

Zur Verdeutlichung der Rolle der Regeln einmal mehr ein kleines Experiment: Im folgenden Abschnitt beschreibt Hannah Arendt die Bedeutung des Gesetzes für die antike griechische Stadt, die Polis. Denken Sie sich bitte überall dort, wo es um die Polis geht, den Markt, und überall dort, wo es um das Gesetz geht, dessen Regeln:

»Das griechische Gesetz war wirklich eine ›Gesetzesmauer‹ und schuf als solche den Raum einer Polis; ohne diese Mauer konnte es zwar eine Stadt im Sinne einer Ansammlung von Häusern für das Zusammenleben von Menschen geben, aber keine Polis, keinen Stadtstaat als eine politische Gemeinschaft. Die Mauer des Gesetzes war heilig, aber nicht sie selbst, sondern nur das, was sie einhegte, war eigentlich politisch. Das Aufstellen des Gesetzes war eine vorpolitische Aufgabe; aber erst wenn sie erfüllt war, war das eigentlich Politische, nämlich die Polis selbst, konstituiert. Ohne die Mauer des Gesetzes konnte ein öffentlicher Raum so wenig existieren wie ein Stück Grundeigentum ohne den es einhegenden Zaun.«[113]

Wenn es also etwas zu verehren gibt, dann sind es die Spielregeln, die Märkte effizient machen. Wenn es also Helden der Marktwirtschaft gibt, dann sind es nicht etwa Unternehmer, Manager oder Börsianer, sondern – Politiker. Denn sie gestalten den Rahmen, den die eigentlichen Akteure des Marktes dann ausfüllen.

Die flächendeckende Einführung von unternehmensinternen Märkten für Humankapital in der humanen Revolution wird Experten brauchen, die wissen, wie man richtig Rahmen setzt, Spielregeln festlegt und ihre Einhaltung überwacht. Zur Zeit allerdings gibt es noch praktisch keine Spezialisten, die solche Märkte einrichten könnten.

Moment ... es gibt keine Spezialisten für Märkte?
Eigentlich müssten doch in den Konzernen und in den Universitäten Hunderttausende von erfahrenen Marktwirtschaftlern sitzen, denen es ein Leichtes sein müsste, von der internen Plan- zur internen Marktwirtschaft zu wechseln.

Schön wär's.

Es gibt zwar schier unendlich viele Volkswirte, Betriebswirte, Unternehmer und Manager, die sich in einem Markt bewegen können, es gibt immer noch ziemlich viele, die einen neuen Markt erschließen können, also eine von den übrigen Marktteilnehmern noch nicht besetzte Lücke finden. Aber es gibt so gut wie keinen, der in der Lage wäre, einen neuen Markt einzurichten.

Beim Agieren auf Märkten geht es darum, Angebot und Nachfrage zur allgemeinen Zufriedenheit zur Deckung zu bringen, geht es um Preise, Mengen, Konditionen. Das können viele.

Bei der Neueinrichtung von Märkten geht es um ganz andere Dinge. Es geht um Regeln, Gesetze, Normen, es geht um Klarheit, um Sicherheit, um Sanktionen bei Regelverstoß und um die Macht, diese Sanktionen auch durchzusetzen. Wer die unsichtbare Hand der Marktwirtschaft einsatzfähig machen will, muss den Rahmen zimmern, in dem sie sich bewegen kann.

Das können nicht viele.

Damit es mehr werden, wird ein neues Berufsbild erforderlich sein: der Marktdesigner. Er hat die Aufgabe, die Unternehmen bei der Einrichtung interner Märkte zu unterstützen, die Regeln an die spezifischen Erfordernisse des Unternehmens anzupassen und geeignete Kontroll- und Sanktionsmechanismen vorzuschlagen. Der dazu passende Studiengang, die Marktdesignlehre, ist wahrscheinlich an einer Fachhochschule besser aufgehoben als an einer Universität. Im folgenden möchte ich einige der für diesen Studiengang sinnvollen Disziplinen kurz vorstellen:

Spieltheorie für Marktdesigner:
Wie wichtig die Gestaltung der einzelnen Spielregeln für einen Markt ist, lässt sich natürlich am besten – an Spielen zeigen. Und da

wiederum am besten bei dem Spiel, das seit vielen Jahrzehnten als Inbegriff für kapitalistische Tugenden und Untugenden gilt – Monopoly. So, wie Charles Darrow 1934 die Regeln gestaltet hat, haben die Spieler gar keine andere Wahl als zu raffen, zu kaufen, was immer sich ihnen an Kaufgelegenheit bietet, Monopole anzustreben und gnadenlos auszunutzen. Mit ein paar kleinen Änderungen der Regeln könnten allerdings ganz andere Ergebnisse erzielt werden.

- *Steigern statt kaufen:* Wenn ein Spieler auf einem unverkauften Grundstück landet, hat er nicht das Recht, es zu kaufen, sondern das Recht zu entscheiden, ob es meistbietend versteigert werden soll. Diese Regel befördert die Vernunft und bestraft das Raffen – wer um jeden Preis kaufen, kaufen, kaufen will, wird schnell in der Pleite landen.
- *Umverteilung durch Steuern:* Wer auf »Zusatzsteuer« landet, muss nicht 2000 Mark zahlen, sondern 10 Prozent seines Geldvermögens abgeben – bei »Einkommensteuer« sind es 20 Prozent. Zudem muss er die Steuern nicht an die Bank zahlen, sondern an den Spieler, der gerade das geringste Geldvermögen hat. So wird der Sozialstaat ins Spiel eingeführt.
- *Häuser verpflichten:* Bei jedem Gang über Los werden fünf Prozent der Baukosten der Häuser und Hotels als Renovierungskosten fällig. Das bedeutet hohe laufende Kosten der Investitionen und dürfte die Bauwut massiv eindämmen.

Für das Spiel Monopoly wären diese Regeln natürlich kontraproduktiv. Sie würden die Spieldauer verlängern und das Spiel verkomplizieren. Der große Erfolg dieses Spiels beruht ja nicht zuletzt darauf, dass es sich weit genug von realistisch anmutenden Regeln entfernt hält und damit auch bei einer Änderung der Realität nicht altmodisch wird.

Bei unternehmensinternen Märkten ist ebenfalls die einfache, transparente Gestaltung der Regeln oberstes Gebot. Hingegen stellt die Variation einmal eingeführter Regeln die erste Wahl dar, um Fehlsteuerung oder gar Marktversagen abzustellen.

Verantwortungsinstallation:
Ohne Freiheit kein Markt.
Und ohne Verantwortung kein funktionierender Markt.
Die Verbindung von Freiheit und Verantwortung ist eine der wichtigsten Eigenschaften von effizienten Märkten. Auf herkömmlichen Finanz- und Gütermärkten ist dieser Zusammenhang einfach und scheinbar selbstverständlich. Der Freiheit des Nachfragenden, zu jedem beliebigen Preis zu kaufen, steht seine Budgetrestriktion gegenüber, also die Verantwortung für das eigene Geld. Die Freiheit des Anbieters, zu jedem beliebigen Preis zu verkaufen, wird durch seine Verantwortung beschränkt, zur eigenen Existenzsicherung damit Gewinn zu erzielen. Das beiderseitige Wechselspiel von Freiheit und Verantwortung sorgt dafür, dass es zum Ausgleich zwischen Angebot und Nachfrage kommt.
So weit die Theorie.
In der Praxis gibt es allerdings immer wieder Fälle, in denen es dieses Wechselspiel nicht oder nur unvollkommen gibt. Wenn in einer Kleinstadt eine Zahnarztfrau eine Boutique eröffnet, um sich nicht so zu langweilen, und keinerlei Anreiz hat, profitabel zu arbeiten,* fehlt einem Marktteilnehmer die Verantwortungsdimension, was entsprechend nachteilige Auswirkungen auf die anderen Anbieter haben könnte.
Auf der Freiheit-Verantwortungs-Matrix sind die vier möglichen ökonomischen Zustände aufgezeichnet (s. Abb. 12). Der Zustand links unten beschreibt die heutige Situation in den Unternehmen, der Zustand rechts oben die anzustrebende zukünftige Situation – die anderen beiden Zustände können sich einstellen, wenn das Marktdesign fehlerhaft ist, also das Abkippen in Bürokratie oder in Glücksspiel (was etwa dem Zustand entspricht, der sich in Russland ab 1990 einstellte, als zwar Märkte eingeführt wurden, aber die Macht der politischen Institutionen zerbröckelte.
Die besondere Wichtigkeit der Verantwortungs-Installation beim

---

* Der Steuerberater ihres Gatten würde wahrscheinlich die Hände über dem Kopf zusammenschlagen, wenn dieses Engagement Gewinn erzielte.

Freiheit-Verantwortungs-Matrix

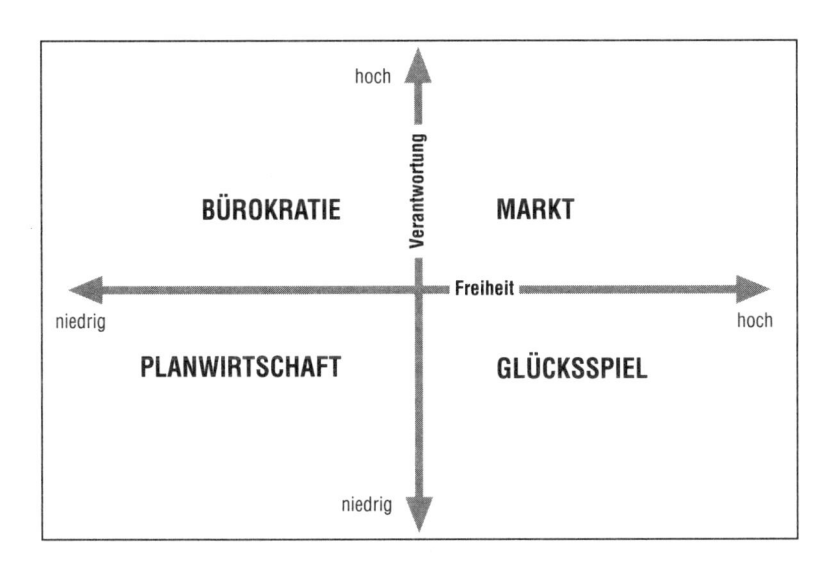

Abb. 12

```
                    hoch ▲
                         │
                         │ Verantwortung
                         │
        BÜROKRATIE       │        MARKT
                         │
   ◄─────────────────────┼────── Freiheit ──────►
   niedrig               │                    hoch
                         │
      PLANWIRTSCHAFT     │      GLÜCKSSPIEL
                         │
                         │
                    niedrig ▼
```

Design neuer Märkte zeigen die verheerenderen Erfahrungen, die mit neuer Freiheit ohne neue Verantwortung in der politischen Sphäre gemacht worden sind. Die bisherigen Regimes radikal-anarchistischer Gruppierungen machen nicht wirklich Lust auf eine Wiederholung solcher Experimente. Ein Mahnmal über die Jahrhunderte ist die Schreckensherrschaft der Wiedertäufer in Münster 1534/35,[114] die die Stadt vom päpstlichen Joch befreien und zu einem neuen Jerusalem machen wollte, aber unter der Führung des ebenso charismatischen wie paranoiden Jan Bockelson in einem massenmörderischen Blutrausch endete – schließlich konnte, so Bokkelson, die Wiederkunft Christi erst eintreten, wenn alle Priester, Mönche und Herrscher der Welt erschlagen worden wären.*

---

* Weniger bekannt, aber nicht minder abschreckend ist die Geschichte der böhmischen Taboriten.172 1419 besetzte diese radikale Abspaltung der in Böhmen besonders zahlrei-

Auch bei unternehmensinternen Märkten kann ein Vernachlässigen der Verantwortung fatale Folgen haben. Das Marktdesign muss also so ausgelegt sein, dass neben die Freiheit des Humankapital-Investors, sich jedes beliebige Investment auszusuchen, die individuelle Verantwortung tritt, die Rendite auf sein Humankapital zu maximieren. Zugleich muss allerdings Vorsorge gegen grob davon abweichendes Verhalten getroffen werden – was geschieht mit dem Markt, was mit dem Unternehmen, wenn zum Beispiel ein Beschäftigter im Auftrag eines Konkurrenten das Ziel verfolgt, die Rendite des Unternehmens zu minimieren?

Vergleichende Marktdesignlehre:
Hier werden verschiedene, in der Praxis bereits erprobte Märkte miteinander verglichen – hinsichtlich ihrer Effizienz, ihrer Fehlertoleranz, ihrer Transparenz, ihrer Entscheidungsstrukturen etc., um daraus Aufschlüsse darüber zu erlangen, in welcher Situation welches Design die besten Ergebnisse liefert.

Aus bekannten Gründen ist es mir hier leider noch nicht möglich, mit echten Beispielen zu arbeiten. Einige der Vergleichspunkte könnten allerdings sein:
- Spot-Markt, Teilmarkt oder Gesamtmarkt? Auf einem Spot-Markt wird nur ein kleiner Teil des gesamten Humankapitals gehandelt, etwa überschüssige Kreationspotenziale einer Abteilung. Auf einem Teilmarkt ist nur das Humankapital einer ausgewählten Gruppe von Beschäftigten aktiv. Auf einem Gesamtmarkt ist das gesamte in einem Unternehmen investierte Humankapital disponibel.
- Freiwillig oder obligatorisch? Liegt die Entscheidung über die Teilnahme am internen Humankapitalmarkt beim einzelnen Beschäftigten oder beim Unternehmen?

chen Gegner des Papsttums eine verlassene Festung, benannte sie in Tabor um (nach dem Berg der Verklärung Christi) und machte die umliegenden Ortschaften zu Kommunen, in denen die brüderliche Liebe die alte Herrschaft des Gesetzes ablösen sollte. Nachdem es mit der für Februar 1420 prophezeiten Wiederkunft Christi nicht geklappt hatte, wandelte sich der ursprüngliche Pazifismus der Taboriten in Blutdurst: Bis zum Jahr 1434, als sie von einem böhmischen Heer vernichtend geschlagen wurden, verwüsteten taboritische Truppen immer wieder Mitteleuropa.

- Gesamt-Geschäft oder Neu-Geschäft? Werden nur neue Projekte, nicht aber die Kernbereiche des Unternehmens ins Marktsystem integriert (damit nicht plötzlich herauskommt, dass VW keine Autos mehr baut)?

Regulierungslehre:
Ganz ohne Regulierung geht es nicht. Das wusste schon Adam Smith, der Prophet des freien Marktes, der in seinem »System der natürlichen Freiheit« dem Herrscher immer noch drei Pflichten auferlegte: »Erstens die Pflicht, die Gesellschaft vor der Gewalttätigkeit oder Invasion anderer unabhängiger Gesellschaften zu schützen. Zweitens die Pflicht, jedes Mitglied der Gesellschaft, soweit es möglich ist, vor Ungerechtigkeit und Unterdrückung anderer Mitglieder der Gesellschaft zu schützen. Und drittens die Pflicht, bestimmte öffentliche Aufgaben und bestimmte öffentliche Institutionen zu erhalten, die nicht im Interesse des einzelnen Individuums liegen, weil sie sich für den einzelnen oder für kleine Gruppen nicht lohnen, obwohl sie sich für die Gesellschaft insgesamt mehr als auszahlen.«[115]

Regeln müssen sein, Regulierung darf sein; sie ist aber kein Wert an sich. Wenn ein Markt ohne Regulierung effizient arbeitet, sollte man ihn arbeiten lassen. Eine zu hohe Regulierungsdichte kann sogar wieder zum Umschlag von der Markt- in die Planwirtschaft führen. Da beim Übergang zum marktwirtschaftlichen System in den meisten Unternehmen wohl große Bedenken gegen die Leistungsfähigkeit der internen Märkte bestehen werden, ist zu erwarten, dass zu Beginn eine sehr hohe Regulierungsdichte gewünscht wird. Hierbei ist darauf zu achten, dass genügend Freiheitsmomente im Marktdesign enthalten sind, um einen marktwirtschaftlichen Prozess überhaupt in Gang zu bringen. Um hier überhaupt eine Argumentationsgrundlage zu haben, erarbeitet die Regulierungslehre ein Set von Indikatoren, aus denen sich eine Maßzahl für die absolute Regulierungsdichte ermitteln lässt.

Zudem sollte der Marktdesigner von Beginn an mit dem Unternehmen weitere Deregulierungsschritte vereinbaren, die nach und nach in Kraft treten, wenn der Markt seine ersten Bewährungsproben bestanden hat. Und auch für den umgekehrten Weg, eine schrittweise Zunahme der Regulierungsdichte, müssen Entscheidungskriterien sowie ein Zeitplan vereinbart werden.

Eine derartige schrittweise Annäherung an den gewünschten Regulierungsgrad ist anfangs kaum vermeidbar, auf Dauer aber zeitraubend und störanfällig. Aufgabe der Regulierungslehre ist es deshalb weiterhin, die für spezifische Situationen optimale Regulierungsdichte zu ermitteln, um dadurch dem Marktdesigner ein brauchbares Gestaltungsmittel an die Hand zu geben.

Wachstumsdesign:
Effiziente Märkte tendieren zum Gleichgewicht. Angebot und Nachfrage gleichen sich aus, der Markt wird geräumt.

Effiziente Unternehmen tendieren zum Wachstum. Neue Angebote suchen neue Nachfrage, neue Märkte werden erobert.

Effiziente unternehmensinterne Märkte müssen also Gleichgewichtszustände herbeiführen und gleichzeitig Wachstum induzieren.

Um das jeweils passende Wachstumsdesign entwerfen zu können, müssen zuvor zwei Fragen beantwortet werden:
- Wieviel Wachstum soll es sein?
- Welches Wachstum soll es sein?

Die Frage nach dem *Wachstumstempo* scheint mit »so viel wie möglich« schnell beantwortet zu sein. Ist sie aber nicht. Rapide Wachstumsschübe in einem Jahr können dazu führen, dass in den nächsten Jahren Einbrüche auftreten – schließlich wächst kein Baum in den Himmel. Für die meisten Organisationen ist eine stetige Aufwärtsentwicklung angemessener als eine zackige. Gigantische Wachstumsraten sind zwar in Start-up-Phasen möglich und wünschenswert, können aber bereits formierte Unternehmen unter einen Stress setzen, der weder der Laune noch der Lebensdauer des Unternehmens förderlich ist.

Anders als gemeinhin und in der Betriebswirtschaftslehre angenommen ist nämlich die Profitmaximierung durchaus nicht das zentrale Ziel von Unternehmen – nicht einmal von Unternehmern: Die meisten sind durchaus zufrieden, wenn sie ohne größere Anstrengungen einen für sie ausreichenden Lebensstandard halten können. Wenn ich mir schon einen Ferrari leisten kann – warum sollte ich mich noch weiter abmühen, nur um noch einen Bentley in die Garage zu stellen?

Unternehmer sind Ausbeuter und Leuteschinder, sind findig, pfiffig, fleißig, offen und ganz wild auf Profitmaximierung – *wenn die Regeln es verlangen*. Auch beim Wachstumsdesign für interne Humankapitalmärkte stellt sich die Frage, welche Humankapital-Investoren das Unternehmen anziehen möchte: hungrige oder erfahrene, fleißige oder innovative, Profit- oder Glücksmaximierer?

Gerne übersehen wird, dass Wachstum auch immer wieder in Schrumpfung umschlagen kann. Für das Marktdesign ist allerdings der Umgang mit rückläufigen Umsätzen oder Renditen von eminenter Bedeutung. Schließlich wird sich die Überlebensfähigkeit eines Unternehmens dann beweisen, wenn die Lage schlecht ist, nicht dann, wenn es allen gut geht.

Die Frage nach der *Wachstumsart* lässt sich ebenfalls nicht allgemeingültig beantworten; jedes Unternehmen muss darauf seine eigene Antwort finden. Grundsätzlich gibt es die Alternativen, auf internes Wachstum zu setzen, also die zur Zeit bestehenden Geschäftsfelder kontinuierlich auf- und auszubauen, oder die Schaffung neuer Märkte anzustreben. Und auch dann stellt sich noch die Frage, ob bestimmte neue Märkte angesteuert, bzw. ob alle bestehenden Geschäftsfelder gleichermaßen ausgebaut werden sollen. Das Unternehmen kann zudem die Regeln so festlegen, dass Innovationen eher von oben oder eher von unten angestoßen werden.

Zu den intern festlegbaren Regeln gesellen sich allerdings noch externe Einflussfaktoren, die das Wachstumsdesign berücksichtigen muss: Das Wettbewerbsumfeld und die Wachstumschancen stellen sich in jeder Branche und für jedes Unternehmen anders dar – ein Zementhersteller wird ein anderes Wachstumsdesign brauchen als eine Multimediaagentur.

Relevant ist hierbei insbesondere die Art und das Ausmaß des externen Wachstumsdrucks. Bei börsennotierten Unternehmen üben die Erwartungen der Aktionäre zur Zeit den höchsten Druck aus. Wer sie enttäuscht, wird mit Liebes- und Kapitalentzug gestraft, bleibt hinter den aggressiveren Konkurrenten zurück und wird schließlich zum Übernahmekandidaten. Ein Beispiel dafür erläuterte 1999 der Unternehmer und Beinahe-Wirtschaftsminister Jost Stollmann:[116] Den meisten Unternehmern würden fünf Prozent Umsatzwachstum und noch ein bisschen mehr Gewinnwachstum pro Jahr völlig reichen – auch den Unternehmern in der New Economy. Aber nur so lange, bis das Unternehmen an die Börse, also an den Neuen Markt, gehe. Dann merkten die Chefs, dass sie sich plötzlich in einem »Hamsterrad« befänden. Weil die anderen Firmen am Neuen Markt alle mindestens 20 Prozent Umsatzwachstum versprächen, müssten sie auch versuchen, die 20 Prozent zu schaffen, und zwar nicht einmal, sondern immer, immer wieder.

In anderen Börsensegmenten sind die externen Erwartungen an das Unternehmen weniger extrem, aber doch immer ehrgeizig. Auch ein Unternehmen, das zwar nicht börsennotiert ist, aber sich in einem Umfeld mit überwiegend börsennotierten Firmen bewegt, kann mittelbar diesem Druck des Kapitalmarktes unterliegen – wenn es nicht mitzieht, läuft es Gefahr, an die Wand gedrückt zu werden.

Ein weiterer, traditioneller Produzent externen Wachstumsdrucks ist, zumindest in Deutschland, die Gewerkschaft. Sie sorgt über die Tarifverhandlungen dafür, dass die Löhne beständig im Rhythmus der gesamtgesellschaftlichen Produktivität steigen. Für diejenigen Unternehmer, die eigentlich am liebsten alles so lassen würden, wie es gerade ist, und das ist wahrscheinlich die Mehrheit, reduzierte sich damit von Jahr zu Jahr ihre Gewinnspanne, wenn sie tatsächlich nichts ändern würden. Die steigenden Löhne üben also Druck aus, ebenfalls in Rationalisierung oder Innovation zu investieren.

Zwar ist die Machtposition der Gewerkschaft in den letzten Jahren stark erodiert, doch im Zuge der humanen Revolution könnte sie* durchaus wieder eine weit aktivere Rolle spielen und den Unternehmen eine Wachstumsdynamik aufnötigen, die mit dem, was heute Aktionäre erwarten, durchaus vergleichbar sein könnte.

Eine weitere Quelle externen Wachstumsdrucks können schockartige Veränderungen des externen Marktumfelds sein – ein Großkonzern, der plötzlich Ihre Nische als neues Wachstumsfeld entdeckt und die Wettbewerbsbedingungen massiv verändern wird, oder eine bahnbrechende Innovation, die Ihr Geschäftsfeld bedroht oder ihm eine rasante Aufwärtsentwicklung bescheren könnte. Das Marktdesign muss zwar nicht alle Eventualitäten dieser Art im voraus berücksichtigen, was es ja auch gar nicht könnte, es muss aber Mechanismen vorsehen, die eine effiziente Reaktion auf externe Einflüsse erlauben.

Da die Marktdesignlehre eine wesentlich praxisnähere Disziplin ist als die Individualökonomie, mache ich mir um ihre Installation keine Sorge. Wenn in größerem Ausmaß interne Märkte eingerichtet werden, werden auch Spezialisten benötigt werden, die das können. Ob diese ihr Handwerk auf einer Fachhochschule lernen oder in einer Berufsausbildung, oder ob es sich um eine Dienstleistung handelt, die von einem darauf spezialisierten Unternehmen angeboten wird, ist dabei nebensächlich.

---

* Oder eine andere Interessenvertretung der Humankapital-Investoren. Mehr dazu im 13. und 14. Kapitel.

9. Workers little helpers: Dienstleistungen für die humane Revolution

Bisher haben wir uns in erster Linie damit befasst, wie sich die Situation für Humankapital-Investoren *innerhalb* der Unternehmen verändern wird. Hier wird es darum gehen, welche Veränderungen *außerhalb* der Unternehmen vor sich gehen werden.

- Innerhalb der Unternehmen muss erreicht werden, dass Sie *tun* können, was Sie wollen.
- Außerhalb der Unternehmen muss erreicht werden, dass Sie *herausfinden* können, was Sie wollen.

Sicherlich wird das eine Dienstleistung sein, die auch innerhalb der Unternehmen angeboten werden kann. Für Führungskräfte ist ja internes Coaching heute bereits üblich. Coaching auf alle Beschäftigten auszudehnen, kann zwar nicht schaden.

Es wird aber nicht reichen.

Denn der vom Unternehmen bezahlte Coach wird vor einem unauflösbaren Interessenkonflikt stehen:

- Wenn er sich darum bemüht, Ihnen zur bestmöglichen Entfaltung Ihrer Potenziale zu verhelfen, kann es schnell passieren, dass er Ihnen raten müsste, am besten das Unternehmen zu verlassen.
- Wenn er sich darum bemüht, Ihnen lediglich innerhalb des Unternehmens zur bestmöglichen Entfaltung Ihrer Potenziale zu verhelfen, fallen dabei möglicherweise weit attraktivere Chancen außerhalb des Unternehmens unter den Tisch.

Dass es externe Dienstleistungsangebote dieser Art für Humankapital-Investoren geben muss, steht also außer Frage.* Dass es sie noch kaum gibt, steht ebenso außer Frage. Die Kombination dieser beiden Sätze ergibt eine einfache Feststellung:

Dienstleistungen für Humankapital-Investoren werden eine der dynamischsten Wachstumsbranchen des 21. Jahrhunderts sein.

a) Gelegenheit macht Angebot

Versetzen Sie sich bitte noch einmal zurück an den Kruppschen Hochofen aus dem Vorwort. Schauen Sie sich die dort schuftenden Menschen an, und stellen sich dann bitte vor, diese Arbeiter bekämen von einem Tag auf den anderen den heutigen Lohn und die heutige Freizeit.
  Was würden sie wohl damit anfangen können?
  Etwas vielleicht, viel aber nicht.
  Denn es gab damals kaum etwas, wofür sie das Geld hätten ausgeben können, und es gab vor allem nichts, wofür sie ihre Zeit hätten ausgeben können. Es gab keinerlei Angebote, mit denen einer breiten Masse die Gelegenheit gegeben worden wäre, ihre Freizeit lust- und/oder sinnvoll zu verbringen. Es gab ja schlicht keine Freizeit. »Meyers Kleines Konversationslexikon« von 1908, immerhin sechsbändig, kannte noch nicht einmal den Begriff »Freizeit«. »Der Große Brockhaus« von 1978 dagegen kennt nicht nur diesen Begriff, sondern auch noch die Freizeitpädagogik, die Freizeitsoziologie und den Freizeitsport.
  Genau wie diese Begriffe sind im Laufe des 20. Jahrhunderts auch erst die meisten Angebote zur Freizeitgestaltung erfunden, zumindest popularisiert worden:
- Urlaub**
- Sport
- Kino, Film, Fernsehen
- Bibliothek, Discothek, Museum, Volkshochschule, Spiele, Puzzle, Kreuzworträtsel, Restaurants und und und

---

* Allein schon, um die große Zahl von Investoren bedienen zu können, die sich gar nicht innerhalb von Unternehmen organisieren lassen wollen, sondern auf eigene Rechnung arbeiten.
** Noch 1906 verurteilte eine Stellungnahme der Chemnitzer Handelskammer die Forderung der Gewerkschaften, den für Beamte üblichen Erholungsurlaub auch Arbeitern zu gewähren:

Und obwohl 1978 die Freizeit schon längst zum Massenphänomen geworden war, sahen sich die Brockhaus-Autoren damals noch zur Mahnung genötigt: »Die gestiegene Freizeit kann Probleme und Gefahren hervorrufen«, zum Beispiel »bei Unfähigkeit des Einzelnen zur Selbstbeschäftigung«.

Ganz so dramatisch war es mit den Problemen dann doch nicht. Die Menschen haben im Lauf des Jahrhunderts zusammen mit diesen Angeboten auch Techniken erlernt, um sich in der Freizeitwelt zurechtzufinden: Kataloge, Veranstaltungskalender, Zeitschriften, Bestsellerlisten, Sterne-Klassifizierungen, TV-Spielfilm-Daumen sowie natürlich die Werbung.

Allein mit diesen Techniken umgehen zu können, erfordert bereits ein immenses Know-how. Wenn Sie erstmals den Veranstaltungskalender einer fremden Großstadt lesen, werden Sie ob der Vielfalt der Angebote und der unbekannten Namen und Adressen Schwierigkeiten bei der Orientierung haben. Je besser Sie sich in der Stadt auskennen, je besser Sie also die Vielfalt inhaltlich und räumlich vorsortieren können, desto besser werden Sie sich zurechtfinden.

Das 20. Jahrhundert war das Jahrhundert, in dem Freiheit und Erfüllung in der Freizeit gesucht wurden. Dementsprechend groß war die Angebotspalette dafür. Wenn im 21. Jahrhundert Freiheit und Erfüllung immer mehr zum Kennzeichen der Arbeitszeit werden, wird sich, so meine Prognose, eine ebenso große Vielfalt von Angeboten entwickeln, die dabei helfen, diese Arbeitszeit lust- und sinnvoll zu verbringen. Und es werden parallel dazu Techniken entwickelt, um sich in dieser Vielfalt neuer Angebote zurechtzufinden.

Um jetzt einen Blick auf das zu werfen, was sich hier an Angeboten und Techniken entwickeln könnte, sollten wir allerdings nicht zu

»Es geht viel zu weit, einen Erholungsurlaub für Leute einzuführen, die nur körperlich tätig und unter die Gesundheit nicht schädigenden Verhältnissen arbeiten müssen. Für Beamte, die geistig tätig sind und häufig Überstunden arbeiten müssen, die auch keine körperliche Ausarbeitung bei ihrer Tätigkeit haben, erscheint die Erteilung von Erholungsurlaub gerechtfertigt. Für Arbeiter dagegen ist ein solcher Urlaub in der Regel nicht erforderlich. Die Beschäftigung dieser Personen ist eine gesunde.« (zitiert nach: Schneider, Michael: Streit um Arbeitszeit, Bund-Verlag, Köln 1984, S. 84)

sehr an der Analogie zum verflossenen Jahrhundert kleben. Die Angebotsvielfalt für die Arbeitszeitgestaltung wird keine große Ähnlichkeit haben mit der aktuellen Angebotsvielfalt für die Freizeitgestaltung. Sicherlich kann es Zeitschriften geben, die ähnlich wie jetzt das Fernsehprogramm über die gerade aktuellen Arbeitsangebote berichten. Es kann auch Büros geben, in denen man Praktika oder Projekte so ähnlich buchen kann wie heute Reisen. Es werden sich ganze Ratgeberarsenale für Sie auftun: Bücher, Websites, Fernsehsendungen, Fach- und Publikumszeitschriften werden sich der Probleme all derer annehmen, die gerne wüssten, was sie wollen.*
Es wird gute und schlechte, seriöse und unseriöse Angebote darunter geben – und wenn anders kein Durchblick mehr möglich ist, gibt es wahrscheinlich auch noch eine Stiftung Beratungstest, die alle Anbieter auf Herz und Nieren prüft.

Aber die Frage, was ich aus meinem Humankapital machen soll, ist im Regelfall eine weit existenziellere als die, wo ich den nächsten Urlaub verbringe. Deshalb wird das Angebot nur zum kleineren Teil aus solchen standardisierten Massenprodukten bestehen – den weit größeren Part nehmen Angebote ein, die für individuelle Potenziale maßgeschneiderte Lösungen entwickeln.

Diese dürften vor allem die Befriedigung von drei Grundbedürfnissen des Humankapital-Investors zum Ziel haben. Sie können ihm dabei helfen,
- herauszufinden, was er denn eigentlich will;
- das, was er will, auch am Markt durchzusetzen;
- die eigenen Ziele kontinuierlich zu überprüfen und die Zielerreichung zu optimieren.

Wie hier die Palette der Dienstleistungsangebote einmal aussehen wird, ist heute natürlich noch überhaupt nicht auszumachen. Ich

---

* Einen ersten Boom der Lebens-/Arbeitsplanung bzw. der Life Management Services gab es (so Naisbitt/Arbudene in »Megatrends Arbeitsplatz«, a.a.O., S. 115 f) in den USA in den 70er Jahren, als Unmengen von gut ausgebildeten Baby-Boomern ihren Platz in der (Arbeits-)Welt suchten. Richard Bolles Arbeitsplanungsbuch »What colour is your parachute?« von 1972 wurde zum Bestseller und später durch ein eher lebensplanerisches Handbuch ergänzt: »Where do I go from here with my Life?« (mit John Crystal).

möchte hier aus dieser noch gänzlich virtuellen Welt drei mögliche Produkte herausarbeiten, die mir als sinnvoll und durchsetzbar erscheinen. Meiner Vorliebe für Analogien jeglicher Art entsprechend habe ich sie an heute bestehenden Strukturen aus anderen Bereichen orientiert: ein Pendant zum Management-Buch, eins zur Unternehmensberatung und eins zum Investmentfonds.

Ich halte es für gut möglich, dass sich die Angebotspalette tatsächlich auf diese Weise aus bestehenden Ansätzen heraus entwickelt. Das Auto entstand auch aus der Kutsche heraus, die Computertastatur ist genauso qwertzig angeordnet wie die der Schreibmaschine, und Märchen beginnen immer noch grundsätzlich mit »Es war einmal«. Genauso gut ist es allerdings möglich, dass sich in der Praxis eher Lösungen herausbilden, die sich neue, passendere Strukturen erfinden, ohne dass es Vorbilder dafür gegeben hätte. Das Internet ist ein Beispiel für eine solche gänzlich neue Lösung, das Rad war eine, und auch der Taylorismus.

Doch an dieser Stelle geht es auch nicht darum, auf eine besondere Form der Weiterentwicklung zu wetten, sondern plastisch zu machen, wie eine fundierte Beratung und Betreuung für eine große Zahl von Humankapital-Investoren aussehen könnte.

b) Erkenne-dich-selbst-Handbücher

Wie kann ich herausfinden, was ich will? Keine wirklich einfache Übung. Man kann sein ganzes Leben damit zubringen, immer wieder darüber nachzugrübeln, wofür man auf der Welt ist, was man tun, was man lassen sollte. Um bei all dem Denken das Machen nicht ganz aus dem Auge zu verlieren, sollte man dem langen, ruhigen Fluss der Selbsterkenntnis immer wieder mal eine Wasserprobe entnehmen. Dazu dient das Erkenne-dich-selbst-Handbuch. Das heißt: Wahrscheinlich wird es etwa so viel von solchen Büchern geben wie es heute Diät-Bücher gibt. Schließlich gilt hier, ähnlich wie bei der angewandten Individualökonomie des vorigen Kapitels: Es geht nicht so sehr darum, ob es stimmt, was da steht. Sondern ob es hilft.

Um diese Vielfalt zumindest anzudeuten, möchte ich gleich zwei dieser erst noch zu schreibenden Handbücher hier skizzieren. Das erste orientiert sich an der im 8. Kapitel entwickelten Portfolio-Theorie des Humankapitals, das zweite verwendet die von Danah Zohar vorgenommene Analyse der menschlichen Denkstrukturen. Der formale Aufbau ist dabei ähnlich, denn beide ermöglichen
- eine Analyse: Wer bin ich? Was will ich?
- eine Bestandsaufnahme: Was habe ich?

Die Perspektive – wie komme ich da hin? – braucht dann gar nicht mehr so ausgiebig behandelt zu werden. Für die meisten Menschen wird es erst einmal ausreichend sein, sich über ihre eigene Situation etwas klarer zu werden. Für alles, was über ein paar allgemein gehaltene Tipps hinaus geht, ist das traditionelle Buch ohnehin nicht der richtige Ratgeber. Hier wird individuelle Beratung nötig sein.* Aber auch da dürfte es sehr helfen, schon eine ungefähre Vorstellung davon zu haben, worum es bei einer Beratung gehen könnte.

Portfolio-Analyse für Humankapital-Investoren
Der Kern des Handbuchs ist ein Fragebogen. Durch ihn lassen sich die persönlichen Präferenzen für die vier Maximierungsvariablen Geld, Wissen, Spaß und Sinn ermitteln. Hierbei geht es ausdrücklich nicht darum, inwieweit diese Präferenzen für meine Arbeit gelten, sondern welche Rolle sie in meinem Leben spielen sollen. Aus dem Präferenz-Bild ergibt sich als Auswertung ein Persönlichkeitsprofil, das mindestens so zutreffend sein sollte wie die Auswertungen der Psychotests in Frauenzeitschriften – denn nur wer nach der Analyse das Gefühl hat, sich selbst in diesem Persönlichkeitsprofil wiederzuerkennen, wird bereit sein, auf dieser Grundlage in die nächste Runde, die Bestandsaufnahme zu gehen.

Diese Bestandsaufnahme besteht im wesentlichen darin, dass man die Tätigkeiten, in die man den größten Teil seiner disponiblen

---

* Wahrscheinlich werden auch Bücher demnächst in der Lage sein, eine vielleicht nicht ganz individuelle, aber doch zumindest individualisierte Beratung zu leisten.

Zeit investiert, ebenfalls in das Vierer-Raster einordnet. Daraus ergibt sich ein Tätigkeitsprofil, in dem, wie vorhin beim Persönlichkeitsprofil, die Abdeckung der vier Maximierungsvariablen dargestellt wird. Der Vergleich zwischen Persönlichkeitsprofil und aktuellem Tätigkeitsprofil zeigt, wo Veränderungsbedarf bestehen könnte: Wenn meine Sinndimension zu wenig angesprochen wird – liegt das Defizit am Arbeitsplatz, in der Freizeit oder im Privatleben? Wenn ich Geld und Spaß miteinander verbinden möchte, aber am Arbeitsplatz dafür keine Chance bekomme – gibt es eins meiner Hobbies, das sich auch als Broterwerb vorstellen ließe? Muss ich eher nach neuen Tätigkeiten suchen oder eher meine Zeit anders auf die bisherigen Tätigkeiten verteilen?

Die Kraft der drei Hirne
Dieses Handbuch beruht auf dem zentralen Gedanken, den Danah Zohar in »Am Rande des Chaos« entwickelt hat. Sie beschreibt dort die drei grundlegenden, grundverschiedenen Denkprozesse, die in unserem Gehirn jederzeit parallel, gleichzeitig und blitzartig vor sich gehen. Während Zohar in »Am Rande des Chaos« davon ausgehend Analogien zu den vorherrschenden Unternehmensformen ableitet, stellt »Die Kraft der drei Hirne« Analogien zu den menschlichen Verhaltensweisen her – denn so, wie »die Denkstrukturen des menschlichen Gehirns die Vorbilder für die Strukturen der von Menschenhand geschaffenen Organisationen sind«,[117] sind sie auch Vorbilder für die Menschen selbst.

1. Das serielle Denken, der »Intellekt« des Gehirns. Hier herrschen strenge, formale Regeln und Wenn-Dann-Verknüpfungen, hier wird aus »2+2« Vier, und unter keinen Umständen etwas anderes. Die Nervenbahnen sind linear geschaltet wie Autobahnen, die vom Außeneinfluss direkt zu der Stelle im Gehirn führen, an der die passende Reaktion darauf vorrätig gehalten wird. »Der serielle Denkprozess ist innerhalb der gegebenen Regeln enorm effektiv«, schreibt Zohar, »aber sobald jemand die Zielpfosten versetzt, versagt er auf ganzer Linie.«[118]

2. *Das assoziative Denken, das »Herz« des Gehirns.* Es hilft uns, Gedankenverbindungen herzustellen, etwa zwischen Hunger und Nahrung, Gewerkschaft und Streik, der Farbe Grün und dem Gefühl der Hoffnung. Das Gehirn arbeitet sich bei diesem Denkprozess nicht an Nervenbahnen entlang, sondern benutzt neuronale Netze. In dem Maß, in dem wir Erfahrungen sammeln, können sich diese Netze ständig neu verschalten (grün zum Beispiel nicht nur mit Hoffnung, sondern auch mit Joschka Fischer verbinden).

»Das assoziative Denken«, so Zohar, »hat den Vorteil, dass es sich mit den Erfahrungen weiterentwickelt und durch Versuch und Irrtum dazulernt. Es schafft ein Gespür dafür, in welche Richtung neue Erfahrungen gehen sollen. Der assoziative Denkprozess hat allerdings den Nachteil, dass er langsam und ungenau ist und stark an Gewohnheiten gebunden ist.«[119]

3. *Das Quantendenken: Der »Geist« des Gehirns.* Mit diesem »kreativen, erkenntnisfähigen und intuitiven Denken hinterfragen wir unsere Annahmen, brechen mit Gewohnheiten oder verändern mentale Modelle, unsere Paradigmen.«[120] Es ersetzt die anderen Denkprozesse nicht, sondern integriert sie. Warum Quantendenken? Weil so Zohar, dessen Prozesse den in der Quantenphysik beschriebenen Abläufen sehr ähnlich seien.*

Die Tabelle auf Seite 176 zeigt, welche drei Unternehmens-Modelle Zohar in Analogie zu diesen Denkstrukturen entworfen hat. Das westliche Modell (Newton-Unternehmen) entspricht dem seriellen Denken, das östliche Modell (Netzwerk-Unternehmen) dem assoziativen Denken, und das Quantenmodell dem Quantendenken.[121] Eine vergleichbare Modellbildung würde »Die Kraft der drei Hirne« für menschliche Verhaltenstypen bereit halten.

Die Perfektion des menschlichen Denkens entsteht nicht daraus, dass eine Denkmethode über die anderen triumphiert, sondern dass

---

* Zohar verwendet in ihrem Buch die Quantenphysik als weitere Analogie-Ebene: Das westliche Unternehmens-modell reduziere das Quant (den Menschen) auf seine Teilcheneigenschaft, das östliche Modell sehe es als Welle, das Quantenunternehmen versuche gar nicht erst, es zu messen oder einzufangen, sondern lasse ihm seine Vielfalt und Unbestimmtheit.

Abb. 13: Unternehmensmodelle nach Zohar

Westliches Modell	Östliches Modell	Quantenmodell
Konflikt und Kontrolle	Zusammenarbeit	Dialog
Das (private) Ich wird ausgeschlossen und isoliert; Interaktionen basieren auf universalen Prinzipien	Das (private) Ich ist in den Kontext eingebettet; es gibt keine universalen Prinzipien	Das (private) Ich ist in den Kontext eingebettet und besitzt eine universale Dimension
Stabilität wird durch den Ausschluss des Ichs undder Emotionen erreicht, und nur die vorhersagbaren und kontrollierbaren Aspekte von Beziehungen werden organisiert	Stabilität wird durch möglichst viel Vertrautheit und Selbstdisziplin erreicht	Stabilität wird mit Instabilität ausgeglichen
Starre Grenzen	Unscharfe Grenzen	Flexible Grenzen
Diktatorische Führung	Führung durch Konsens	Der Führer baut auf Vertrauen und sein intuitives Gespür
An Regeln gebunden	An Gewohnheiten gebunden	Kein fester Rahmen durch Regeln oder Gewohnheiten
Mechanisch	Organisch	Entfaltet sich auf natürliche (organische) und auf kontrollierte (mechanische) Weise

BEIDE

Benötigen Stabilität
Können schlecht mit unerwarteten Veränderungen umgehen　　Offen für Veränderungen

Versuchen, das Unerwartete zu vermeiden　　Profitiert vom Unerwarteten

alle drei nebeneinander ihre Existenzberechtigung haben und jeweils dann eingesetzt werden, wenn sie ihre spezifischen Vorteile gegenüber den anderen Denkmethoden entfalten können. Genau das gleiche wie für sein Gehirn wird auch für jeden einzelnen Menschen gelten. Jeder verfügt über serielle, assoziative und quantige Denk- und Verhaltensanteile, aber jeweils in unterschiedlichem Maß.

»Die Kraft der drei Hirne« ermöglicht es, die persönlichen Anteile dieser drei Denk- und Verhaltensstrukturen zu ermitteln und diese wiederum mit den Anforderungen zu vergleichen, die das Leben oder die Arbeitswelt zur Zeit stellt. Auch hier wird die Differenz zwischen Analyse und Bestandsaufnahme Veränderungspotenziale identifizieren – diese Veränderungen können allerdings die eigenen Verhaltensstrukturen ebenso betreffen wie das aktuelle Tätigkeitsprofil. Schließlich gibt es kein Naturgesetz, dass man immer genauso viel oder wenig Quanten-Verhalten an den Tag legt wie jetzt gerade.

c) Der Arbeitnehmerberatungs-Konzern

Wissen Sie, wieviel im Jahr 1999 in Deutschland für Unternehmensberatung ausgegeben wurde? 21,3 Milliarden Mark.[122] Nur mal angenommen, der gleiche Betrag würde für Arbeitnehmerberatung ausgegeben, also in etwa in das investiert, was wir heute Coaching nennen: Wäre der Effekt auf das Bruttoinlandsprodukt, auf die gesamtgesellschaftliche Produktivität größer oder kleiner? Würden die Ergebnisse der Beratung häufiger oder seltener in die Praxis umgesetzt? Wäre der Erfolg der Beratung nachhaltiger oder strohfeuriger?

Noch ist die Branche der Arbeitnehmerberatung kaum existent, doch sie wird eine ökonomische Bedeutung erreichen, die die der heute dominierenden Unternehmensberatungen um Längen übertreffen wird.

Berater oder Betreuer für Arbeitnehmer – dafür gibt es bisher bereits drei etablierte Formen:

- *den Coach:* Er bietet Entscheidungshilfe in kritischen beruflichen Situationen und hilft mir bei meiner Eigenpositionierung; Coaches werden vor allem von und für Führungskräfte eingesetzt.
- *den Agenten:* Er übernimmt die Vertriebsarbeit für Einzelpersonen, bisher vor allem für Künstler. Er verhandelt die Verträge, spielt die Auftraggeber gegeneinander aus, kümmert sich um den ganzen kaufmännischen Kram, der nur den wenigsten Kreativen in die Wiege gelegt wurde.
- *den Manager:* Er ist Coach und Agent in einem, nimmt seinem Schützling alles ab, was nicht direkt mit dessen Kernkompetenz zu tun hat. Ihr Haupteinsatzgebiet haben Manager heute bei jungen, persönlich nicht gefestigten Stars wie Sportlern oder Musikern.

Alle drei Formen werden in Zukunft auch weit über ihren bisherigen Kundenkreis hinaus Anwendung finden. Sie sind individualisierende Produkte, und das wird von immer mehr Menschen nachgefragt werden. Es gibt keine bessere Möglichkeit, sich über das klar zu werden, was man werden oder erreichen möchte, als mit jemandem darüber zu reden, der sich mit so etwas auskennt. Auch wenn Sie meinen, das ganz gut alleine zu können – die Gefahr ist sehr groß, dass Sie bei der Suche nach dem, was kommen könnte, zu sehr von dem ausgehen, was gerade ist. Dass Sie die üblicherweise große Diskrepanz zwischen dem, was ist, und dem, was sein sollte, nicht auflösen können, und deshalb lieber alles beim Alten lassen.

Der Beratungs- und Betreuungsbedarf, den die humane Revolution weit über die bisherigen Nachfrager dieser Dienstleistungen hinaus erzeugen wird, kann mit den bisherigen Ansätzen der Berater allerdings nicht abgedeckt werden. Zur Zeit noch vertreten Coaches, Agenten und Manager gleichermaßen die Auffassung, dass es sich um hoch individuelle, geradezu intime, persönliche Beziehungen zwischen ihnen und ihren Kunden handelt. Und da jeder Mensch anders ist, seien die Methoden auch kaum standardisierbar.

Obwohl wir uns gerade ins Jahrhundert der Individualisierung begeben haben – das ist denn doch zu individualisiert. Das Beharren auf der Einzigartigkeit jeder einzelnen Beratung wird sich als Schutzbehauptung für die Rechtfertigung hoher Honorare ohne Möglichkeit der Leistungskontrolle herausstellen.

Um im 21. Jahrhundert rein quantitativ einen Stellenwert einzunehmen, wie ihn heute die Unternehmensberatung hat, wird die Arbeitnehmerberatung ebenfalls eine Palette standardisierbarer Verfahren entwickeln müssen – in der Unternehmensberatung sind das zum Beispiel Verfahren wie die Gemeinkostenwertanalyse von McKinsey & Company oder die Portfolio-Matrix der Boston Consulting Group.

Ein solches Verfahren könnte zum Beispiel die Feedbackanalyse sein. Bereits im 16. Jahrhundert wandten sowohl Jean Calvin als auch Ignatius von Loyola sie mit großem Erfolg bei der Unterweisung der calvinistischen bzw. jesuitischen Priester an. Peter F. Drukker hält diese Methode sogar für den einzigen Weg, um herauszufinden, wo die eigenen Stärken wirklich liegen.[123] Dieses Wundermittel funktioniert laut Drucker folgendermaßen: »Wann immer ein Mensch eine Schlüsselentscheidung fällt und wann immer er eine entscheidende Handlung ausführt, ist es erforderlich, die eigenen Vermutungen über das, was geschehen wird, niederzuschreiben. Neun bis zwölf Monate später blickt man von dem, was tatsächlich erreicht wurde, zurück auf die Erwartungen. Diese einfache Methode erlaubt einem, innerhalb eines recht kurzen Zeitraums von vielleicht zwei bis drei Jahren herauszufinden, wo die persönlichen Stärken liegen, und den Menschen wird bewusst, was sie daran hindert, den vollen Ertrag ihrer Stärken ausschöpfen zu können.«[124]

Mag sein, dass die Methode einfach ist. Es ist auch einfach, weniger zu essen oder mit dem Rauchen aufzuhören. Und trotzdem gibt es Produkte und Dienstleistungen in Hülle und Fülle und mit Milliardenumsätzen Jahr für Jahr, die uns dabei helfen sollen, diese einfachen Leistungen zu vollbringen. Wer es schafft, eine praktikable, standardisierbare Form der Feedbackanalyse als Beratungsdienstleistung zu verkaufen, wird damit ebenfalls einen milliardenschweren Markt rund um die Welt erschließen können.

Um solche Verfahren herum können sich also auch bei der Arbeitnehmerberatung veritable Beratungskonzerne entwickeln. Sie müssen in der Lage sein, ein und denselben Beratungsansatz glaubwürdig und erfolgreich bei einer Vielzahl von Kunden anzuwenden, sie müssen Humankapital an sich binden können, und sie müssen sich beständig erneuern können, eben all das, was die großen Unternehmensberatungskonzerne auch können müssen.

Natürlich wird auch dann noch jeder Kunde das Gefühl haben wollen, dass ganz speziell auf seine Situation, seine Begabungen, Potenziale, Stärken und Schwächen eingegangen wird. Dieses Gefühl will ja auch heute jeder Kunde von Unternehmensberatungen haben. Wer nicht in der Lage ist, dieses Gefühl zu vermitteln, erhält keinen Anschlussauftrag und wird nicht weiterempfohlen. Auf diese Weise sorgt der Markt dafür, dass sich die durchsetzen, die dem Kunden die richtigen guten Gefühle verschaffen.

Theoretisch wäre es genauso möglich, dass sich diejenigen Arbeitnehmerberatungen durchsetzen, die ihren Kunden zu den besten Ergebnissen verhelfen. Aber auch hier greift wahrscheinlich die Parallele zu den Unternehmensberatern: Die Ergebnisse der Beratung werden nicht in Zahlen messbar sein (oder wenn, dann mit vielen unterschiedlichen Messlatten), und wenn mal eine Beratung danebengeht, werden sich immer viele, viele gute Gründe finden lassen, warum der Kunde, die Konjunktur, das Umfeld oder das Fernsehprogramm schuld daran waren, dass der Erfolg ausblieb.

d) Der Humankapital-Investmentfonds

Beratung kostet Geld. Betreuung kostet noch mehr Geld. Und die Vorstellung, man solle Coaches, Agenten oder Beratungskonzernen die Tausender nur so in den Rachen werfen, klingt nicht auf Anhieb verlockend.

Vielleicht hilft hier der Vergleich mit der Geldanlage weiter – vieles von dem, was für Finanz-Investoren gilt, dürfte auch für Humankapital-Investoren gelten. Wer sein Geld anlegt, will eine optimale Kombination aus Ertrag und Sicherheit seines Investments, wobei der Anleger selbst entscheidet, was er für optimal hält. Jeder,

der ihm dabei hilft, sein Geld anzulegen, will dafür bezahlt werden: mit Provisionen, Gebühren, mit einmaligen oder regelmäßigen Beträgen, mit oder ohne Gewinnbeteiligung. Und, mal ehrlich: Wieviel würden Sie auf einen Rat in Gelddingen geben, der nichts kostet?

Eine weit verbreitete, gut funktionierende Methode zur Anlage beliebig großer oder beliebig kleiner Geldsummen ist der Investmentfonds. Ich investiere mein Geld, das Fondsmanagement kümmert sich um dessen Vermehrung gemäß den Anlagerichtlinien des jeweiligen Fonds und kassiert dafür Gebühren.

Der Investmentfonds könnte auch eine hervorragende Methode werden, um Humankapital zu investieren. Eine solche Institution, ich nenne sie Humankapital-Investmentfonds, würde ihre Investoren bei der Anlage ihres Humankapitals beraten und könnte zur Mehrung dieses Kapitals beitragen.

Die Methode stelle ich mir etwa folgendermaßen vor: Angenommen, Sie verdienen zur Zeit 100 000 Mark im Jahr und glauben, dass Sie richtig eingesetzt weit mehr verdienen könnten. Dann können Sie Betreuung, Pflege und Wachstum Ihres Humankapitals Menschen überlassen, die etwas davon verstehen. Sie suchen sich einen Humankapital-Investmentfonds Ihres Vertrauens aus, zahlen die einmalige Aufnahmegebühr, ähnlich wie der Ausgabeaufschlag bei heutigen Investmentfonds, und erhalten dafür eine erste eingehende Beratung. Danach arbeitet für Sie wie für alle anderen Investoren die Research-Abteilung des Fonds (Analyse aktueller Arbeitsmarktbewegungen, passender Weiterbildungsangebote etc.) sowie der Fondsmanager. Der, wohl eher Psychologe als Betriebswirt, wird immer in Entscheidungssituationen für Sie tätig und versucht, die Tätigkeiten zu identifizieren, bei denen Sie die höchste Rendite auf Ihr Humankapital erzielen. Schafft er es, Ihr Einkommen signifikant zu erhöhen, wird er am Ergebnis beteiligt (wenn Sie zum Beispiel nach zwei Jahren mehr als 120 000 Mark verdienen, bekommt er 25 % des darüber liegenden Betrages). Schafft er es nicht, bleibt ihm nur die jährliche Managementgebühr von einem Prozent Ihres Gehalts.

Für jemand, der bereits in den Genuss kontinuierlichen Coachings gekommen ist, wird das relativ vertraut klingen. In der Tat ist dieses Produkt »Humankapital-Investmentfonds« auf den ersten Blick nicht wesentlich mehr als ein aus Coaching und Weiterbildung (Fondsmanagement und Research) geschnürtes Paket. Doch in dieser Verpackung verwandelt sich das Coaching vom komplett individualisierten Angebot vieler Kleinstunternehmer zu einer transparenten, differenzierten Dienstleistung von Unternehmen jeder beliebigen Größe. Ähnlich wie bei den heutigen Investmentfonds werden die potenziellen Investoren dann zwischen einer breiten Palette von Fonds unterschiedlicher Anbieter, unterschiedlicher Zielsetzung sowie unterschiedlicher Anlagestrategie wählen können. Es sind Fonds denkbar

- für einzelne Branchen, z.B. Medien, Krankenhäuser, Bauindustrie
- für spezielle Berufe, z.B. Ärzte, Ingenieure, Pharmavertreter
- für soziale Gruppen, z.B. Einwanderer, Mütter nach der Babypause, reiche Erben
- für einzelne Berufssituationen, z.B. Berufsanfänger, Pensionäre, Teilzeitbeschäftigte, Außendienstler
- für einkommensorientierte Investoren (mit hoher Erfolgsbeteiligung) oder für sinnsuchende Investoren (mit fester Vergütung).

Zudem könnten solche Fonds so konstruiert werden, dass ein Performance-Vergleich möglich wird: Da vom aktuellen Einkommen der Investoren die Vergütung der Fondsmanager abhängt, wird dieses für jeden Investor regelmäßig gemessen. Also könnte auch errechnet werden, wie stark die Einkommen der Investoren eines Fonds im Durchschnitt gestiegen sind. Diese durchschnittliche Rendite auf das investierte Humankapital kann dann mit den Ergebnissen anderer Fonds verglichen werden – ähnlich wie es heute mit der Rendite-Entwicklung der herkömmlichen Investmentfonds geschieht.*

Sie werden sich den zu Ihnen passenden Fonds nach einem der obigen Kriterien aussuchen können oder nach der Wertentwicklung

---

* Für Humankapital-Fonds, die nicht die Einkommen, sondern die Zufriedenheit ihrer Investoren steigern sollen, ist dieser Vergleichsmaßstab natürlich nicht anwendbar. Vielleicht kann ein anderer entwickelt werden, vielleicht wird hier ja auch keiner gebraucht.

oder nach der aktuellen Anlagestrategie oder nach der äußeren Erscheinung des Fondsmanagers – das ist ganz allein Ihre Entscheidung.

Allerdings gibt es auch zwei wichtige Unterschiede zwischen Finanz- und Humankapital-Investmentfonds: Der Humankapital-Fonds muss in der Lage sein, auch Interessenten abzulehnen. Das kommt in der Welt der heutigen Investmentfonds eher nicht vor, weil dort nur etwas völlig Abstraktes investiert wird: Geld eben. Einem Fondsmanager, der sein Geld in neuseeländischen Renten anlegt, kann es egal sein, ob sein Investor Unternehmer aus München oder Rentner auf Mallorca ist. Geld ist Geld.

Aber Humankapital ist nicht gleich Humankapital.

Wer nur Ärzte berät, muss Bäcker ablehnen, wer sich auf Sinnstiftung spezialisiert, kann jemanden ablehnen, der vor allem sein Einkommen maximieren will. Ebenfalls wird das Fondsmanagement einem Investor auch kündigen können – wenn sich jemand als hundertprozentig beratungsresistent erweist, wird man die Fondsmanager und ihr Research nicht dazu zwingen können, in diese Person wiederum ihr Humankapital zu investieren.

Der zweite Unterschied zu heutigen Investmentfonds: Bei den hier skizzierten Humankapital-Fonds wird das Humankapital nicht wirklich investiert. In herkömmlichen Investmentfonds können die Fondsmanager nur mit dem Geld der Investoren arbeiten, wenn es auf das Fonds-Konto eingezahlt wird. Im Humankapital-Fonds wird dagegen daran gearbeitet, das Humankapital dort zu vermehren, wo es sich auch sonst befindet – am Arbeitsplatz, im Kopf. Bei einer direkten Investition von Humankapital in den Fonds würde es sich nicht mehr um einen Fonds handeln, sondern um einen Arbeitgeber, also ein Unternehmen, das meint, mit meinem Humankapital selbst etwas anfangen zu können. Das wäre dann ein Unternehmen, dessen Geschäftszweck nicht darin bestünde, *seinen* Profit zu maximieren, sondern den *seiner Beschäftigten*.

Und das wird auch die humane Revolution nicht schaffen.

10. Jobholder Value: Management in der humanen Revolution

Wie viele Führungskräfte braucht man, um eine Marktwirtschaft effizient zu gestalten?
Keine.

Man braucht Anbieter und Nachfrager, und man braucht einen Rahmen, der die Spielregeln für das Marktgeschehen definiert, ihre Einhaltung kontrolliert, ihre Übertretung sanktioniert, ihre Effizienz überprüft und bei Bedarf die Regeln ändert. Nur für diesen Rahmen ist Management-Leistung unabdingbar; alles andere regelt sich von selbst – wenn der Rahmen in Ordnung ist.

Sie können sich vorstellen, wie begeistert die Führungskräfte der Gegenwart sein werden, wenn man ihnen die Aufgabe stellt, diese Organisation der Zukunft zu implementieren.

Ungefähr genauso begeistert wie die Arbeitnehmer der Gegenwart, wenn ihr Arbeitsgebiet einem dieser angeblich kreativitätsfördernden Reengineering-Prozesse unterworfen wurde.

Und genau das ist es, was auf das Management in der humanen Revolution zukommen wird: ein Reengineering-Prozess. Wenn die Humankapital-Investoren ihre neuen Freiräume einfordern und erhalten, wird sehr genau zu untersuchen sein,

- welche der heutigen Management-Funktionen in den sich dann neu strukturierenden Unternehmensprozessen noch zur Wertschöpfung beitragen.
- Welche Funktionen, die heute noch gar nicht vom Management wahrgenommen werden, zur Wertschöpfung beitragen könnten.

a) Reengineering für Manager

Stellen Sie sich vor, die Wertschöpfung eines Unternehmens würde nicht daran gemessen, wie es den Shareholder Value steigert, sondern wie es den Jobholder Value steigert, also die Rendite seiner Humankapital-Investoren. Und jetzt bewerten Sie alle Management-Tätigkeiten in Ihrem Unternehmen anhand ihres Beitrags zur Erhöhung des Jobholder Values. Was bleibt übrig?

Gehen wir die Aufgaben im einzelnen durch:

Führung
Für John Naisbitt und Patricia Aburdene war es schon 1985 nur noch eine rhetorische Frage: »Wenn Sie die Wahl hätten – wie sie den Menschen auf einem Verkäufermarkt zufallen wird – würden Sie dann für ein autoritäres Unternehmen arbeiten, oder würden Sie sich für ein Unternehmen entscheiden, das den Ruf hat, Menschen zu achten und ihnen eine Chance zur Persönlichkeitsentfaltung zu geben?

Genau.«[125]

Als Aufgabe der Politiker besteht der Pursuit of Happiness jetzt seit 225 Jahren. Als Aufgabe des Managements ist er bisher noch nie formuliert worden.

Die humane Revolution wird ihn einfordern. Führen heißt dann, Menschen dazu zu verhelfen, ihr Glück zu finden. Und damit bleibt von dem, was heute als Führungsarbeit angesehen wird, nicht viel.

Es mag zwar sein, dass dieser Job auch nicht schwieriger ist als die aktuelle Führungsarbeit – aber er ist komplett anders. Es mag zwar sein, dass so ein Job vielen Menschen Spaß machen könnte – aber die wenigsten davon sind zur Zeit im Management.

Strategie-Entwicklung
Unternehmensstrategien zu entwerfen und umzusetzen, war und ist die Domäne der Spitzen der Hierarchie. Das kann wohl auch kaum anders sein, wie Hammer/Champy richtig bemerken: »Den Mitarbeitern an der Kundenfront fehlt der Gesamtüberblick. Sie

wissen möglicherweise ganz genau, welche Probleme im engen Rahmen ihrer Abteilungen existieren, aber sie können sich nur schwerlich den gesamten Unternehmensprozess vorstellen und Mängel im Gesamtdesign als Ursache ihrer Probleme erkennen.«[126]

In vielen Fällen wird die Missachtung der Vielen durch die Wenigen und das Beharren auf ausgeklügelten Strategien allerdings all das Potenzial verschütten, das die Vielen entfalten könnten, wenn es die Strategie nicht gäbe, wie Sprenger richtig bemerkt: »Was immer an Großem zustande kommt: Es beruht auf der Initiative und dem Beitrag der einzelnen Menschen. Die einzelnen Menschen sind die zurechenbaren Träger der Handlung. Ohne sie geschieht nichts. Wenn nicht wenigstens einer da ist, der handelt, kommen auch die unendlich vielen Leistungen nicht zustande, denen wir das Gros unserer gesellschaftlichen Errungenschaften verdanken.«[127]

Wenn ich auch geneigt bin, Sprenger zuzustimmen, stellt sich bei hoch komplexen Entscheidungen doch die Frage, ob es hier ohne die strategische Entscheidung von oben geht. Zwei Beispiele für solche Entscheidungen:

- Werden Automobilkonzerne in Zukunft eher in der Lage sein müssen, große Mengen weitgehend gleicher Autos zu bauen (Massenproduktion), große Mengen ähnlicher Autos (individualisierte Massenproduktion) oder große Mengen unterschiedlicher Autos (Individualproduktion)? Oder das eine wie das andere wie das dritte gleichermaßen? Braucht man eine effiziente weltweite Organisation für das Marketing, für den Verkauf oder für die Finanzierung der Autos, für Reparaturwerkstätten oder vielleicht für Parkplätze? Oder braucht man die gleiche Organisation zwar weltweit funktionierend, aber lokal organisiert?
- Eher früh als spät im 21. Jahrhundert werden Medikamente nicht mehr massenweise mit immer der gleichen Wirkstoffmenge hergestellt, sondern speziell auf Konstitution, Situation und genetische Ausstattung des einzelnen Patienten zugeschnitten. Braucht man dann noch Pharma-Vertreter? Wenn ja, wofür? Braucht man dann noch Pharma-Fabriken oder eher Abfüllstationen in Apotheken und Krankenhäusern? Und was könnte dann zum entscheiden-

den Wettbewerbsvorteil werden? Die Kontrolle über Gentest-Labors? Der regelmäßige Hausbesuch? Eine Krankenversicherung, die nur die Kosten für Produkte des eigenen Unternehmens übernimmt?

Ich glaube, dass die Verlagerung der Strategiekompetenz auf einen Marktmechanismus gerade bei solchen komplexen Problemen bessere Ergebnisse liefern wird als das große Wort des großen Vorsitzenden. Ich glaube aber nicht so fest daran, dass ich deshalb für sofortige Abschaffung des Daimler-Chrysler-Vorstandes plädieren würde. Das muss ja auch gar nicht sein: So wie in der Automobilindustrie seit Jahrzehnten der Wettbewerb zwischen japanischen, amerikanischen und europäischen Management-Methoden ausgetragen wird, kann es durchaus auch einen länger andauernden Wettbewerb zwischen marktwirtschaftlicher und planwirtschaftlicher Strategieentwicklung geben.

Kontrolle
Jeder Markt braucht einen Kontrollmechanismus. Er besteht aus drei Funktionen:
 • der Aufsichtsfunktion: Es muss jemanden geben, der überprüft, ob die für diesen Markt geltenden Regeln eingehalten werden;
 • der Sanktionsfunktion: Es muss jemanden geben, der Sanktionen gegen diejenigen verhängen kann, die gegen die Regeln verstoßen;
 • der Exekutivfunktion: Es muss jemanden geben, der in der Lage ist, die verhängten Sanktionen auch durchzusetzen.

Manchmal sind alle drei Funktionen in einer Person vereint, wie zum Beispiel beim Fußballschiedsrichter; manchmal sind sie auf verschiedene Institutionen verteilt, bei Straftaten beispielsweise auf die Polizei (Aufsicht und Exekutive), die Justiz (Sanktion) und den Strafvollzug (Exekutive). Wie im einzelnen Unternehmen diese drei Funktionen besetzt werden, hängt jeweils von der spezifischen Situation und vom Regelwerk ab.

Und mehr Kontrolle gibt es nicht.

Man muss deshalb nicht gleich allen Controllern kündigen. Sie sind ja nicht nur Rechenknechte und Quälgeister. Sie verfügen über eine wichtige Qualifikation, über die die meisten anderen Beschäftigten nicht verfügen: Sie wissen, wie man mit den ganzen hochfliegenden Plänen und Projekten, die da veranstaltet werden, auch Geld verdienen kann.

Gewinnerzielung
Unternehmen müssen Geld verdienen. Das ist ihr Job. Unternehmen, die ihr oberstes Ziel darin sehen würden, ihre Mitarbeiter glücklich zu machen, werden auf die Dauer genauso scheitern wie die Internet-Buden, die meinten, dass Wachstum wichtiger als Gewinne sei.

Auf den Märkten, auf denen sie agieren, besteht die Freiheitsdimension der Unternehmen darin, dass sie produzieren und verkaufen können, was und wie sie wollen. Ihre Verantwortungsdimension besteht darin, dass sie überleben wollen. Um zu überleben, brauchen sie Gewinne.

Aber um Gewinn zu machen, brauchen sie kein Management.

Solange man die Beschäftigten eines Unternehmens nur als Kostenstellen und Kostenverursacher sieht, ist das schwer vorstellbar. Dann sieht man förmlich vor sich, wie sie am ersten Tag ihrer neuen Freiheit jauchzend die Konzernkasse abräumen wie die Ostberliner am 10. November 1989 die Obststände in Westberlin.

Das wird nicht passieren.

Auch dem hartleibigsten Egoisten – gerade dem! – ist bewusst, dass man die Kuh, die man melken möchte, nicht schlachten darf. Wer in einem Unternehmen machen kann, was er will, wird sich hüten, dieses Unternehmen zu ruinieren.

Die humane Revolution wird Marktmechanismen brauchen, die dafür sorgen, dass die Gewinnerzielung nicht aus dem Blickfeld der Humankapital-Investoren gerät – ohne eine, wie auch immer geartete, Budgetrestriktion sind Märkte nicht realisierbar. Und man wird Humankapital-Investoren brauchen, die Gewinne machen wollen.

Und wenn sie weit stärker als bisher an den Gewinnen beteiligt werden, werden sie sich kräftig dafür ins Zeug legen, dass das, was sie machen, auch Rendite bringt. Es ist schließlich kein ehernes

Naturgesetz, dass am Jahresende die Gewinne als Dividende an die Aktionäre ausgeschüttet werden müssen.

b) Was bleibt vom Management übrig?

Ich möchte hier noch einmal auf die Aufgabe zurückkommen, die ganz am Anfang dieses Buches stand – Peter F. Druckers Ziel für den Marathonlauf des 21. Jahrhunderts: »Der wichtigste und tatsächlich einzigartige Beitrag des Managements im 20. Jahrhundert war die fünfzigfache Steigerung der Produktivität der Industriearbeiter. Die Produktivität der Wissensarbeit und der Wissensarbeiter in ähnlicher Weise zu steigern, dürfte sich als der Beitrag erweisen, den das Management im Laufe des 21. Jahrhunderts leisten muss.«

Das Ziel des Laufes ist jetzt, 169 Seiten später, immer noch das Gleiche. Aber der Läufer nicht mehr.

Denn in den nächsten hundert Jahren gibt es nur einen Beitrag, den das Management tatsächlich leisten muss: Es muss wieder genauso von der Bildfläche verschwinden, wie es vor hundert Jahren auf ihr auftauchte – allmählich, ruhig, aber kräftig.* Es muss seine Machtposition räumen, so oder so, und es wäre besser, das so zu tun wie Russland seit 1985, als so wie Serbien seit 1990.

Das Management ist ein Kind des 20. Jahrhunderts. Es ist jetzt ziemlich genau 100 Jahre her, dass es überhaupt das Licht der Welt erblickte.

- In Europa waren es der Franzose Henri Fayol und der Deutsche Georg Siemens, die um die Jahrhundertwende als erste die Organisationsstrukturen des Unternehmens in den Mittelpunkt des Interesses rückten.
- Der erste, der systematisch organisationstheoretische Erkenntnisse in der Praxis anwandte, war 1901 der US-Kriegsminister Elihu Root, der die komplette Armee nach Management-Prinzipien reorganisierte.
- Der Begriff »Management« setzte sich erst zehn Jahre später

---

* Nicht umsonst handelt es sich hier um das kürzeste Kapitel dieses Buches.

durch, als Taylors »Principles of Scientific Management« erstmals erschien. Taylor war auch der erste, der sich auf seiner Visitenkarte »Consultant to Management« nannte.
- Die klassische Form des modernen Unternehmens und des modernen Managements wurde 1920 gefunden, als General Motors sich nach dem Konzept von Alfred Sloan eine Bereichsstruktur und eine Führungshierarchie zulegte.
- Erst nach dem Zweiten Weltkrieg setzte sich das Management-Denken auch bei Betrieben unterhalb der Konzerngröße durch.*
- Und erst in den 70er Jahren kam am Management keiner mehr vorbei: In Peter F. Druckers Worten: »Wenn Tante Marie ihrem Neffen zum Abschluss der High School ein Geschenk machen will und sie ihm *In Search of Excellence* von Tom Peters und Bob Waterman aussucht, wissen wir, dass das Management zu einem festen Bestandteil der allgemeinen Kultur geworden ist.«[128]

Das Management spielte eine herausragende Rolle bei der Entstehung und Entwicklung des modernen Kapitalismus. Das taten die amerikanischen Eisenbahngesellschaften auch, genau wie die Arbeiterbewegung. Was ist von denen übrig geblieben?

Und was bleibt vom Management übrig?
- Auch nach der humanen Revolution wird es Führungskräfte geben, ja geben müssen. Aber es werden keine Diktatoren mehr sein, sondern Kultur-Schaffende, Sozial-Arbeiter, Coaches und Animateure. Sie müssen immer wieder unter Beweis stellen, warum es so großartig ist, ausgerechnet in *ihr* Unternehmen, in *ihren* Bereich, in *ihr* Projekt sein Humankapital zu investieren. Im Prinzip ist das der Job, den zur Zeit Finanzvorstand und Investor-Relations-Abteilung für die aktuellen und potenziellen Aktionäre machen – nur müssen

---

* Peter F. Drucker berichtet in »Die Chance des Unternehmers«, dass noch in den 50er Jahren 80 Prozent der befragten Top-Manager so etwas wie Management-Seminare strikt ablehnten: »Ich bin nicht Vorstandsmitglied bei General Electric. Wozu sollte Management bei uns gut sein?« sei eine Standard-Absage gewesen. (S. 18)

dann Personalabteilung und Vorstandsvorsitzender auf diese Weise um die aktuellen und potenziellen Mitarbeiter werben.
- Auch Team- und Projektleiter werden weiterhin gebraucht. Gruppendynamisches Ausdiskutieren aller Entscheidungen hat sich nur in extrem homogenen Gruppen bewährt, und von denen wird es auch in Zukunft nicht viele geben. Aber diese Führungs-Funktion wird nicht von oben, sondern von unten verliehen – weil die Entscheidung, sich einem bestimmten Teamleiter auf Zeit unterzuordnen, vom einzelnen Beschäftigten auf internen Märkten getroffen wird.
- Expertenwissen und Erfahrung werden eine eher größere Rolle spielen als heute. Schon 1985 empfahlen Naisbitt/Aburdene: »Ziehen Sie möglichst viele der erfahrensten Manager aus ihren Büros ab und lassen Sie sie mit begabten Nachwuchskräften arbeiten.«[129] Wenn die humane Revolution viele, die heute noch die Managementlaufbahn beschreiten, weg-reengineert hat, könnten sich ihnen hier neue Beschäftigungsfelder eröffnen.

Die Manager haben in der zweiten Hälfte des 20. Jahrhunderts nahtlos die gesellschaftliche Position übernommen, die zuvor von den Offizieren besetzt worden war. So ganz unterschiedlich sind diese beiden Berufe ja auch nicht – in den USA heißt der Vorstandsvorsitzende eines Unternehmens immer noch Chief Executive Officer. Und nicht wenige Offiziere haben es auch zu ordentlichen Karrieren im Management gebracht.

Wenn in Zukunft die Stars der Humankapital-Investoren die gesellschaftliche Rolle übernehmen, die heute noch die Manager einnehmen, wird sicherlich auch mancher heutige Manager den Frontwechsel versuchen. Wie das Beispiel der Münchner Bayern aus dem 1. Kapitel zeigt, kann man auch als einfacher Angestellter mehr verdienen als als Top-Manager.

Nur müssten diese Manager vorher erst einmal herausfinden, was sie eigentlich machen wollen.

11. Geld allein macht nicht glücklich: Kapitalisten in der humanen Revolution

Es war einmal eine menschheitsbeglückende Technologie. Sie versprach das Ende der Knappheit, also das Ende aller Sorgen, benötigte allerdings sehr hohe und sehr langfristig angelegte Investitionen. Die Industrie war dazu bereit, diese Multi-Milliarden-Investitionen vorzunehmen, stellte aber zwei Bedingungen: Der Staat müsse die Kosten für die weitere Erforschung dieser Technologie übernehmen, und er müsse dafür sorgen, dass sich die Investitionen auch dann rentierten, wenn die Menschheit von dieser Technologie gar nicht beglückt werden möchte. Der Staat war's zufrieden, die Stromkonzerne investierten, und wenn sie bis dahin nicht gestorben sein sollten, werden sie noch in dreißig Jahren darum streiten, wer die Kosten für die Entsorgung der Atomkraftwerke zu tragen hat – denn um die handelte es sich bei dieser großartigen Technologie, die Milliarden-Investitionen verlangte, aber ohne jegliches Risiko für die Investoren eingeführt wurde.

Eine typische Groß-Investitionsentscheidung in der Reifephase der Industriegesellschaft.

Es war einmal eine Grundlagenforschung mit magischem Zauber, die den Grundstein für Dutzende von menschheitsbeglückenden Technologien legen sollte. Regierungen und Wissenschaftler aus aller Welt hatten sich zusammengetan, um möglichst schnell und möglichst gemeinsam ans Ziel zu kommen. Und so würden sie heute noch forschen, hätte sich nicht Craig Venter mit seinen Gen-Sequenziermaschinen eingeschaltet und damit die Entschlüsselung des menschlichen Erbguts schon im Jahr 2000 erreicht – denn darum handelte es sich bei der magischen Grundlagenforschung. Die Börse honorierte Craig Venters Firma Celera weit besser (und übertriebener), als es die Regierungen als Grundlagenforschungs-Auftraggeber jemals hätten tun können.

Eine typische Groß-Investitionsentscheidung in der Frühphase der Wissensgesellschaft.

Es wird einmal eine menschheitsbeglückende Technologie sein. Sie verspricht das Ende aller Unwissenheit, also aller Sorgen, benötigt allerdings sehr hohe und sehr langfristig angelegte Investitionen. Der Staat war dazu bereit, den Unternehmen diese Investitionen zu erlauben, stellte aber zwei Bedingungen: Die Investitionen müssen auch dann durchgeführt werden, wenn sich die Technologie als nicht ganz so menschheitsbeglückend herausstellen sollte, und als Beleg dafür, dass sie es ernst meinten, mussten die Unternehmen dem Staat erst einmal 99 Milliarden Mark bezahlen. Dass sich die neue Mobilfunkgeneration UMTS – um die handelt es sich bei dieser großartigen Technologie – nicht für alle sechs Unternehmen rentieren wird, die eine Lizenz ersteigert haben, ist allen Beteiligten klar, scheint aber niemanden zu stören. An den Kapitalmärkten haben die Telekom-Unternehmen das Geld für UMTS gerade noch zusammengesammelt bekommen.

Eine typische Groß-Investitionsentscheidung in der Frühphase der humanen Revolution.

Vieles spricht dafür, dass die Zeiten für Investoren so ungemütlich bleiben. Eine sichere Kapitalrendite allein dafür, dass man ein paar Kilotonnen Beton und Stahl in der Landschaft verteilt, nein, diese Zustände kommen garantiert nicht wieder. Ein paar tausend Prozent Kursgewinn, nur weil man zur richtigen Zeit die richtige Idee finanziert hat – davon wird man immer noch träumen können, aber immer seltener wird es jemand erreichen.

Der Anteil, den sich die Aktionäre einfach dafür abschneiden dürfen, dass sie einem Unternehmen Geld geben, wird sich dramatisch reduzieren, denn sie investieren eine im Überfluss vorhandene Ressource: Geld. Der Anteil derer, die eine überaus knappe Ressource investieren, Zeit, Ideen, Leidenschaft, muss entsprechend größer ausfallen. Wer nur darauf schaut, die Börsianer bei Laune zu halten, und darüber die eigenen Mitarbeiter vergisst, macht einen lebensgefährlichen Fehler.

a) Welcher Value bleibt den Shareholdern?

Wenn die Humankapital-Investoren mehr bekommen: Was bleibt für die Finanzkapital-Investoren übrig, die Aktionäre, die eigentlichen Eigentümer des Unternehmens?
Weniger.
Und wie geht das?
Mit ganz normalen Kapitalmarktinstrumenten.

Geldgeber von Unternehmen werden weiterhin eine höhere Rendite als den Anleihen-Zinssatz für ihren Einsatz erwarten können, die sie für das Risiko entschädigt, dass sie mit dem Investment in ein Unternehmen eingehen. Aber das war's dann auch schon.

Ganz abgesehen davon, dass die Finanzmärkte durchaus fähig sind, für neue Situationen neue Produkte zu ersinnen, gibt es schon heute Instrumente, die eingesetzt werden können, um die maximale Rendite von Finanzinvestoren zu schmälern:

- Preisgünstige Mitarbeiteraktien und Stock Options reduzieren die Gewinnmöglichkeit freier Aktionäre und erhöhen die Profitchancen für Humankapital-Investoren. Und je attraktiver die Perspektiven eines Unternehmens sind, desto eher sind Aktionäre bereit, dies in Kauf zu nehmen.

- Genussscheine beteiligen den Kapitalgeber voll am unternehmerischen Risiko (sie gelten als Eigenkapital), gewähren aber nur eine nach oben begrenzte Rendite. Mit diesem Instrument, das von der Renditechance her gesehen eher zu den Anleihen zählt, vom Risikopotenzial aber Aktien in nichts nachsteht, können Firmen zur Zeit nur relativ risikoarme Investments finanzieren – weil sich niemand darauf einlassen würde, mit derart gedeckelten Gewinnchancen voll auf Risiko zu fahren. Aber das muss ja nicht auf ewig so gelten.

- Die Ausschüttung des Unternehmensgewinns oberhalb einer

festgelegten Grenze an die Beschäftigten beschränkt die Gewinnwachstumsrate und damit die Kursfantasie für Aktionäre.

Gerade der letzte Punkt hat übrigens in Deutschland durchaus Tradition – allerdings unter dem Begriff »produktivitätsorientierte Lohnformel«. Volkswirtschaftlich formuliert heißt sie:

Lohnerhöhung = Inflationsrate + Produktivitätszuwachs +/- Verteilungsspielraum

Praktisch heißt das: Wenn die Unternehmensgewinne stärker steigen als die Löhne, werden sich die Gewerkschaften bei der nächsten Tarifrunde ein größeres Stück vom Kuchen abschneiden können.

Abb. 14 zeigt,[130] wie sich in Deutschland in den letzten 40 Jahren diese Lohnformel ausgewirkt hat: Die Nominallöhne sind weit schneller gestiegen als die Lebenshaltungskosten, die Reallöhne sind also steil angeklettert, etwa im gleichen Tempo wie die Arbeitsproduktivität. In den USA wuchs im gleichen Zeitraum die Lohnhöhe nur im gleichen Ausmaß wie die Inflation. Dementsprechend konnten in den USA die Unternehmensgewinne stärker steigen und damit auch die, langfristig zumindest, daran gekoppelten Aktienkurse.* Davon werden sich die Kapitaleigner verabschieden müssen.

Müssen?

Wenn das Ergebnis für sie so offensichtlich nachteilig ist: Warum sollten sich die bisher so gehätschelten Eigentümer der Unternehmen, die Aktionäre, überhaupt darauf einlassen? Kann sie denn jemand zwingen? Ihnen gehören doch die Konzerne!

Es gibt darauf drei mögliche Antworten:
- Es muss sie keiner zwingen. Sie werden es freiwillig tun.

---

* Volkswirtschaftlich betrachtet handelt es sich dabei in den USA allerdings nicht so sehr um eine Umverteilung von Lohnempfängern zu Kapitalisten, sondern vor allem um den Aufbau eines Kapitalstocks für die private Altersvorsorge. Denn genau in diesen Jahrzehnten wurden die in den 50er Jahren ins Leben gerufenen Pensionsfonds der Arbeitnehmer zu den größten Anteilseignern der US-amerikanischen Unternehmen. Die Beschäftigten verzichteten also auf Gegenwartskonsum zugunsten eines Zukunftskonsums in Form kapitalgedeckter Altersvorsorge.

Lohnentwicklung in Deutschland und den USA

Deutschland

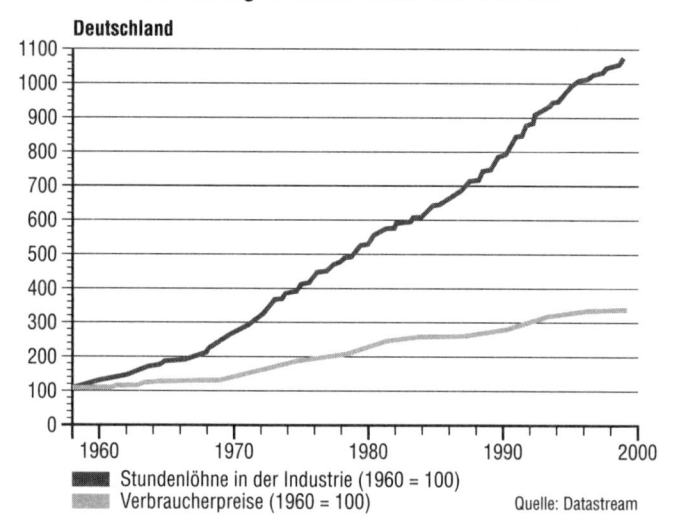

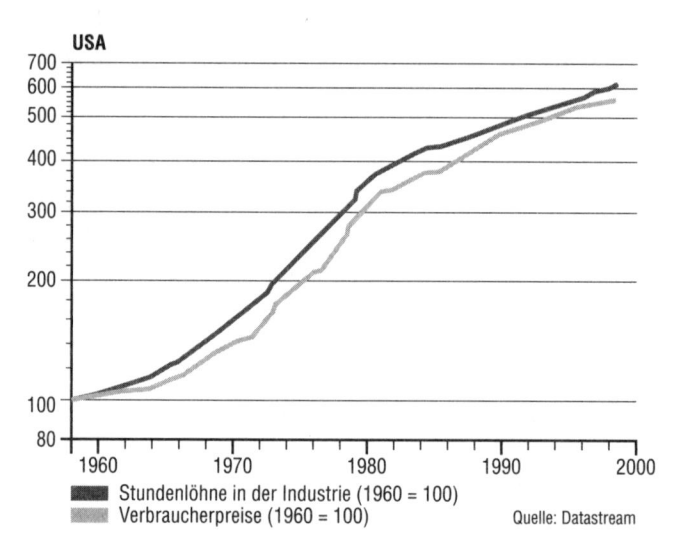

■ Stundenlöhne in der Industrie (1960 = 100)
▨ Verbraucherpreise (1960 = 100)

Quelle: Datastream

USA

■ Stundenlöhne in der Industrie (1960 = 100)
▨ Verbraucherpreise (1960 = 100)

Quelle: Datastream

Abb. 14

- Sie werden von der Macht der Humankapitalisten an die Wand gedrückt und ausgepresst wie eine Zitrone.
- Sie werden eine faire Rendite für ihr Geld erhalten, wenn sie erst einmal die neue Macht der Humankapitalisten anerkannt haben.

Fangen wir mit dem *Markt-Szenario* an:

Das Kapital strebt immer auf die Sonnenseite. Es wird dort investiert, wo es die besten Renditen (oder das geringste Risiko oder die beste Relation von Chance und Risiko) bekommt. Wenn Firmen, die die Interessen der Humankapital-Investoren über die der Aktionäre stellen, trotzdem höhere Renditen für Aktionäre bieten als die traditionell am Shareholder Value orientierten Unternehmen, dann werden die Finanz-Investoren auf die Shareholder Value Ideologie pfeifen und sich dort engagieren, wo sie bessere Konditionen bekommen. Denn gedeckelte Renditen sind immer noch besser als gar keine Renditen.

Und jetzt das *Ausbeutungs-Szenario*:

Abb. 15[131] zeigt, wie sich in den USA in einem 70-Jahres-Zeitraum der Anteil der 40- bis 59jährigen an allen erwachsenen Einwohnern (mehr als 20 Jahre alt) entwickelt hat bzw. entwickeln wird. Und sie stellt dar, wie hoch in den einzelnen Jahren der Aktienanteil am Gesamtvermögen der amerikanischen Haushalte ist. Sie werden eine auf den ersten Blick frappierende Ähnlichkeit im Verlauf der beiden Kurven feststellen. Aber es gibt einen guten Grund dafür, dass diese Kurven so parallel verlaufen: Die 40- bis 59jährigen stellen die Bevölkerungsgruppe mit dem höchsten Geldanlagebedarf dar. Die jüngeren investieren in Familie, Haus, Hausstand, die älteren verkonsumieren ihre Ersparnisse, und sie, die mittelalten, haben Geld übrig, weil das Haus langsam abbezahlt ist und die Kinder aus dem Haus sind und das Gehalt weit höher ist als am Beginn der Karriere. Also kann man sich ja etwas für später zurücklegen.

Weil sich viele das gedacht haben und weil in den letzten zwei Jahrzehnten der Anteil der 40- bis 59jährigen rapide gestiegen ist, haben die US-Aktienbörsen einen 18 Jahre dauernden, fast ununterbrochenen fulminanten Kursanstieg hinter sich. Von 800 Punkten

Der Geldanleger-Berg in den USA Abb. 15

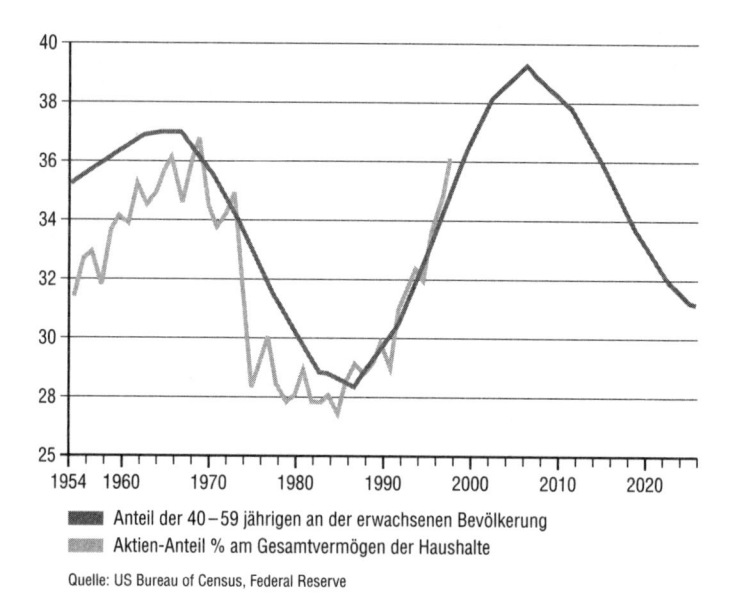

Anteil der 40–59 jährigen an der erwachsenen Bevölkerung
Aktien-Anteil % am Gesamtvermögen der Haushalte
Quelle: US Bureau of Census, Federal Reserve

im Jahr 1982 stieg der Dow-Jones-Index bis zum Jahr 2000 auf über 11 000 Punkte – mit nur einem Rückschlag (dem Crash vom Oktober 1987) und einigen Seitwärtsbewegungen dazwischen. Die demographische Entwicklung legt nahe, dass dieser Trend noch etwa ein Jahrzehnt anhalten wird.

Und dann?

Innerhalb von 15 Jahren halbiert sich der Anteil dieser Geldanleger-Gruppe. Die Zahl derer, die neues Geld an der Börse investieren wollen, nimmt beständig ab – und gleichzeitig nimmt die Zahl derer rapide zu, die ihr Geld von der Börse zurück haben wollen. All diejenigen, die in den Jahren bis 2010 den scheinbar unaufhörlichen Anstieg an der Wall Street mit ihrem Geld angefeuert haben, sind jetzt, 2025, kurz vor oder mitten im Rentenalter. Und wollen nicht mehr anlegen, sondern ausgeben. Also wollen sie Teile ihrer Aktienpakete verkaufen. Aber weil es nur noch wenige im besten Anlagealter gibt, gibt es dafür weniger Nachfrage, also sinken die Aktienkurse. Also müssen sie noch größere Teile ihrer Aktienpakete verkaufen, um den Lebensstandard halten zu können, den sie sich ausgemalt haben. Der erhöhte Verkaufsdruck drückt die Kurse noch weiter. Und mit ein bisschen Pech und ein bisschen Panik krachen die Kurse durch den Fußboden und die eben noch sich wohlhabend wähnenden Rentner stehen vor den Trümmern ihrer privaten Altersvorsorge.

Im Ergebnis würde dieses Szenario* die Inhaber des Produktionsfaktors Kapital um die Früchte ihres Einsatzes bringen, der ja nicht einfach nur in Geld besteht: Dieses Geld repräsentiert den Teil ihres Arbeitseinkommens, den sie in den vergangenen Jahren und Jahrzehnten gespart hatten, um davon im Alter leben zu können.

Genau so wie ihnen war es um 1850 den Inhabern des Produktionsfaktors Arbeit ergangen. Ihnen blieb am Ende nichts, das sie für täglich 14 Stunden Plackerei entschädigte – außer der Möglichkeit, am Leben bleiben zu können.

Ich kann mir nicht vorstellen, dass es so weit kommen wird. Ich sehe eher das *faire Szenario*: Die Inhaber des Produktionsfaktors Arbeit, die Humankapital-Investoren, werden rechtzeitig Wege finden, um einen Zusammenbruch des Kapitalmarktes zu verhindern. Sie werden das tun, was die Kapitalisten von 1850 und auch die von 1900 nicht taten, was 1914 als erster Henry Ford tat: Sie werden dafür sorgen, dass es zu fairen Bedingungen im Konflikt zwischen Kapital und Arbeit kommt.

Sie tun es nicht unbedingt, weil sie bessere Menschen sind als die Kapitalisten von damals. Sie tun es, weil sie eine moralische Verpflichtung und eine direkte ökonomische Verantwortung gegenüber den Finanz-Investoren haben.

Es sind ihre eigenen Eltern.

Bei allen Gelüsten, die eigene Machtposition einmal richtig aus-

---

* Das auf einer zwar pessimistischen, aber durchaus möglichen Einschätzung über die Anpassung der Kapitalmärkte an die demographische Entwicklung beruht.

zukosten: Was hätten die Humankapital-Investoren davon, die eigenen Eltern bis zum Letzten auszubeuten? Am Ende müssten sie ja doch deren Versorgung übernehmen.

b) Die faire Kapitalrendite

Schon die Formulierung »faires Szenario« legt nahe, dass es tatsächlich einen fairen Preis des Geldes, eine »faire Rendite« geben könne.
Zur Zeit gibt es das tatsächlich – allerdings erst seit wenigen Jahrzehnten. Es gibt das erst, seit es einen liquiden Markt für (fast) absolut sichere Anleihen gibt, also seit sich die führenden Industriestaaten in erheblichem Ausmaß am Kapitalmarkt verschuldet haben.* Nur wenn derart die risikolose Geldanlage mit einem Preisschild versehen ist, lassen sich Risiken und Chancen anderer Geldanlagen an dieser Basis messen. Und nur diese Messung kann zeigen ob es sich bei einer speziellen Anlage um ein »angemessenes« Rendite-Risiko-Verhältnis handelt, also um eine »faire« Rendite.
Für marktradikale Ökonomen ist es geradezu abstrus, im Zusammenhang mit dem Preis des Geldes von Fairness oder Angemessenheit zu reden: Der faire Preis ist jeweils der, der sich am Markt einstellt, und damit basta. Wenn Angebot und Nachfrage sich dekken, ist das optimale Ergebnis erreicht, jeder Versuch, in die Preisbildung einzugreifen, kann das Resultat nur verschlechtern.
Mag sein, dass das stimmt, mag sein, dass nicht.** Darauf kommt es hier auch gar nicht an. Es gibt, rein marktradikal gedacht, auch keinen besseren Preis der Arbeitskraft als den, auf den sich Anbieter

---

* Gut möglich, dass hierin der bleibende Verdienst des Keynesianismus bestehen wird: Durch seine laxe Haltung gegenüber der Staatsverschuldung konnte sich mit der Staatsanleihe eine Benchmark der risikolosen Geldanlage herausbilden.

** In jüngster Zeit meldete sich George Soros mit vehementen und gleichzeitig fundierten Zweifeln an der Stabilität der Finanzmärkte zu Wort. Er stellt ihre Fähigkeit in Frage, immer wieder ein Gleichgewicht zu erreichen: »In Wahrheit neigen Finanzmärkte zu Exzessen, und wenn eine Boom/Bust-Folge einen bestimmten Punkt überschreitet, wird sie niemals zu ihrem Ausgangspunkt zurückkehren.« (Soros, Die Krise des globalen Kapitalismus, a.a.O., S. 15

und Nachfrager im Arbeitsvertrag einigen – und trotzdem gibt es Tarifverhandlungen, auf denen ein paar dazu autorisierte Menschen über den fairen Preis der Arbeitskraft von Millionen von Beschäftigten entscheiden. In einer Situation, in der den Finanz-Investoren das Wasser bis zum Hals steht, und marktradikales Handeln die Vernichtung der Ersparnisse von Millionen von Anlegern zur Folge hätte, werden sich die Anleger *wünschen*, dass sie faire Renditen für ihre Geldanlagen bekommen.

Es gibt zumindest zwei Variablen, die sich für die Ermittlung fairer Renditen heranziehen lassen:

- der Abstand zur Rendite sicherer Staatsanleihen: Es ist mit höherem Risiko behaftet, sein Geld in Unternehmen zu investieren als in Bundesschatzbriefe. Dieses höhere Risiko muss bei fairen Bedingungen entsprechend abgegolten werden.
- Die Höhe der Versicherungsprämie für Humankapital-Investoren: Im 3. Kapitel hatten wir einen wesentlichen Vorteil der Beschäftigung im Konzern gegenüber der Selbstständigkeit erwähnt – Konzerne können dem einzelnen Humankapital-Investor eine Sicherheit bieten, die er als Unternehmer nie haben könnte. Er kann machen, was er will, ohne das Risiko zu tragen, das mit seinem Tun verbunden ist. Dieses Risiko tragen die Eigentümer des Konzerns. Die Beschäftigten überlassen ihnen dafür einen Teil der Wertschöpfung des Unternehmens, sozusagen eine Versicherungsprämie, die sie für die Risikolosigkeit bezahlen.

Beide Variablen führen nicht dazu, dass eine einzelne Zahl oder Formel die faire Rendite berechnen könnte. Letztlich handelt es sich hier um eine Festlegung, die zwischen den Finanz-Investoren und den Humankapital-Investoren stets von Neuem ausgehandelt werden muss. Man kann diese Festlegung den konzerninternen oder den externen Kapitalmärkten überlassen, was ich stark präferiere.

In guter alter korporatistischer Tradition Deutschlands wird es allerdings auch möglich sein, sie zum Thema förmlicher Tarifverhandlungen zu machen. Es ließe sich jederzeit ein Modell konstruieren, in dem die Höhe der fairen Rendite jedes Jahr aufs Neue

ausgehandelt wird so wie heute in Tarifverhandlungen die faire Lohnhöhe. Auf Unternehmensebene, auf regionaler Ebene, auf Branchenebene, auf Bundesebene, auf europäischer Ebene. Alles ist möglich.
Theoretisch.
Vorstellen kann ich mir solche Tarifverhandlungen nicht.
Aber hätte sich ein manchester-kapitalistischer Unternehmer vorstellen können, dass es einmal so etwas wie nationale Tarifverhandlungen über die Lohnhöhe geben könnte?

c) Investitionen in Menschen

Bei Geldanlage denken wir üblicherweise daran, unser Geld bei der Bank (Sparbuch), beim Staat (Bundesschatzbrief, Anleihen) oder bei Unternehmen (Aktien) arbeiten zu lassen. Anleger, die vom Erfolg der humanen Revolution überzeugt sind, müssten sich, so gesehen, also nur die Firmen herauspicken, die dabei erfolgreich sein werden, und sich dann mit deren Aktien eindecken. Das mag zwar jeder gerne versuchen, aber streng genommen wäre die Investition in solche Firmen nicht die logische Konsequenz aus einem Erfolg der humanen Revolution.

Die logische Konsequenz wäre die Investition in Humankapital-Investoren.

In Menschen.

»Wir investieren in Menschen«, tönt es gerade aus der Fernsehwerbung – eine Venture-Capital-Firma macht auf sich aufmerksam. Sie tut natürlich nicht, was sie da verspricht: Sie investiert in Unternehmensanteile. In Anteile von Unternehmen, die von Menschen gegründet wurden, die Ideen hatten. Wenn diese Unternehmen den Gang an die Börse schaffen, fällt dabei auch Rendite ab. Das ist genauso eine Investition in einen Menschen, wie der Kauf einer DaimlerChrysler-Aktie eine Investition in Jürgen Schrempp ist.

Seit 1998 ist eine David-Bowie-Anleihe auf dem Markt. Das klingt zwar wie eine Investition in einen Menschen – ist aber eine

Investition in Urheberrechte. Diese Anleihe vom Typ der Assetbacked Securities bedient die Gläubiger aus den Tantiemen, die regelmäßig und weltweit für das Abspielen alter Bowie-Songs anfallen. Würde Joanne Rowling heute eine Anleihe emittieren, die durch die Tantiemen aus den Harry Potter-Büchern gedeckt wäre, wäre sie am Kapitalmarkt wohl problemlos unterzubringen.

Investitionen in Menschen sehen anders aus.

So zum Beispiel: Als zwei hoffnungsvolle Tenniskinder ihre ersten Jugendmeisterschaften gewonnen hatten, dachte sich ihr Vater etwas ganz Besonderes aus. Er gründete eine GmbH, deren Zweck es war, die Karriere der Sprösslinge zu finanzieren, um hinterher durch die Beteiligung an Preisgeldern Rendite zu erwirtschaften. 15 Investoren steuerten je 50 000 Mark bei und freuten sich auf viele, viele Turniersiege. Bei dem einen der beiden Wunderkinder kamen die auch. Thomas Haas, so hieß der Junge, schaffte 1999 kurzzeitig sogar den Sprung in die Top Ten der Tennis-Weltrangliste und holte 2000 in Sydney Olympia-Silber. Seine ältere Schwester Sabine dagegen war dem Druck des Tennisgeschäfts nicht gewachsen und stieg aus, ohne den Investoren Erträge zu bringen. Doch obwohl diese im Jahr 1990 ihr Geld in einen 12jährigen gesteckt hatten, aus dem tatsächlich Deutschlands bester Tennisspieler wurde, fiel die Rendite für die Investoren nur mäßig aus: Mit dem vereinbarten einen Prozent aller Preisgelder kam bisher gerade mal die Anfangs-Investition zurück. Mit deutschen Aktien hätten sie in der gleichen Zeit ihr Geld verdreifachen können. Kein wirklich Mut machendes Vorbild für Investitionen in Menschen.

Der britische New-Economy-Vordenker Charles Leadbeater malt sich aus, dass wir in Zukunft intellektuelle Fähigkeiten auf speziell dafür entwickelten Märkten handeln, »weil sich das als der beste Weg herausstellen könnte, um intellektuelle Potenziale zu bewerten«.[132] Aber so richtig zukunftsweisend will mir ein solches Modell auch nicht scheinen. Die Aufnahmefähigkeit des Kapitalmarktes für den Handel mit Futures oder Aktien auf Individuen dürfte nur gering sein:

- Das Risiko, dass einem einzelnen Menschen etwas Menschli-

ches zustößt (Krankheit, Tod, Sinnkrise, die große, alles verzehrende Liebe) und dadurch der Einsatz verloren geht, ist zu hoch;
• Intellektuelle Fähigkeiten lassen sich nur schwer in eines der Bewertungsraster packen, die Finanz-Investoren nun mal für ihre Entscheidung benötigen. Nach welchem Kriterium soll man Charles-Leadbeater-Aktien bewerten? Nach seinem Einkommen (das er wohl kaum verraten möchte)? Nach seinem Innovationsgrad (der sich eher gar nicht messen lässt)? Nach der Zahl seiner Vorträge (das ließe sich herausbekommen, sagt aber nicht viel)? Nach der Qualität seiner Vorträge (das würde viel sagen, ließe sich aber nicht herausbekommen)? Wenn das alles nicht, dann bleibt – nach Gefühl. Und daraus lassen sich keine effizienten Märkte machen.
• Es gibt nicht wirklich viele Menschen, die so bekannt sind, dass genügend Investoren für den Aufbau eines liquiden Marktes bereit stünden. Madonna-Aktien? Jederzeit! Leadbeater-Futures? Da wird's schon schwieriger. Jochen-Keinath-Optionen? Keine Chance!
• Der Anreiz, sich selbst an die Börse zu bringen, ist beim Futures-Handel denkbar gering – man bekommt selbst keinen Pfennig dafür, sondern nur eine Maßzahl für den aktuell an der Börse festgestellten eigenen Wert. Und so genau will man denn vielleicht doch nicht wissen, was die Welt da draußen gerade von einem hält.

Alle Bedenken mal beiseite gelassen: Selbst wenn weltweit die Fähigkeiten von 100 000 Menschen auf diese Weise handelbar wären, was ein extrem ehrgeiziges Ziel darstellte, blieben noch schlappe sechs Milliarden Menschen übrig, mit deren Fähigkeiten nicht gehandelt werden könnte. Kein gutes Verhältnis.

Sie merken schon: So einfach ist es nicht, in Menschen zu investieren. Der Handel mit Individuen ist nur bei wenigen, besonders prominenten Menschen überhaupt denkbar, von denen aber die wenigsten es nötig haben werden, über die Börse Kapital aufzunehmen.

Positiv gewendet sieht der Satz aber schon freundlicher aus:

Investitionen in Menschen können dann ein sinnvolles Instrument sein, wenn das Kapital einer Gruppe von Menschen zugute kommt, für die es einen besonders hohen Nutzen bringt, an der Börse Geld einzusammeln – und die dem Investor eine besonders hohe Wahrscheinlichkeit bringen, sein Geld mit attraktiver Rendite zurückzuerhalten.

Oder, kürzer und konkreter:
Investitionen in Menschen sind sinnvoll, wenn es sich bei ihnen um viel versprechende Personen in der Ausbildung oder in den ersten Berufsjahren handelt.

Diese Personengruppe wird ihr Potenzial besser entfalten können, wenn sie sich die bestmögliche bzw. die am besten passende Ausbildung finanzieren kann. Sie kann es sich dadurch eher leisten, in den ersten Berufsjahren stärker auf den Erwerb von Wissen und Erfahrung aus zu sein, also langfristige Profitmaximierung zu betreiben, statt hier Kompromisse zu machen, nur um den Lebensunterhalt zu sichern. Und diese Personengruppe wird ohne große Anstrengungen in der Lage sein, in späteren Berufsjahren einen Einkommensanteil an die Investoren abzutreten, der diesen eine attraktive Rendite sichert.

In der Tat sind die ersten Finanzprodukte dieser Art schon auf dem Markt. Im Jahr 2000 hat zum Beispiel die Vereins- und Westbank in Hamburg einen ersten Humankapitalfonds aufgelegt. Dieser investiert in einzelne Menschen oder Personengruppen (z.B. ganze Studienjahrgänge) und erzielt Rückflüsse aus einer Beteiligung am zukünftigen Gehalt ihrer Schützlinge.

Die Humankapital-Investmentfonds, die im 9. Kapitel vorgestellt wurden, haben zwar einen durchaus anderen Zweck als dieser Fonds der Vereins- und Westbank. Sie sollen einzelnen Beschäftigten die Möglichkeit geben, durch Beratung und Weiterbildung ihr Potenzial besser entfalten zu können. Und dafür bezahlen diejenigen, die diese Beratung in Anspruch nehmen. Aber von diesen Dienstleistungsbetrieben ließen sich sicherlich einige als Geldanlageinstrument einsetzen – nämlich wiederum alle die, die sich auf Personen in der Ausbildung oder in den ersten Berufsjahren spezialisiert haben. In der Tat könnte sich hieraus zum allseitigen Nutzen ein florierendes Börsensegment entwickeln.

Dennoch: Auch hier gibt es zwei eher grundsätzliche Einwände:
- Mit einem gesicherten Lebensunterhalt in der Ausbildungszeit wird man in vielen Fällen eher eine geradlinige Karriere befördern, was nicht unbedingt renditesteigernd sein muss. Ich musste in meiner Studienzeit zumindest Teile meines Lebensunterhaltes selbst verdienen und tat das als Straßenverkäufer und Abonnementverwalter einer längst nicht mehr existierenden Alternativ-Zeitung. Ohne diesen Nebenjob wäre ich kein Journalist geworden, hätte wahrscheinlich die universitäre Laufbahn eingeschlagen und würde jetzt vielleicht als Privatdozent mit Fachgebiet Parteienforschung darum zittern, ob ich es vor Ablauf meines befristeten Vertrages noch bis zum Professor für Politikwissenschaft schaffe. Wäre das wirklich besser gewesen?
- Wie behandeln Finanz-Investoren eine Untergruppe der in Ausbildung befindlichen Personen, die zwar ein gutes Potenzial vorweisen können, aber relativ schlechte Renditechancen bieten – die Frauen? Müssen die unterschreiben, dass sie bis zum 35. Lebensjahr keine Kinder bekommen? Geht wohl nicht. Dass sie nach höchstens einem Jahr Babypause wieder in den Beruf zurückgehen? Klingt auch nicht gut. Dass im Fall eines Ausstiegs aus der Erwerbsarbeit ihr Mann die Verpflichtungen den Investoren gegenüber übernimmt? Macht sich als Mitgift nicht gut. Möglich wäre immerhin eine Klausel, dass im Fall eines Ausstiegs aus der Erwerbsarbeit ein Festbetrag als Restanspruch der Investoren festgelegt wird, der in Monatsraten abzuzahlen ist. Aber auch da bleibt ein fader Nachgeschmack.

Angesichts der vielen kleinen und großen Haken, die bei allen hier diskutierten Investitionsvarianten auftauchen, ist es vielleicht doch am sinnvollsten, die traditionelle Methode zu fördern, sein Geld in Menschen zu investieren – einfach, ertragreich und milliardenfach erprobt: Kriegen Sie Kinder! Freuen Sie sich an ihnen, ärgern Sie sich über sie, lehren Sie sie und lernen Sie von ihnen. Besser können Sie Ihr Geld gar nicht anlegen.

12. Neuordnungspolitik: Der Staat in der humanen Revolution

»Das Ziel der Politik im 21. Jahrhundert sollte es sein, die Gesellschaft so zu organisieren, dass sie die Entstehung und den Gebrauch von Wissen maximiert«[133], schreibt Charles Leadbeater, einflussreicher Berater des britischen Premierministers Tony Blair. Der geeignete Hebel dabei ist für ihn die Wirtschaft: »Wir müssen die Wirtschaft so umgestalten, dass sie ihr Potenzial für Entstehung und Verbreitung von Wissen in der Bevölkerung entfalten kann.«[134]

Das erste dieser beiden Zitate ist bei weitem richtiger als das zweite.

Denn mit dem Aufruf zur Umgestaltung der Wirtschaft zielt Leadbeater weit an der absolut zentralen Aufgabe des Staates in dieser Situation vorbei: den *Staat* so umzugestalten, dass er sein »Potenzial für Entstehung und Verbreitung von Wissen in der Bevölkerung entfalten kann«.

Ich habe lange überlegt, ob ich dem Staat einen, ehrenvolleren, Platz im letzten Kapitel einräumen sollte, in dem es um die entscheidenden Triebkräfte bei der Durchsetzung der humanen Revolution geht. Ich habe mich dagegen entschieden: Deutschland kann zwar auf eine lange, wenn auch nicht immer ruhmreiche Tradition in der »Revolution von oben« zurückblicken, wie

- die Stein-Hardenbergsche Bauernbefreiung in Preußen ab 1807,
- die Bismarcksche Sozialgesetzgebung in den 1880er Jahren,
- Hitlers Machtergreifung im Jahr 1933;

ich sehe allerdings nicht, dass der Staat eine entscheidende Rolle bei der Durchsetzung der humanen Revolution spielen kann.

Die Politik, ja, die schon: Denn die Veränderungen, die die humane Revolution herbeiführen wird, die Verschiebungen in den Einfluss-Sphären und Machtverhältnissen in der Gesellschaft wird diese dazu prädestinieren, zum Konfliktpunkt zwischen den Parteien zu werden, zu etwas, wofür oder wogegen man seine Wähler mobilisieren kann.

In einem demokratischen System ist es sehr unwahrscheinlich, dass der Staat eine tragende, vorantreibende Rolle spielen kann, wo die Parteien zerstritten sind. Im letzten Kapitel werde ich deshalb diskutieren, welche *Partei* die Führungsrolle bei der Durchsetzung der humanen Revolution einnehmen könnte.

Der Staat hat dafür dieses eigene Kapitel bekommen. Für die drei neben der Wirtschaftspolitik* wichtigsten Bereiche staatlichen Handelns,
- das Sozialsystem,
- das Bildungssystem und
- das Steuersystem

werde ich anreißen, wo die humane Revolution aus Systemfehlern handfeste Probleme machen wird, und jeweils einzelne Handlungsoptionen aufzeigen.

a) Ein neues Sozialsystem

Das deutsche Sozialsystem verfügt, en gros und en detail, über eine ganze Latte von Fehlern. Das geht jedem ordentlichen System so. Sobald ein Fehler Geld kostet, wird er bemerkt, sobald er viel Geld kostet, wird er zum Problem, und wenn er zu viel Geld kostet, wird er beseitigt und gibt den Blick auf das nächste Problem frei. Da über jedes Problem endlos gestritten werden kann, da sich die Umwelt des Systems ständig ändert und da außerdem die Beseitigung von Fehlern wiederum neuen Schaden anrichten kann, geht dem Sozialsystem die Arbeit nie aus. Das wird sich in der humanen Revolution sicherlich nicht ändern.

Auch wenn jeder tun kann, was er will, wird es Menschen geben, die für das, was sie tun wollen, keinen finden, der sie bezahlt – für die Sozialpolitiker von morgen das Pendant zur Arbeitslosigkeit von

---

* die im 7. Kapitel bereits gewürdigt wurde

heute. Und wahrscheinlich werden sie dabei auch auf Lösungen verfallen, die dem heutigen Instrumentarium ähneln: Wenn das, was ein Erwerbsfähiger tun will, auf dem Markt von niemandem nachgefragt wird, zumindest nicht zu einem Preis, der ihm sein Auskommen sichern könnte, kann die Sozialpolitik

- nachhelfen, indem sie einem Unternehmen Zuschüsse dafür gibt, dass es dieses Humankapital doch einsetzt;
- einspringen, indem staatliche Stellen die Rolle des Nachfragers übernehmen;
- ruhig stellen, indem sie Nichtstun bezahlt und man das, was man tun will, eben zum Hobby machen muss;
- weiterbilden, indem sie ermöglicht, dass man das, was man tun will, auch tatsächlich beherrscht;
- erziehen, indem sie Hilfe dabei anbietet, noch einmal darüber nachzudenken, ob das, was man tun will, auch wirklich das ist, was man wirklich, wirklich will – oder
- Druck ausüben, indem sie nichts von alledem tut und damit den Erwerbsfähigen zwingt, zumindest zeitweise die eigenen Interessen hintan zu stellen.

Damit sind zumindest die Hauptstränge der deutschen Sozialpolitik auch in der Wissensgesellschaft des 21. Jahrhunderts anwendbar:* Welche Lösung umgesetzt wird, hängt davon ab, wie häufig solche Fälle vorkommen, wieviel Geld also insgesamt aufgewendet werden müsste – und davon, welchen Wohlstand die übrigen erwirtschaften, wie groß also die Verteilungsspielräume sind.

Zwei heute schon vorhandene, grundlegende Systemfehler werden sich allerdings in der humanen Revolution zu gravierenden Problemen für das Sozialsystem auswachsen:
- Es ist ein Zwangssystem, und
- es ist ein verdurchschnittlichendes System.

---

* was den angenehmen Nebeneffekt hat, dass sich die Parteien in der Sozialpolitik nicht all zu sehr umstellen oder gar die Fronten wechseln müssen.

Das Zwangssystem des Sozialstaats
Die Industriegesellschaft, da sind sich Karl Marx und Norbert Blüm einig, beruht auf der Erwerbsarbeit. Von ihr geht aller Mehrwert und Wohlstand aus, auf sie müssen sich die sozialen Sicherungssysteme beziehen, wenn sie leistungsfähig bleiben wollen. Hier muss erarbeitet werden, was verteilt werden soll – deshalb ist es geradezu eine solidarische Pflicht des Einzelnen, seine Produktivkraft so einzusetzen, dass sie Wohlstand für alle erwirtschaftet.

Und wie meistens, wenn große Verheißungen für die Gesamtheit darauf angewiesen sind, dass nicht zu viele sich aus dieser Gesamtheit ausklinken, wird ein Druck- und Drohpotenzial aufgebaut – sprich: ein Zwangssystem.

Das gegenwärtige soziale System versucht zu erzwingen, dass jeder *irgendwie* einen Beitrag zur gesamtgesellschaftlichen Produktion leistet. Die staatlichen Sanktionen greifen dort, wo jemand Arbeitsverweigerung erwägt.

Im realen Sozialismus brachte es das Zwangssystem sogar zu Verfassungsrang: »Gesellschaftlich nützliche Tätigkeit ist eine ehrenvolle Pflicht für jeden arbeitsfähigen Bürger. Das Recht auf Arbeit und die Pflicht zur Arbeit bilden eine Einheit«, hieß es in Artikel 24, Abs. 2 der Verfassung der DDR.* Dass dies dazu beigetragen hätte, die Kreativität der DDR-Bürger in die Steigerung der Arbeitsproduktivität zu lenken, lässt sich wohl kaum behaupten.

Das bundesdeutsche Sozialsystem vereint zwar nicht Recht auf und Pflicht zur Arbeit, aber dafür Zwang und Schutz: Sozialgesetzgebung und Sozialversicherungen hindern den einzelnen Arbeitnehmer daran, aus der gesamtgesellschaftlichen Solidarität auszusteigen, auch wenn der Ausstieg für ihn profitabel wäre. Zugleich wird das Verhältnis zwischen Arbeitnehmer und Arbeitgeber so weit geregelt, dass der Arbeitnehmer davor geschützt wird, von seinem Arbeitgeber ausgebeutet zu werden. Die Sozialpartnerschaft zwingt

---

* In der ursprünglichen Version von 1949 war die »Pflicht zur Arbeit« noch nicht nötig. Da hieß es in Artikel 15 nur: »Das Recht auf Arbeit wird verbürgt. Der Staat sichert durch Wirtschaftslenkung jedem Bürger Arbeit und Lebensunterhalt.« Die verschärfte Fassung findet sich erstmals in der DDR-Verfassung vom 6. April 1968.

die Unternehmen dazu, sich mit den Gewerkschaften auf nicht zu unterschreitende Tariflöhne zu einigen, schützt sie aber vor wilden Streiks.

Einzig die beständig drohende Arbeitslosigkeit ist ein reines Druck- und Disziplinierungsmittel ohne Schutzfunktion: Wer nicht so funktioniert, wie er soll, bekommt keinen Arbeitgeber mehr, der ein würdevolles Leben und Arbeiten ermöglicht.* Doch es gibt immer mehr, die man so nicht bedrücken kann.

Zwar liegt die Arbeitslosenquote immer noch bei ca. zehn Prozent, aber von den Arbeitsplatzbesitzern gibt es etwa 20 bis 30 Prozent, die sich sicher sein können, dass die Arbeitslosigkeit für sie auf absehbare Zeit keine echte Gefahr ist, selbst wenn sie ihren aktuellen Job verlieren würden – sie sind so erfahren, qualifiziert und begehrt, dass andere Arbeitgeber geradezu sehnsüchtig darauf warten, sie endlich einstellen zu dürfen.

Und auch bei denen, die vom Druckmittel Arbeitslosigkeit noch erfasst werden, taucht in der Wissensgesellschaft ein Problem auf: Körper kann man zu produktiver Arbeit zwingen. Köpfe nicht.

Die Gedanken sind frei.

Das verdurchschnittlichende Sozialsystem
Niemand hat jemals so konsequent und so kontinuierlich einem Unternehmen seine Arbeitszeit zur Verfügung gestellt wie Milton Ward Garland. Im Jahr 1920 wurde der damals 25jährige Ingenieur Garland bei einer Klimaanlagenfirma in Waynesboro im US-Bundesstaat Pennsylvania angestellt. Jeden Werktag betrat er um acht Uhr sein Büro. Monat für Monat, Jahr für Jahr.

80 Jahre lang.

Immer bei der gleichen Firma.

Noch in seinem letzten, dem 105. Lebensjahr, arbeitete er vier Stunden täglich bei der York Company. »Ich glaube, das Geheimnis

---

* Eine bemerkenswerte Parallele zu dem, was man den allzu emanzipierten Frauen über ihre Chancen prophezeit hat, den Gatten und Ernährer zu finden. Die Frauen schreckt das heute kaum noch: »Brave Mädchen kommen in den Himmel, böse Mädchen kommen überall hin«, heißt der Bestseller von Ute Erhardt.

ist, seine Arbeit zu lieben«, sagte er kurz nach seinem 103. Geburtstag,[135] »ich könnte mir mein Leben ohne die vier Stunden im Büro nicht vorstellen. Jeden Morgen, wenn ich so gegen 6 Uhr aufwache, freue ich mich auf den Moment, wenn ich um 8 Uhr die York Company betrete und die Dame am Empfang mich begrüßt. Dann zieht mich mein Schreibtisch magisch an.«

Den meisten Menschen würde ein solches Leben wohl langweilig oder gar grauenhaft vorkommen: 80 Jahre in der gleichen Firma, 74 Jahre im gleichen Haus, keine Hobbys, nur die Arbeit. Aber Milton Garland war damit glücklich. Er hatte die Arbeit gefunden, die ihn erfüllte, und er machte sie einfach, und zwar so lange, wie ihn die Firma dafür bezahlte.

In Deutschland hätte er mit 65 Jahren in Rente gehen müssen. Müssen! 1960 also. Er hätte dann 40 Jahre lang Monat für Monat Rente bekommen. Das ist nicht das Problem, dafür gibt es die Rentenversicherung.

Aber er wäre 40 Jahre lang unglücklich gewesen.

Das ist das Problem.

Dass Selbstständige viel mehr Geld verdienen als Arbeitnehmer, ist für die Gewerkschaften gerade vor Tarifverhandlungen immer wieder ein gutes Argument. Vor allem, wenn die Schere zwischen diesen beiden Beträgen sich mal wieder weiter öffnet.

Eine andere Schere, die sich seit Jahrzehnten immer weiter öffnet, wird hingegen von den Gewerkschaften nicht so oft genannt: die Arbeitszeitschere (s. Abb. 16). 1970 betrug die wöchentliche Arbeitszeit eines Arbeiters 40,9 Stunden, die eines Selbstständigen 54,9 Stunden. Bis 1999 verkürzte sich die Arbeiter-Arbeitszeit um 7,6 auf 33,3 Stunden, die Unternehmer-Arbeitszeit hingegen nur um 5,6 auf 49,3 Stunden. Brachte es ein Arbeiter 1970 noch ziemlich genau auf 75 Prozent der Arbeitszeit eines Selbstständigen, waren es 1999 nur noch ganze 67,5 Prozent.

Das ist nicht das Problem – vielleicht sind die Unternehmer ja einfach nur schlechter organisiert als ihre Untergebenen.

Wenn aber ein Arbeiter auf die Idee käme, so lange wie ein

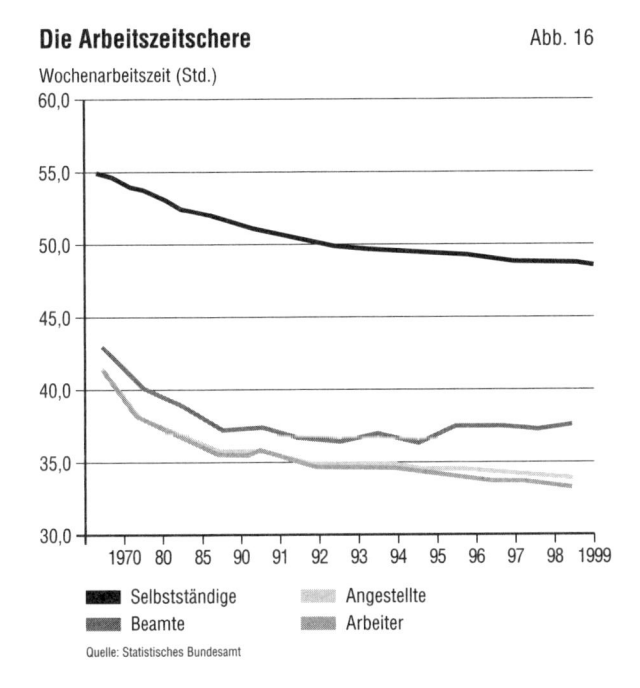

Die Arbeitszeitschere Abb. 16

Wochenarbeitszeit (Std.)

[Liniendiagramm: Wochenarbeitszeit 1970–1999 für Selbstständige, Beamte, Angestellte, Arbeiter]

Selbstständige Angestellte
Beamte Arbeiter

Quelle: Statistisches Bundesamt

durchschnittlicher Unternehmer zu arbeiten, müsste sein Chef ihn mit allen Mitteln daran hindern – bei regelmäßigen Arbeitszeiten von mehr als 48 Stunden kann die örtliche Gewerbeaufsicht nämlich das betreffende Unternehmen einfach schließen. Schließen! Wegen Verstoßes gegen das Arbeitszeitgesetz. Es spielt, rein juristisch, keine Rolle, ob der Chef den Arbeiter ausbeutet oder ob der Arbeiter so von seiner Arbeit gepackt ist. Gesetz ist Gesetz.

Das ist das Problem.

Inzwischen ist längst nicht mehr jeder froh, wenn er mit 65 in Rente gehen muss. Inzwischen ist längst nicht mehr jeder froh, wenn Feierabend ist. Doch das Bild von Arbeit, das dem sozialen System (und unserem Steuersystem) zu Grunde liegt, entspricht etwa den Beschäftigungsverhältnissen kurz vor dem ersten Ölschock – für die jüngeren unter uns: Das war 1973. Wer heute anders arbeitet (und wer tut das nicht?) macht das oft unter gewagten Hilfskonstruktionen, die Gefahr laufen, vom Gesetzgeber plötzlich für illegal erklärt zu werden – wie 1999 die Scheinselbstständigkeit.

Dass Arbeit sogar 70 Stunden pro Woche Spaß machen kann, ist nicht vorgesehen; dass jemand kein Sozialschmarotzer sein muss, wenn er ein paar Jahre auf die Einzahlung in die Rentenversicherung verzichten möchte, auch nicht;* dass nach der Geburt eines Kindes beide Eltern gleichzeitig ein paar Monate Erziehungsurlaub machen wollen, auch nicht. Eine wabernde Vielfalt echten Lebens trifft auf veraltete Durchschnittskonstrukte – und das knirscht. Immer wieder beschleicht einen das Gefühl, dass die Regelung, mit der man es gerade zu tun hat, vielleicht auf jemand passt, der so ist, wie sich Beamte einen Durchschnittsbürger vorstellen. Aber bestimmt nicht auf einen selbst.

So wird die Altersvorsorge und der Umgang mit dem Finanzamt nicht wirklich einfacher, wenn man immer wieder zwischen Lohnarbeit, Selbstständigkeit und Nicht-Arbeit pendelt. Denn die vier Arbeitszustände, die es in Deutschland gibt, nämlich Beamte, abhängig Beschäftigte, Selbstständige und geringfügig Beschäftigte, sind scheinbar hermetisch voneinander getrennt. Für alle gibt es unterschiedliche Absicherungen, und ein Übergang zwischen den Zuständen ist eigentlich nicht vorgesehen. Einmal Beamter, immer Beamter, einmal Unternehmer, immer Unternehmer. Und wehe, Sie wollen wechseln! Ich habe gerade den fünften derartigen Wechsel in den letzten fünf Jahren hinter mir und weiß, wovon ich schreibe.

»Endlich Montag«, war der Slogan einer Werbekampagne von Microsoft, der genau die ansprechen wollte, die sich am Wochenende vor allem Vorfreude auf die nächste Arbeitswoche holen. Dass es solche Leute überhaupt gibt, wird den meisten Sozialarbeitern noch gar nicht aufgegangen sein. Solange man ihnen nicht wegen Scheinselbstständigen- oder Arbeitszeitgesetz an die Kehle will, haben die Endlich-Montag-Menschen nämlich nichts mit dem Sozialsystem

---

* wenn das in den ersten Jahren nach dem Kauf des ersten eigenen Hauses ginge, hätten wir eine weit höhere Eigentumsquote bei Immobilien.

zu tun. Sie kommen nie aufs Amt, man muss nie zu ihnen nach Hause, sie kosten kein Geld, sie sind die klassischen Nicht-Kunden der Sozialbürokratie – und damit für diese eine Existenzbedrohung. Denn je mehr Endlich-Montag-Menschen es gibt, desto weniger bleibt für das Sozialsystem zu nivellieren.

Der Zwang und die Verdurchschnittlichung, diesen beide grundlegenden Webfehler des Sozialsystems begleiten uns schon so lange, sind so dominant, dass wir uns angewöhnt haben, sie für zentrale Konstruktionselemente des Sozialstaats zu halten. Sozialsystem, das heißt eben staatliche Umverteilung zugunsten der Schwachen. Das ist genauso falsch, wie wenn man als zentrales Ziel des Gesundheitssystems definiert, kranke Menschen zu heilen: Man macht damit einen *Weg* zum *Ziel* und verliert dabei das eigentliche Ziel aus den Augen. Das Ziel des Gesundheitssystems sind gesunde Menschen, und die Heilung von Krankheiten ist nur einer von mehreren Wegen zum Ziel; andere mögliche Wege sind zum Beispiel die Förderung gesunder Lebensweise, die gezielte Vorbeugung bei spezifischen Risikogruppen oder die Reparatur genetischer Defekte.

Das Ziel des Sozialsystems ist soziale Gerechtigkeit. Das ist ein weit schwammigerer Begriff als »gesunde Menschen« und wird deshalb immer heftig umstritten bleiben. Aber das ist auch ganz gut so – es gibt schließlich kaum bessere Möglichkeiten für eine Gesellschaft, die eigene Position zu bestimmen, als in einer Diskussion darüber, was man unter »sozialer Gerechtigkeit« verstehen möchte.

Es gibt zwei Wege zu diesem Ziel:
- die Stärkung der Schwachen (nicht der Schwächen!) und
- die Stärkung der Starken (nicht der Starken!).

Was die Stärkung der Schwachen angeht, so dürfte kaum ein Sozialsystem auf der Welt sie so gründlich betreiben wie das deutsche. Die Stärkung der Starken ist dagegen für die Sozialpolitik traditionell kein Thema. Genau wie jedes Unternehmen ignoriert auch das Sozialsystem seine Nicht-Kunden und seine Nicht-Probleme. Dass eine Förderung der Individualität und des Selbstbewusstseins die Zahl der Sozialfälle genauso reduzieren könnte wie kollektives Nichtrauchen die Zahl der Lungenkrebsfälle, ist Lichtjahre von der Alltagserfahrung der Sozialbürokratie entfernt.

In der humanen Revolution wird es aber genau darum gehen, den Menschen Anreize zu geben, ihr Potenzial bestmöglich zu entfalten, anstatt sie zum Abdienen ihres Arbeitsdienstes an der Gesellschaft zu zwingen. Auf diesem Gebiet sieht unser Sozialsystem gar nicht gut aus: Alle Anreize zur Leistungsoptimierung werden bisher noch der Fantasie der Unternehmen überlassen. Und Sozialpolitik sieht dann so aus, dass diese Anreize als geldwerter Vorteil wegbesteuert werden.

Wie sie statt dessen aussehen sollte – das wäre Stoff für ein eigenes Buch.

Oder eine eigene Bibliothek.

b) Ein neues Bildungssystem

Lehrer sind, neben den Eltern, die entscheidende Produktivkraft für die Entwicklung der Produktivkraft Humankapital.

Auch wenn die wenigsten sich so verhalten.

Auch wenn die Schüler das selten so sehen.*

Als einer der größten Vorzüge der Institution Schule gilt dabei etwas, was bei der Produktivkraft Finanzkapital als Teufelszeug gälte: Die Schule leistet einen entscheidenden Beitrag zur Sozialisierung der ihr anvertrauten Produktivkräfte.

In der Ökonomie tarnt die Verwendung des aus dem Lateinischen stammenden Fremdwortes »Sozialisierung« gemeinhin die dahinter verborgene räuberische Enteignungsabsicht. Dabei ist auch in dieser Sphäre eine Sozialisierung nicht immer verdammungswürdig: Die obligatorische Krankenversicherung etwa enteignet gesundheitliche Risiken für die Lebensplanung.

In der Pädagogik hingegen gilt Sozialisierung durchweg als et-

---

* In der 1. Klasse sehen sie das übrigens noch alle so. Eine derart kritiklose Bewunderung, wie sie das frisch gebackene Schulkind an den ersten Schultagen den Lehrerinnen entgegenbringt, wird man selbst als Elternteil nie erwarten können.

was Großartiges. Das Individuum lernt, sich als Teil der Gesellschaft zu verstehen, seine Rechte, seine Pflichten, seine Position zu finden. Doch dieses Ankommen in der Gesellschaft lässt sich genauso gut negativ auslegen: Das Individuum wird ent-eignet, wird eines Teils seiner Einzigartigkeit beraubt, um es mit gesellschaftlichen Normen kompatibel zu machen.

Den im 3. Kapitel zum Hoffnungsträger des 21. Jahrhunderts gekürten Menschen in seiner Einzigartigkeit gibt es dementsprechend nur in der schaumgebremsten Variante. Weil ihm im Sozialisierungsprozess ein gutes Stück seiner Einzigartigkeit wegsozialisiert wurde.

Wahrscheinlich sogar sein bestes Stück.

Denn je mehr eine Fähigkeit aus dem Durchschnitt einer Klasse herausragt, desto größer die Wahrscheinlichkeit, dass sie eingeebnet wird, um den Schüler in die Klassengemeinschaft integrieren zu können. Sicherlich, dafür werden auch ein paar Schwächen ausgemerzt, aber damit wohnt dem Bildungssystem genau die gleiche verdurchschnittlichende ent-individualisierende Tendenz inne wie dem Sozialsystem.

Diese Tendenz passt weder zur Wissensgesellschaft noch zur humanen Revolution. Im 19. und 20. Jahrhundert war es wichtig, etwas genauso gut tun zu können wie andere – vielleicht ein bisschen besser. Denn die Arbeitsteilung wurde vom Arbeitgeber vorgegeben, das erforderte eine gewisse Qualifikationsstreuung auf Arbeitnehmerseite. Im 21. Jahrhundert wird es wichtig sein, das, was man tun will, besonders gut zu können – vielleicht sogar, es als einziger überhaupt zu können. Denn die Arbeitsteilung wird von jedem selbst vorgenommen – da kann die Qualifikation schon mal etwas spitzer werden.

Individualisierung und Sozialisierung, beide werden auch weiterhin nötig sein. Nötig für jeden Menschen, für jedes Alter, für jede Gesellschaft. Und es mag durchaus sein, dass in einer Gesellschaft voller verwöhnter Einzelkinder, die sich alle für etwas Besonderes halten, die Schule geradezu verpflichtet ist, in Kindern Verständnis für und Fähigkeit zur Gemeinschaft und Gesellschaft zu erzeugen.*

Also wird die Aufgabe des Bildungssystems darin bestehen, jeden Schüler in seiner Einzigartigkeit zu fördern und dennoch die Sozialisierungsfunktion nicht zu gefährden. Als Mittel dafür könnte ich mir zum Beispiel die Installation eines Drei-Säulen-Modells ähnlich dem der aktuellen Rentenreform vorstellen.

• Bei der Rentenreform tritt neben die Säulen der freiwilligen privaten und der obligatorischen gesetzlichen Vorsorge die gesetzlich geschützte, private Vorsorge. Der Kernbereich der Altersvorsorge bleibt dadurch auch weiterhin sozialisiert, das Alters-Risiko bleibt ent-eignet.

• Ein Drei-Säulen-Modell des Wissenserwerbs würde ebenfalls über eine private Säule (Erziehung, Familie, soziales Umfeld) und über eine gesetzliche Pflicht-Säule (Schule) verfügen. Dazu könnte eine gesetzlich geschützte, marktwirtschaftlich organisierte Säule stoßen, finanziert durch Elternbeiträge und staatliche Bildungsgutscheine.

Ein Beispiel: Bis 13 Uhr, dem Ende des regulären Unterrichts, ändert sich weder für Schüler noch für Lehrer etwas; Schule bleibt Schule. Danach allerdings steht die Schule bis 18 Uhr privaten Anbietern zur Nutzung für Unterricht jeglicher Art zur Verfügung – solange er mit Bildungsgutscheinen bezahlbar ist.

Die Privatisierung eines (zusätzlichen) Teils des Unterrichts und die Ausgabe von Bildungsgutscheinen kann Schule attraktiver und produktiver machen.

Die Universität kann durch genau das gleiche Instrument atomisiert werden.

Universitäten sind angesehener als Schulen. Professoren sind renommierter als Lehrer. Studenten demonstrieren besser als Schüler.
Sie sind aber nicht so wichtig.

Die Universität hat ihre Funktion als zentraler Wissenserzeuger und -vermittler der Gesellschaft längst eingebüßt. Sie ist nur noch

---

* Auch vielen Eltern könnte ein bisschen mehr dieses Verständnisses sicher nicht schaden.

einer von vielen Anbietern im Content-, Research-, und Edutainment-Business.

Edutainment sagt Ihnen vielleicht noch nichts. Es ist als Wort auch noch nicht so alt: Edutainment ist eine Neuschöpfung aus den englischen Begriffen education (Bildung, Erziehung) und entertainment (Unterhaltung). Gemeint sind damit eigentlich unterhaltende Lernmedien wie »Trivial Pursuit« oder »Der kleine Bär will zählen lernen.«

Aber der größte Edutainment-Anbieter ist die Universität.

Das große Unterhaltungsversprechen der Universität heißt »Genieße deine Individualität!« Zwischen nivellierende Schule und entfremdete Erwerbsarbeit gepflanzt, leuchtet hell das Frühlingsgrün der Selbstentfaltung. Nur selten zwar direkt im Lehrbetrieb, aber um so stärker in den Stunden davor, danach und dazwischen.

Wenn die Schule und das Berufsleben stärker auf die Individualität der Schüler bzw. Humankapital-Investoren eingehen, verblasst die Entertainment-Funktion der Universität. Was macht dann die Education-Funktion?

Einen schlechten Eindruck.

- Einige Fächer, wie Jura, die Fremdsprachen oder die Medizinen, ähneln einer auf fünf Jahre verlängerten Berufsausbildung, nur mit mehr Theorie und weniger Praxis.
- Einige Fächer, wie Physik, Informatik oder Maschinenbau, ähneln fünfjährigen Berufsvorbereitungskursen für den Einstieg im Konzern um die Ecke – natürlich ohne finanzielle Beteiligung des davon profitierenden Konzerns.
- Einige Fächer, wie Soziologie, Politikwissenschaft oder die Ökonomien, zeichnen sich nicht nur durch Realitätsferne, sondern oft sogar durch Realitätsignoranz aus.
- Einige Fächer, wie Geschichte, Archäologie, Musikwissenschaft, ähneln aufgebrezelten Volkshochschulkursen.

Als ich mich nach dem Abitur erstmals um ein Volontariat, also eine Journalisten-Lehre, bewarb, handelte ich mir nur Absagen ein. Nicht ohne abgeschlossenes Studium, hieß es da unisono. Und welches

Fach? Ganz egal, wurde mir gesagt. Es gehe darum, das wissenschaftliche Arbeiten, das Lernen, das Denken zu lernen.

Vielleicht würde es ja tatsächlich reichen, wenn die Universität sich auf ihre Kernkompetenz konzentrieren würde. Weg mit den ganzen Fakultäten, Prüfungsordnungen, Fachbereichsselbstverwaltungen. Universität, das hieße dann nur noch: Denken lernen. Universität, das wäre dann: die Eintrittskarte zum Universum des Wissens. Alle anderen bisherigen Wissenserzeugungs- und -vermittlungsaufgaben der Universität müssten sich dagegen am Markt bzw. an neuen Märkten behaupten.

Und der Kunde, früher Student mit Namen, hat mit seinem Arsenal von Bildungsgutscheinen die Möglichkeit, sich auf diesen Märkten berufsgebundenes oder generalisiertes, deutsches oder fremdsprachliches, krauses oder geradliniges Wissen anzueignen.

Dass die Freiheit der Wissenschaft dadurch gefährdet sein könnte, glaube ich nicht. Wer nach Erkenntnis strebt, lässt sich schon heute nicht durch hochdotierte Auftragsforschung locken. Die humane Revolution wird die Bedingungen für zwang-lose Forschung eher verbessern als verschlechtern. Was verloren gehen dürfte, ist die Einheit von Forschung und Lehre, wie sie die klassische Universität für sich in Anspruch nimmt – aber eher schlecht als recht in die Praxis umsetzt. Wenn dieser Einheitsanspruch fällt, ist es auch nicht schade drum. Wer forschen will, soll forschen. Wer lehren will, soll lehren. Wer beides will, soll beides machen. Ob er beides am gleichen Arbeitsplatz namens Universität tut oder an zwei verschiedenen Arbeitsplätzen, einem Forschungs- und einem Lehrinstitut, ist dabei nebensächlich.

c) Ein neues Steuersystem

Wenn alles gut geht, kann das Steuersystem so bleiben, wie es ist.

Wenn die Produktivität der Wissensarbeit sich im 21. Jahrhundert verfünfzigfacht, bekommen wir kein Rentenproblem und kein Finanzloch in der Staatskasse. Die Steuereinnahmen fließen, Europa prosperiert, und und und.

Wahrscheinlich allerdings gilt eher die Umkehrung: Wenn das Steuersystem so bleibt, wie es ist, kann gar nicht alles gut gehen. Drei Argumente möchte ich aufführen, warum das Steuersystem eine neue Basis brauchen könnte:
- das produktivitätsorientierte Argument: Wenn Menschen nicht arbeiten müssen, sondern arbeiten wollen, werden sie sich nur dann für die produktivsten Tätigkeiten entscheiden, wenn ihnen nicht alles wegbesteuert wird;
- das steuersystematische Argument: Wenn das Humankapital zum entscheidenden Produktionsfaktor wird, muss es auch als solcher besteuert werden;
- das ordnungspolitische Argument: Wenn in Zukunft Potenziale im Zentrum stehen, aber Einkommen besteuert werden, werden die honoriert, die ihr Potenzial nicht in Einkommen umsetzen. Das führt zu einer Lenkungswirkung in die verkehrte Richtung.

Für das Finanzamt scheint sich in der Wissensgesellschaft nicht allzu viel gegenüber der Industriegesellschaft geändert zu haben: Wenn nicht mehr die Hand, sondern der Verstand das Geld bringt, kann man trotzdem immer dann, wenn sich Wissen in Einkommen umsetzt, dieses Einkommen besteuern. Dem Finanzminister ist es schließlich traditionell egal, welche Körperteile am meisten zur Erzielung des Einkommens beigetragen haben – Prostitution zum Beispiel galt in Deutschland bis zum Dezember 2000 als sittenwidrig, war aber immer steuerpflichtig.

Mit der humanen Revolution kann das etwas anders aussehen. Wie schon im Abschnitt über die Überflussgesellschaft ausgeführt, (S. 47), werden wir in eine Ära hineinkommen, in der große Teile der Leistungselite (und vielleicht bald auch relevante Teile der Normalbevölkerung) weit vor dem offiziellen Rentenalter nicht mehr arbeiten müssen. Und je höher die Steuer auf das erzielte Einkommen, desto geringer der Anreiz, eine Mark zu verdienen, die man nicht unbedingt zum Leben braucht.

Was in einem Reich der Notwendigkeit gerade noch funktionieren kann,* wird in einem Reich der Freiheit nicht mehr klappen.

Stellen Sie sich einen Humankapital-Investor vor, der sich frei seine Lieblingskombination der vier Ziele Geld, Erfahrung, Spaß und Sinn zusammenstellen kann: Wird er stärker zur Erwerbsarbeit tendieren, wenn dort die Steuersätze höher sind? Hohe Steuern auf das Einkommen lenken also Produktivkraft in Lebensbereiche fern der Erwerbsarbeit.

Wenn die Gesellschaft sich das leisten kann, spricht ja nichts dagegen. Falls es den Menschen bei der Vorstellung von jährlichen Einkommen in Lottogewinn-Höhe schwindlig werden sollte, kann es sich geradezu um eine weise politische Maßnahme handeln, durch Steuererhöhungen die Produktivität zu drosseln.* Aber von einem solchen halbparadiesischen Zustand sind wir wohl noch eine ordentliche Wegstrecke entfernt.

Wahrscheinlicher ist es wohl, zumindest für die nächsten Jahrzehnte, dass die Steuerpolitik eher einen Anreiz dazu geben sollte, die individuellen Potenziale in der ökonomischen Sphäre zu entfalten, als sie in die private Sphäre zu locken. Das schafft sie aber nicht, wenn sie wie bisher die Einkommen besteuert.

Das schafft sie, wenn statt dessen Potenziale besteuert werden.

Die Besteuerung von Potenzialen an Stelle von tatsächlich Erwirtschaftetem ist eine der ältesten Methoden der Steuereintreibung. Die Praxis des Römischen Reiches, die Steuerhoheit in einzelnen Provinzen an Privatpersonen zu verpachten, ist ein Beispiel dafür: Der Staat schätzt ein, welches Potenzial die Provinz bietet, und legt auf dieser Basis die Höhe der Pacht fest. Der Pächter wiederum muss sich dann selbst darum kümmern, ob er dieses fiskalische Potenzial tatsächlich ausschöpfen kann, um dadurch selbst in die Gewinnzone zu kommen.

Die altrömische Praxis trug allerdings stark dazu bei, diese Be-

---

* Hier äußert sich dieses Problem eher in Form der Schwarzarbeit.
** Beim Produktionsfaktor Energie verhält es sich übrigens genau umgekehrt: Durch höhere Steuern auf Energie soll hier die Produktivität gesteigert werden. Wäre allerdings Energie tatsächlich so zum knappsten Produktionsfaktor geworden, wie es Club of Rome und Global 2000 vor mehr als 20 Jahren prophezeit hatten, wäre die Mineralölsteuer weit niedriger als sie heute ist – dafür wären die Erzeugerpreise astronomisch hoch.

steuerungsmethode in Verruf zu bringen. Ciceros Anklagerede gegen den sizilianischen Steuerpächter Verres zeigt sehr deutlich, was passiert, wenn Potenzial-Besteuerung und kurzfristige Profitmaximierung zusammenkommen: Der Steuerpflichtige, in diesem Fall Sizilien, wird ausgepresst wie eine Zitrone, ausgelutscht und ausgebeutet.

Auch heute noch werden Steuern, die ein Potenzial besteuern, als Teufelswerk verdammt. Eine Grundsteuer zum Beispiel, die sich in der Höhe nicht an uralten Einheitswerten, sondern an aktuellen Verkehrswerten orientiert, würde zu weit schnellerer Annäherung von tatsächlicher und optimaler Nutzung eines Grundstücks führen, als es zur Zeit der Fall ist. Sie würde allerdings ebenso als »substanzvernichtend« verurteilt wie die genau deshalb jüngst abgeschaffte Gewerbekapitalsteuer. Diese leistete zwar einen Beitrag zur besseren Ausnutzung des bestehenden Kapitalstocks, wurde aber als nicht zeitgemäß verworfen.

Mit der Besteuerung von Potenzialen greift der Staat auf eine ganz andere Art ins menschliche Getriebe ein als mit der Besteuerung von realen Einnahmen oder Ausgaben – er definiert damit nämlich ein erwünschtes Verhalten, das er mit seiner Steuerpolitik dadurch fördert, dass er anderes Verhalten bestraft.

Besonders heiß diskutiert wurde diese Frage bei der Ökosteuer. Diese ist zwar auf den ersten Blick eine traditionelle Verbrauchssteuer, die dem Fiskus mehr einbringt, wenn die Bürger mehr Benzin verbrauchen. Sie ist aber gleichzeitig eine pädagogische, potenzial-orientierte Steuer, die durch die Besteuerung des Energie-*Verbrauchs* zur Steigerung der Energie-*Effizienz* beitragen will.

Die Potenzial-Besteuerung des Humankapitals ist keine wirklich schöne Perspektive. Es muss ja auch gar nicht dazu kommen. Sie ist allerdings ein denkbarer Weg, mit dem der Staat die Produktivität des Humankapitals stimulieren kann. Wenn die unternehmensinternen und die externen Märkte ohne solche Eingriffe zu gesamtwirtschaftlich befriedigenden Lösungen kommen, wird es gar nicht nötig sein, darüber zu diskutieren, auf welche Weise man denn das

Humankapital-Potenzial überhaupt besteuern könnte, und vor allem: wie man es besteuern sollte.

Es gibt Wege, die sich geradezu anbieten, aber sich mit Sicherheit fatal auswirken: Eine Besteuerung entsprechend dem Ausbildungsstand zum Beispiel ginge zwar inhaltlich in die richtige Richtung, praktisch aber in die falsche – wenn gute Ausbildung zu hohen Steuern führt, lasse ich mich doch lieber etwas schlechter ausbilden, als eigentlich angemessen wäre. Eine solche Steuer hätte also wohl einen Produktivitätseffekt – aber einen negativen. Zwei andere Wege, die praktikabel sein könnten, aber auch nicht sehr sympathisch klingen, möchte ich kurz skizzieren:

- herkunfts-abhängige Besteuerung: Akademiker-Kinder haben im Schnitt ein höheres intellektuelles Potenzial als Arbeiterkinder. Kann man deshalb von Akademiker-Abkömmlingen höhere Steuern kassieren? Was sich gesamtwirtschaftlich durchaus argumentieren lässt, stößt auf massive Probleme, sobald es um das Individuum geht: Wieso sollte jemand für ein im Durchschnitt höheres Potenzial zahlen, wenn er es selbst gar nicht hat? Und was ist mit dem hoch intelligenten Arbeiterkind? Apropos Arbeiterkind: Die DDR hatte bei der Vergabe knapper Bildungsgüter, z.B. von Studienplätzen, eine Benachteiligung für Kinder aus bürgerlichen Familien eingebaut. Die einzige Funktion, die dieser Mechanismus wirklich erfüllt hat, war der Aufbau einer neuen, unbelasteten Elite in den ersten Jahren nach Ende der NS-Zeit und der Gründung der DDR. Ansonsten war der individuelle Schaden, der damit angerichtet wurde, weit größer als der nur statistisch belegbare Nutzen.
- DNS-abhängige Besteuerung: Es ist zwar noch ein paar Jahre hin, bis wir durch Analyse einer einzigen Hautschuppe alles über den Menschen erfahren können, von dem sie stammt. Aber nachdem der genetische Code der DNS einmal aufgeschrieben wurde, kann es bis zur Übersetzung der einzelnen DNS-Abschnitte in für uns verständliche Sprache nicht mehr unendlich lange dauern. Wenn dann durch die Fruchtwasser-Analyse bereits im Mutterleib bestimmt werden kann, welche Potenziale ein Baby besitzt, zumindest gemäß seiner genetischen Ausstattung, wird man sich seiner Ent-

wicklung und Erziehung viel zielgerichteter und effektiver annehmen können. Und der Staat wird aufgrund des genetischen Fingerabdrucks eine DNS-Steuer erheben können, die die Menschen mit hohem genetischen Potenzial stärker belastet als die mit niedrigem.

Mag sein, dass es eines Tages einmal eine hoch spannende Diskussion sein wird, ob eine DNS-Steuer sozial gerecht ist. Heute können wir sie allerdings nur schlecht führen. Wir wissen noch nicht, wie detailliert die Auskünfte sein werden, die sich aus der individuellen DNS entnehmen lassen. Wir wissen nicht, ob sich daraus eine Maßzahl für die Qualität der genetischen Ausstattung ermitteln lassen wird. Wir wissen nicht, was die Menschen damit anfangen werden, wenn sie wissen, wer sie sind, rein genetisch zumindest. Wir werden bis dahin noch viel lernen müssen.

Aber wir haben ja Zeit.

13. The time for a change: Die Geschwindigkeit der humanen Revolution

Es gibt Dinge, die ändern sich nie. Das frische Grün kommt immer im Frühling, was geboren wird, wird auch wieder sterben, auf Flut folgt Ebbe.

Es gibt Dinge, die werden sich auf absehbare Zeit nicht ändern. Am Aschermittwoch ist alles vorbei, ein Spiel dauert 90 Minuten, Bier auf Wein, das lass sein, mit der Schule beginnt der Ernst des Lebens.

Es gibt Dinge, die ändern sich ständig. Rocklänge, Trendfarbe, Szenekneipen, Bestsellerlisten.

Und dazwischen gibt es Dinge, viele, viele, viele Dinge, die begleiten uns eine Weile. Sie sind erst neu, ungewohnt und spannend, dann gewöhnt man sich an sie, dann werden sie ein völlig selbstverständlicher Teil unseres Lebens, dann entwöhnt man sich wieder und behält sie am Ende nur noch im Gedächtnis oder auch das nicht mehr. Das Mofa, der Plattenspieler, die Dauerwelle, Ché Guevara, die Schreibmaschine, der Optionsschein.

Diese unterschiedlichen Kategorien der Dinge repräsentieren die unterschiedlichen Bewegungsformen, die unser Leben bestimmen:

• die Dinge, die sich nicht ändern, repräsentieren die Ruhe, den Stillstand, die Stabilität. Da weiß man, was man hat.

• Die Dinge, die sich ständig ändern, repräsentieren die Unruhe, die Kreisbewegung, den Kick. Hier ist heute morgen schon gestern. Und übermorgen wird gestern wieder von heute sein.

• Die Dinge, die uns eine Weile begleiten, repräsentieren den Zeitpfeil, die Vorwärtsbewegung. Wir wachsen mit ihnen und wachsen dann über sie hinaus.

• Die Dinge, die zwar prinzipiell änderbar sind, sich aber auf absehbare Zeit nicht zu ändern scheinen, repräsentieren die Kultur, das Wertegerüst, die Inneneinrichtung der Gesellschaft. Sie sind es, die bei Revolutionen zur Disposition stehen.

Große Umwälzungen bestehen üblicherweise nicht aus dem großen Knall, der uns von einem System ins andere hebt, sondern aus mehreren Phasen, die wir neben- und nacheinander durchlaufen. Während die Umwälzung vor sich geht, erleben wir sie als Abfolge vieler kleiner und großer Neuerungen. Dass sich dabei allmählich auch unsere Inneneinrichtung verändert, bemerken wir erst, wenn wir einige Zeit später auf das zurückblicken, was bisher geschah.

Wenn Sie noch mit einem Plattenspieler aufgewachsen sind, werden Sie ihn und all Ihre Platten wohl nicht sofort entsorgt haben, als Sie den ersten CD-Player kauften. Und den werden Sie nicht entsorgen, nur weil Sie immer mehr Musik über Ihren MP3-Player hören. In wenigen Jahren wird praktisch jeder in Deutschland mindestens ein Handy haben, und trotzdem ist das Land noch immer übersät mit Telefonzellen. Ihren Kindern werden Sie noch erklären können, wofür man Telefonzellen einmal gebraucht hat. Aber Ihren Enkeln?

Werden Sie selbst sich dann überhaupt noch daran erinnern können, wofür man früher Saphire gebraucht hat?*

Ich bin von Enkeln noch ein gutes Stück entfernt, meine älteste Tochter ist gerade in die Schule gekommen. Aber ich weiß jetzt schon, dass ich Schwierigkeiten haben werde, ihr das eine oder andere aus meiner Schulzeit zu beschreiben.

- Als ich in der 6. Klasse war, mussten wir für den Mathematik-Unterricht Rechenschieber kaufen. Rechenschieber! Wie erklärt man Rechenschieber?
- In der 8. Klasse streifte uns erstmals der Mantel der Elektronik-Geschichte. Die ersten in der Klasse hatten einen Taschenrechner (das kann man heute noch erklären), und wer wirklich etwas auf

---

* Für die jüngeren Leser die Antwort: Saphir hieß die Nadel, die bei einem Plattenspieler (das war das, was es vor dem CD-Player gab) die Rille einer Schallplatte entlang fuhr. Ihre Bewegungen wurden im Gerät wieder in die Töne verwandelt, die bei der Produktion in die Platte hineingepresst worden waren.

sich hielt, hatte einen programmierbaren Taschenrechner (das schon nicht mehr).
- In der 10. Klasse gab es eine Computer-AG mit den ersten Klein-Computern: dem legendären PET von Commodore. Unsere ersten selbst geschriebenen Programme speicherten wir mit einem Kassettenrecorder. Eine dieser piepsenden, pfeifenden Kassetten habe ich noch – aber werden meine Kinder mir jemals glauben, dass sich darauf ein Programm zur Primzahlbestimmung befindet?
- Im Informatik-Grundkurs in der 12. Klasse gab es volle Punktzahl, wenn man in der Programmiersprache BASIC ein einfaches Programm schreiben konnte. Wie erklärt man BASIC? Wie erklärt man Programmiersprache?

Jeder dieser Schritte war zu seiner Zeit eine aufregende Neuigkeit. Und alle zusammen genommen ergeben für jemanden, der am Ende darauf sieht, was sich seit dem Beginn alles verändert hat, ein beinahe ehrfürchtiges Gefühl. Wer diesen ganzen Prozess nur von seinem Ende her betrachtet, wird weder die Aufregung noch die Ehrfurcht nachvollziehen können. Meine Tochter fragt: »Papa, hast du damals auch eine E-Mail an den Weihnachtsmann geschrieben?«, und wird wohl kaum verstehen, dass es damals nicht nur keine E-Mails *gab*, sondern man damals an so etwas wie E-Mails noch nicht einmal *denken* konnte.*

Es sind die vielen kleinen Schritte, die eine große Umwälzung ausmachen, so wie die zwischen Rechenschieber und Internet, so wie die zwischen Internet und dem, was uns in 20 Jahren selbstverständlich sein wird, was immer das auch sein mag. Auch die humane Revolution wird aus vielen kleinen Schritten bestehen. Zwischen »Ich mache, was mein Chef will« und »Ich mache, was ich will« wird viel Zeit verstreichen. Es geht um Menschen. Und Menschen brauchen Zeit.

Ein paar Schritte sind schon gemacht. Immer mehr Menschen wünschen sich, dass ihre Arbeit ihnen Spaß und Erfüllung bietet.

---

* Dass ich damals nicht mehr an den Weihnachtsmann glaubte, erkläre ich ihr demnächst.

Die New Economy, so ungehobelt sie auch daherkam und -kommt, hat erstmals aufblitzen lassen, welches ökonomische Potenzial *wirklich* in den Köpfen der Menschen stecken kann.

Es wird noch viele weitere Schritte geben, geben müssen. Vielleicht wird statt brüllender Motivationstrainer mal ein stiller Coach zum Star der Seminar-Szene. Vielleicht startet ein Verlag eine Zeitschrift für Humankapital-Investoren. Vielleicht wird es einmal statt des Wehrdienstes eine Art Berufsorientierungsjahr zwischen Schule und Studium geben, um den Jugendlichen dabei zu helfen, den passenden Lebensweg einzuschlagen. Vielleicht probiert ein Unternehmen, eine Universität, eine Behörde es einfach mal aus, ihre Beschäftigten freizugeben.* Jeder einzelne Zwischenschritt wird dazu beitragen, das heute ganz schön radikal klingende in verdauliche Häppchen zu zerlegen.

Wie im 1. Kapitel bereits angedeutet, ist es zum heutigen Zeitpunkt nicht möglich zu prognostizieren, wie lange es dauern wird, bis sich die humane Revolution durchgesetzt hat – weil die Länge dieser Zeitspanne vom Verhalten der Menschen in den nächsten Jahren und Jahrzehnten abhängt. Zuerst einmal möchte ich deshalb in diesem Kapitel einen Überblick über die unterschiedlichen Entwicklungsgeschwindigkeiten einer Gesellschaft geben, über

- den Quantensprung,
- die Basisinnovation und
- den Wertewandel,

um mich dann im letzten Kapitel mit der Frage zu beschäftigen, wer in den nächsten Jahren wie dazu beitragen könnte, die Entwicklungsgeschwindigkeit der humanen Revolution zu beschleunigen.

---

* Reinhard Sprenger berichtet von einem Fall, der sich bereits zugetragen haben soll: »Vor einigen Jahren machte man im Böblinger Leiterplattenwerk von Hewlett Packard ein Experiment, über das erstaunlich wenig publiziert wurde. Man enthob alle Vorgesetzten ihrer Personalverantwortung, gab ihnen Spezialaufgaben und bat die etwa 400 Mitarbeiter des Werks, sich in jeder Weise selbst zu organisieren. Einzige Vorgabe: Die Ausschussquote durfte nicht steigen und die Produktivität nicht sinken. Was machten die Mitarbeiter? Sie etablierten sofort neue Führungskräfte, die nun aber von ihnen gewählt wurden. Das Ergebnis? Die Produktivität stieg (bei stabiler Mitarbeiterzahl) im ersten Jahr um 18 Prozent, im zweiten Jahr um knapp 30 Prozent.« (Sprenger, a.a.O., S. 194)

Und ich möchte dafür auf das Beispiel zurückkommen, das auch schon im Zentrum des 1. Kapitels stand – den Fußball. Denn an der Entwicklungsgeschichte des Profifußballs lassen sich alle drei Geschwindigkeiten darstellen, die auch die Ausbreitung der humanen Revolution bestimmen könnten.

a) Generation X + 3: Der Wertewandel

Fußball ist in Deutschland, wie in vielen anderen Ländern, die populärste Sportart überhaupt. Die Vorstellung, dass es ein Leben ohne Fußball geben könnte, dürfte vielen nicht leicht fallen. Dabei ist es gerade erst ein Jahrhundert her, dass diese Sportart auch über England hinaus Bedeutung erlangte – in Deutschland zum Beispiel wurden im Jahr 1900 sowohl der Deutsche Fußball-Bund als auch Bayern München gegründet.

Den größten Teil des 20. Jahrhunderts hat sich die gesellschaftliche Bedeutung dieser Sportart zwar kontinuierlich, aber eben doch gemächlich entwickelt, wie sich am besten an der Entwicklung der Fußball-Weltmeisterschaften illustrieren lässt. Anfang der 30er Jahre, als Olympische Spiele schon Welt-Ereignisse waren, hatten die ersten Fußball-WMs noch einen eher improvisierten Herrenpartie-Charme. In den 50er Jahren war eine Aufwertung der Sportart zu registrieren – in den damals bereits fußballbegeisterten Ländern bekam das Abschneiden der Nationalelf politische Relevanz: Brasiliens Final-Niederlage 1950 gegen Uruguay war eine nationale Katastrophe, die »Helden von Bern« waren 1954 Deutschlands erste Gelegenheit seit Kriegsende, wieder so etwas wie Nationalstolz zu entwickeln.

Doch noch immer handelte es sich weniger um Weltmeisterschaften als vielmehr um ein Kräftemessen der Nationen aus den Fußball-Hochburgen Europa und Südamerika. Mit der stärkeren Öffnung für Teams aus der Fußball-Diaspora seit Anfang der 70er Jahre begann die WM, ihren Namen zu Recht zu tragen und wurde zu einem globalen Medien-Ereignis.* Nur die USA beharren hartnäckig auf ihrer Fußball-Ignoranz, die während der WM im eigenen Land nur kurz in Gefahr geriet.

Diese langwierige, aber stetige Aufwärtsentwicklung des Fußball-Einflusses auf die Gesellschaft entspricht in Ablauf und Tempo dem Prozess eines Wertewandels. Der Zeithorizont eines solchen Wandels misst sich eher in Jahrhunderten als in Jahrzehnten. Denn er krempelt in dem Bereich, den er betrifft, die Lebensentwürfe des größten Teils der Bevölkerung um – und das ist bei den meisten Menschen schlicht nicht möglich. »Die wesentlichen Teile unseres Menschenbildes, die so genannten anthropologischen Grundannahmen, sind etwa mit dem zwanzigsten Lebensjahr festgezurrt«, schreibt Sprenger. »Unsere mentalen Filter wie Sensibilitäten, traditionsgebundene Prägungen, Wahrnehmungsmuster, Wertorientierungen sind ausgesprochen irritationsfest. Die Beharrungsenergien unserer frühen Erfolgsgeschichten sind sogar weitgehend therapieresistent.«[136]

Wertewandel findet also zum großen Teil dadurch statt, dass Menschen mit alten Werten sterben und solche mit neuen Werten an ihre Stelle treten. Und das über mehrere Generationen: Die Großelterngeneration kann ihre Lebensentwürfe nicht mehr ändern, die Elterngeneration will es nicht, die Kinder erkämpfen den Wandel, die Enkel wachsen mit dem Gefühl auf, einer neuen Zeit anzugehören, und erst für deren Kinder ist der neue Lebensentwurf so selbstverständlich, dass sie sich kaum noch vorstellen können, dass man jemals anders leben konnte.

Das klassische Beispiel für einen solchen ebenso gewaltigen wie gemächlichen Wandel ist der so genannte »demographische Übergang« ganzer Nationen, bei dem Industrialisierung und bessere medizinische Versorgung zu einem Rückgang der Sterbeziffer füh-

---

* Dass sich die Vermarktbarkeit der Dienstleistung Fußball beständig verbesserte, heißt natürlich nicht, dass gleiches für die Produktqualität gegolten hätte – was wiederum der deutsche Fußball schlagend beweist. Auf die Jahre des Spielrauschs (1966! 1970! 1972! 1974!) folgten die Niederungen des unattraktiven Effizienz-Gekickes (Schande von Gijón! Schmach von Córdoba!), auf Fritz Walter, Uwe Seeler und Franz Beckenbauer folgte Lothar Matthäus.

ren – was Jahrzehnte später einen ähnlich starken Rückgang der Geburtenziffer zur Folge hat. Die Erfahrung, dass man nicht mehr acht Kinder zur Welt bringen muss, damit zwei davon die Eltern überleben, muss erst gemacht werden. Und wenn eine Müttergeneration sie gemacht hat, sinkt zwar die Kinderzahl, aber eben von Generation zu Generation zu Generation; erst acht, dann vier, dann zwei, dann eins.*

Die humane Revolution kann sich in ähnlichem Tempo über mehrere Generationen hinweg bis zum Ende des 21. Jahrhunderts durchsetzen. Sie wälzt dann die gesamte Einstellung zur Arbeit in so langsamer Geschwindigkeit um, dass ihre Auswirkungen von kaum jemand wahrgenommen werden. Dieses Tempo hätte einen bedeutenden Vorteil: Niemand müsste sich als Verlierer fühlen. Sowohl Unternehmen als auch Beschäftigte werden ihren eventuellen Misserfolg nicht auf diesen säkularen Trend zurückführen können, sondern mit ihrer jeweiligen Situation argumentieren müssen. Keiner wäre gezwungen, sich auf etwas Neues einzustellen, das Neue käme scheinbar *einfach so* in die Welt.

Und dieses Tempo hätte einen bedeutenden Nachteil: Es würde viele Millionen Menschen um die Chance bringen, sich am Arbeitsplatz frei entfalten zu können. Wahrscheinlich auch Sie und Ihre Kinder.

b) Slow Motion: Die Basisinnovation

1963 zog das Entwicklungstempo des deutschen Fußballs spürbar an. Die Einführung der Bundesliga ermöglichte es den Top-Akteuren, sich einen nationalen Markt zu erschließen, so wie es sich für eine Nationalsportart gehörte. Damit fiel der Startschuss zu einer

---

* Vielleicht kommt es ja irgendwann einmal auch wieder zu einer gegenläufigen Bewegung, vielleicht muss ja erst einmal eine Generation die Erfahrung machen, dass man doch besser ein paar eigene Kinder zur Welt bringen sollte, weil das Sozialsystem allein kein sorgenfreies Rentenalter garantieren kann – aber auch diese Bewegung würde dann ein Prozess sein, der sich über mehrere Generationen erstreckt.

kontinuierlichen Professionalisierung und Ökonomisierung des Fußballs. Mit Kinderkrankheiten, die zu neuen Märkten eben dazugehören (politischer Missbrauch Mitte der 60er Jahre beim Versuch, sportlich unqualifizierte Berliner Vereine wie Hertha BSC und Tasmania 1900 in der Liga zu halten, ökonomischer Missbrauch beim Bestechungsskandal 1972/73), aber insgesamt gesunder ökonomischer Entwicklung.

Spielergehälter bewegen sich im Gleichschritt mit den Einnahmen der Vereine nach oben, und immer wieder wird darum gerungen, wie der Rahmen auszusehen hat, in dem Spieler und Vereine wirtschaften können: Mal wird gegen erbitterten Widerstand des Verbandes das Trikot als Werbefläche durchgesetzt (Jägermeister bei Eintracht Braunschweig), dann wieder die Aufnahme des Sponsors in den Vereinsnamen verboten (aus Chio Waldhof wurde wieder SV Waldhof Mannheim), mal wird die Ausländerbegrenzung gekippt (wegen Verstoßes gegen die EU-Freizügigkeit), mal das System der Ablösesummen (im Bosman-Urteil), mal verhindern die europäischen Regierungschefs im Auftrag der Fußballvereine, dass für die Arbeitsverträge der Spieler reguläre Kündigungsfristen gelten (beim EU-Gipfel Ende 2000 in Nizza).

Die gesteigerte Entwicklungsgeschwindigkeit forderte allerdings auch Opfer: Dass eine Klein-aber-fein-Strategie wie die Borussia Mönchengladbachs in den 70er Jahren noch Erfolg hatte, in den 90ern aber erst ins Mittelmaß und dann in die 2. Liga führte, ist zwar für Puristen bedauerlich, entspricht aber den modernen Anforderungen an die Führung von Fußballvereinen. Dafür weisen die Erfolgskurven einstiger Skandalklubs wie Schalke 04 und Hertha BSC nach oben, bei denen gutsherrliches Gewurschtel der Vereinsführung durch nüchternes Management abgelöst wurde.

Die Einführung der Bundesliga war der entscheidende Schritt zur Verwandlung einer Sportart in eine Wirtschaftsbranche. Die gesteigerte Entwicklungsgeschwindigkeit sowie die Ausstrahlung auf benachbarte Sektoren (z.B. Merchandising, Gründung von Bundesligen in fast allen anderen Sportarten) macht die Bundesliga mit einer

Basisinnovation vergleichbar. Eine derartige Innovation wälzt innerhalb von Jahrzehnten ganze Branchen oder gar Volkswirtschaften um. Eine neue Technologie wird erfunden, erstmals eingesetzt, setzt sich durch, erschließt neue Anwendungsgebiete, erfasst Unternehmen für Unternehmen, Branche für Branche, Land für Land, und wird dabei ständig angepasst und weiterentwickelt. Dampfmaschine, Eisenbahn, Automobil, Telefon, Atomkraft, Fernsehen, Computer, Internet sind die großen Basisinnovationen der letzten zwei Jahrhunderte – es brauchte zwar nicht viel Zeit, bis die ersten die Tragweite dieser Entdeckungen erfassten,* aber es dauerte jeweils Jahrzehnte, bis sie im täglichen Leben der meisten Menschen angekommen waren.

Den besten Erklärungsansatz für die Durchsetzungsgeschwindigkeit von Basisinnovationen bietet eine Theorie, die eigentlich für einen ganz anderen Zweck gedacht war: die Theorie der langen Konjunkturwellen, die der russische Nationalökonom Nikolai Kondratieff 1924 erstmals beschrieb und die Joseph Schumpeter in seinen monumentalen »Business Cycles« in der Konjunkturtheorie verankern wollte. Diese 50 bis 60 Jahre dauernden Wellen ordnen sich jeweils um eine Basisinnovation an, wobei auf die eigentliche Erfindung eine Entwicklungsphase, eine Boomphase und eine Sättigungsphase folgen.

Als Konjunkturbarometer scheiterte das Kondratieff-Modell: Nur für die ersten zwei Zyklen liefert es plausible Ergebnisse: Den ersten Aufschwung (1790 – 1813) löste die Dampfmaschine aus, den zweiten (1844 – 1874) die Eisenbahn. Beim dritten Zyklus (1885 – 1916) herrscht in der Fachliteratur schon Uneinigkeit, welches hier die entscheidende Basisinnovation war – die Elektrizität, die Motorisierung oder die Transformation der chemischen Industrie. Alle weiteren Versuche, die folgenden Kondratieff-Wellen im Konjunkturverlauf zu erkennen, verheddern sich im Gestrüpp von Weltkriegen und Innovationsinflation. Doch nimmt man die Kondratieff-

---

* und damit Börsenbooms auslösten, die zwar auf die richtigen Innovationen setzten, aber die Geschwindigkeit und Profitabilität des Wandels regelmäßig überschätzten.

Zyklen statt dessen als Beschreibung dafür, wie sich Basisinnovationen im Zeitablauf auf eine Volkswirtschaft auswirken, liefern sie ein bis heute realitätsnahes Bild.

40 bis 60 Jahre – das wäre das Durchsetzungstempo der humanen Revolution, wenn sie auf den Entwicklungspfad einer Basisinnovation einschwenkt. Die Tendenz, den Beschäftigten zur Entfaltung ihrer Potenziale zu verhelfen, wird sich zuerst in jungen, produktionsfernen Sektoren ausbreiten, wird dort einen Anpassungsdruck ausüben und von dort aus auch auf andere Branchen und Sektoren ausstrahlen. Doch kein Manager wird gezwungen sein, von heute auf morgen seine Beschäftigten freizugeben, die humane Revolution wäre ein wichtiges Thema auf der Management-Agenda – aber eben nicht das wichtigste.

Für die heute im Arbeitsleben befindlichen würde dieses Tempo bedeuten: Wer will, wird sich an der humanen Revolution noch beteiligen können. Wer nicht will, kommt problemlos drum herum.

c) Fast Forward: Der Quantensprung

In der deutschen Nationalmannschaft, die am 7. Juli 1974 in München Fußball-Weltmeister wurde (wofür es aus heutiger Sicht lächerliche 30 000 Mark Siegprämie pro Nase gab), stand sogar noch ein Spieler, der streng genommen nicht einmal diese Prämie hätte bekommen dürfen – er war nämlich noch Amateur! Dieser damals blutjunge Blondschopf, Uli Hoeneß mit Namen, hat seither die Professionalisierung und Ökonomisierung des deutschen Fußballs vorangetrieben wie kein zweiter. Dass er das tun konnte, liegt nicht nur an seiner Machtposition als Manager des FC Bayern München – auch die härtesten Manager hätten nicht aus dem Fast-Nichts eine Milliardenbranche erschaffen können, wenn es keinen Markt dafür gegeben hätte. Erst die Schaffung dieses Marktes, die Entstehung von Unternehmen, die Fußballvereine nur so mit Geld zuschütten, konnte zu der Explosion bei den Spieler-Einkommen und Vereins-Umsätzen führen, die wir seither erlebten. Neben die säkularen

Trends des zunehmenden Wohlstands und der zunehmenden Freizeit, von denen der Sport ökonomisch profitierte, trat als neue, für den Fußball äußerst rendite-trächtige Industrie: das Privatfernsehen. 1988 holte sich mit RTL erstmals ein Privatsender die Ausstrahlungsrechte für die Bundesliga und setzte damit eine Preisspirale in Gang, die sich bis heute ohne Ende weiter dreht.

Das private Fernsehen machte aus dem Sport, der ein Vierteljahrhundert gebraucht hatte, um überhaupt ein Wirtschaftsfaktor zu werden, innerhalb von wenigen Jahren eine Entertainment-Industrie. Es schuf die Drei-Punkte-Regel und die Champions-League, es machte Fußball vom reinen Samstagsereignis zum Rund-um-die-Woche-Erlebnis* und veränderte sogar die Abseitsregel zu Gunsten der Angreifer.

Die Einführung des Privatfernsehens war für den Fußball das, was der 6. Januar 1914 für den Kapitalismus war – ein Quantensprung, ein Turbo, der für Tempo sorgt. Der Quantensprung führt dazu, dass eine im Unterfutter der Gesellschaft bereits vorbereitete Entwicklung plötzlich Oberwasser bekommt und innerhalb weniger Jahre den ihr zustehenden Platz in der Volkswirtschaft einnimmt. Weitere Beispiele aus anderen Bereichen:
- Der Ölschock von 1973 machte bewusst, dass Energie ein knappes Gut ist und veränderte dadurch alle Produktions- und Konsumtionsprozesse;
- die ab 2002 in Deutschland wirksame Steuerbefreiung auf Unternehmensverkäufe wird die starre deutsche Konzernlandschaft aufbrechen und damit zur europäischen Integration und Restrukturierung beitragen;
- die Einführung des Neuen Marktes als neuem Handelssegment an der Frankfurter Börse öffnete im März 1997 kleinen, jungen, schnell wachsenden Firmen den Zugang zum Kapitalmarkt.

---

* Bundesliga von Freitag bis Sonntag, Champions League und Uefa-Pokal von Dienstag bis Donnerstag, der Montag scheint tatsächlich noch frei zu sein.

Was vor nunmehr gerade vier Jahren mit ganzen zwei Unternehmen, Bertrandt und Mobilcom, begann, wurde in kürzester Zeit zum kräftigsten Motor der New Economy in ganz Europa.*

Gerade das letzte Beispiel zeigt, dass der Vorteil von Quantensprüngen, die enorme Beschleunigung, auch beachtliche Nachteile mit sich bringt. Denn so wie der Neue Markt anfangs die Chancen der Investition in Wachstumswerte betonte, tat er das in den vergangenen Monaten mit den Risiken. Sobald sich die Börse allerdings wieder beruhigt hat, wird der Neue Markt sein Image der rein spekulationsgetriebenen Zockerbude abgebaut haben und sich zu einem volkswirtschaftlich effizienten Markt für die Allokation von Risikokapital entwickeln. Also genau die Funktion erfüllen, die vor der Schaffung dieses Börsensegmentes bereits notwendig war, aber in Europa praktisch nicht angeboten wurde.

Im Konflikt zwischen Kapital und Arbeit hat es in den letzten 200 Jahren genau einen Quantensprung gegeben. Das war 1914. Im folgenden Kapitel werde ich mich mit der Frage beschäftigen, wer einen solchen Turbo-Effekt bei der humanen Revolution bewirken könnte. Wenn es noch einmal einen Quantensprung geben sollte, gut. Wenn nicht, geht es eben langsamer. Zumindest sieht es heute so aus, als sei ein Quantensprung nicht unbedingt nötig, um das kapitalistische System zu retten. Vor fast 100 Jahren war das anders. Damals gab es mit dem Kommunismus einen machtvollen Gegenentwurf zum Kapitalismus, der auf großen Rückhalt in der Arbeiterschaft und eine hoch disziplinierte, zu allem entschlossene Kern-

---

* Es ließe sich durchaus darüber streiten, ob bereits die Eröffnung des Neuen Marktes einen Quantensprung darstellte, denn im gesamten Jahr 1997 erfüllte er seine Aufgabe noch eher schlecht als recht. Neuzugänge kamen spärlich, und viele konnten beim Börsengang nur mit Mühe ihre Aktien platzieren. Bis um die Jahreswende 1997/98 ein windiger Halodri namens Egbert Prior in der nur mäßig bekannten TV-Sendung »3-sat-Börse« auftrat und für Mobilcom das exorbitante, scheinbar unerreichbare Kursziel von 400 Mark setzte, das er schon kurz darauf auf 1000 Mark schraubte. Erst folgten ihm die Zuschauer, dann auch die übrigen Marktteilnehmer und katapultierten erst Mobilcom und kurz darauf auch die meisten übrigen Aktien des Neuen Marktes, in eine neue Dimension.

truppe bauen konnte. Der fehlt heute. Der Kapitalismus wird also nicht eine Entwicklungsstufe höher springen, weil er es *muss*, sondern nur dann, wenn er springen *will*.

Was ja auch ganz gut zu den Zielen der humanen Revolution passt.

14. Turbo-Humankapitalismus: Die Beschleuniger der humanen Revolution

Die humane Revolution ist die moderne Ausprägung des alten Konfliktes zwischen Kapital und Arbeit. Dieser Konflikt wird, wie in all seinen bisherigen Ausprägungen auch, in der ökonomischen und in der politischen Sphäre ausgefochten. Unabhängig vom jeweiligen Zwischenstand dieses Kampfes wird am Ende der Auszug der Arbeit aus ihrer selbstverschuldeten Unmündigkeit stehen. Wann es so weit sein wird, ist allerdings stark von der Performance der Kontrahenten abhängig.

Drei Wege gibt es, das Tempo der humanen Revolution kräftig zu beschleunigen:
- In der ökonomischen Sphäre: Wenn man den Profit steigern kann, indem man sie im eigenen Unternehmen einführt;
- In der politischen Sphäre: Wenn man Wahlen gewinnen kann, indem man sich für sie einsetzt;
- In beiden Sphären: Wenn man eine schlagkräftige und durchsetzungsfähige Interessenvertretung der Wissensarbeiter aufbaut.

a) Wer wird der Henry Ford der humanen Revolution?

1905, die Ford Motor Company war gerade zwei Jahre alt, verlangte ihr damaliger Großaktionär Alex Malcomson (ihm gehörten genau wie Henry Ford 25,5 Prozent der Aktien) die Konstruktion eines 6-Zylinder-Luxusautos – Autos für die Oberschicht verkauften sich damals mit Abstand am besten, und Ford war in diesem profitablen Segment nicht vertreten. Doch Henry Ford stellte sich quer: »10 000 Automobile zu 400 Dollar das Stück« war seine Vision – die Malcomson-Variante hätte glatt das Fünffache gekostet.[137] Wie bekannt, setzte Henry Ford sich durch: Im Januar 1906 kam das Modell

»N« auf den Markt, für 600 Dollar, im Mai 1906 verkaufte Malcomson seine Anteile, und im Oktober 1908 erblickte das Modell »T« das Licht der Welt. Wie wäre das 20. Jahrhundert abgelaufen, wenn im Herbst 1905 Henry Ford gegen Alex Malcomson verloren hätte? Während Malcomson genau wie alle anderen damaligen Automobilproduzenten einer völlig schlüssigen betriebswirtschaftlichen Kalkulation folgen wollte, beharrte Henry Ford auf einer fixen Idee – und nichts anderes war seine Vorstellung, viel und billig bauen zu wollen.

Bis sie Erfolg hatte. Dann war sie natürlich keine fixe Idee mehr, sondern eine »Vision«.

Die Welt der Wirtschaft ist voll von solchen fixen Ideen. Die meisten davon versinken in der Pleite und schaffen es nicht einmal bis zu einer Fußnote im Geschichtsbuch. Einige machen Furore, können sich aber nicht durchsetzen, vielleicht weil sie zu früh kommen, vielleicht, weil zu viel auf Technik, zu wenig auf Vermarktung geachtet wurde oder umgekehrt. Und einige verändern die Welt.

Meistens allerdings wird die Welt der Wirtschaft von Ideen verändert, die ursprünglich überhaupt nichts mit dem zu tun hatten, was am Ende daraus wurde. Thomas Alva Edison glaubte, der von ihm erfundene Phonograph werde vor allem dazu dienen, Testamente im Originalton aufzuzeichnen. Thomas Watson von IBM behauptete, auf der ganzen Welt würden nicht mehr als fünf Computer gebraucht. Die vermeintlichen Flops, wie der Klebstoff, der nicht klebte, und am Ende doch zum Post-it-Etikett wurde, gehören ebenfalls in diese Kategorie.

Dass die Geschichte vom perfekt geplanten Marketingerfolg der Swatch-Uhren so gerne und häufig die Management-Lehrbücher ziert, liegt vor allem daran, dass es kaum andere Beispiele gibt, in denen von Anfang bis Ende einem Masterplan gefolgt wurde und trotzdem alles gut ausging.

Die »schöpferische Zerstörung« ist Joseph Schumpeters berühmtester Begriff, die Beschreibung des kapitalistischen Wirtschaftsprozesses, der »unaufhörlich die Wirtschaftsstruktur von innen heraus revolutioniert, unaufhörlich die alte Struktur zerstört und unaufhörlich eine neue schafft.«[138] Sie wissen sicherlich auch, wem Schumpeter die tragenden Rollen im »ewigen Sturm der schöpferischen Zerstörung« verliehen hat: klar, dem dynamischen Unternehmer und dem freien Wettbewerb.

Hat er eben nicht!

Die tragenden Rollen verlieh Schumpeter: dem Großkonzern und seinen monopolistischen Praktiken! Diese so genannte »Schumpetersche Hypothese« hielt zwar der empirischen Überprüfung nicht stand – die günstigsten Auswirkungen auf die Innovationsrate hat eine Unternehmenslandschaft, in der mittelgroße und große Firmen dominieren; aber die »vollkommene Konkurrenz« der reinen marktwirtschaftlichen Lehre ist in der Tat, wie von Schumpeter vermutet, genauso wenig innovationsfördernd wie eine Wirtschaftsstruktur, in der eigentümer-geführte Unternehmen den Ton angeben.

Die »schöpferischste Zerstörung« der Wirtschaftsgeschichte ist sicherlich Henry Fords Quantensprung von 1914. Dahinter stand zwar ein großes Unternehmen, aber kein ebenso großer Plan. Am Ende ist der Durchbruch für die soziale Revolution tatsächlich darauf zurückzuführen, dass dieser scheinbar so teure Durchbruch dem Unternehmen Ford vom ersten Tag an Geld sparte.

Verlassen wir uns also für den Quantensprung in der humanen Revolution nicht darauf, dass ein Unternehmer mit einer fixen Idee ihn durchsetzen wird. Er wird als eine Idee zur Kostenersparnis oder zur Rettung vor dem Bankrott daherkommen; er wird ein kleines Gadget sein, dass sich ein Unternehmer mal eben im Taxi auf dem Weg zur Analystenkonferenz ausgedacht hat, um die glatten Wall-Street-Boys ein bisschen zu beeindrucken, oder ein Leserbrief in der »Sächsischen Zeitung«; er kann genauso gut auch schon mitten unter uns sein, wir sehen ihn nur nicht. Die Inkas hatten ja das Rad auch schon erfunden. Aber nur für Kinderspielzeug.

Wenn der Turbo für die humane Revolution aus der Unternehmenswelt kommen sollte, würde er aber am wahrscheinlichsten so aussehen:

- Das fortgeschrittenste Unternehmen in der fortgeschrittensten Branche seiner Zeit gibt seine Mitarbeiter frei. Jeder kann tun,

was er will, ein wahrscheinlich höchst fragwürdiger und nur mäßig effizienter Mechanismus wird darüber entscheiden, was davon aus moralischen oder finanziellen Gründen nicht gemacht werden darf.
- Die gesammelte Meute der Analysten und Kommentatoren fällt über das Unternehmen her, sieht seinen Zenit überschritten und die Wachablösung vor der Tür.
- Und dann tragen die Mitarbeiter des Unternehmens über alle ihnen zur Verfügung stehenden Informationskanäle ihre Erlebnisse mit dem Reich der Freiheit in die Welt. Und alle Welt wird am Monitor, Headset etc. sitzen und zusehen. Zuhören. Mitdiskutieren. Und wird mitmachen wollen.

Und dann wird keiner lange zurückstehen können.

Also: Wer übernimmt diesen Job?

Ende 1999 hatte ich noch darauf getippt, dass Amazon.com dieses Unternehmen werden könnte: »Was könnte dieser Konzern Besseres tun, als die Kreativität seiner Beschäftigten freizugeben? Sie kennen die Kunden, sie kennen das Netz, sie wollen Erfolg, also, lass' sie machen, was sie wollen. Alles ist möglich, vieles ist machbar, manches wird erfolgreich, und irgendetwas davon wird Amazon.com in eine neue Dimension katapultieren.«[139] Inzwischen allerdings hat Amazon-Gründer Jeff Bezos die Pionier-Position geräumt und konzentriert sich auf sein Kerngeschäft Medienhandel – weshalb ich doch eher zur zweiten Hälfte meiner damaligen Prognose neige: »Wenn Bezos das nicht schafft, wird er eine Fußnote der Wirtschaftsgeschichte bleiben. Und der Henry Ford der Wissensgesellschaft kommt ein paar Jahre später und heißt anders.«

Noch gibt es ihn nicht, und wir sollten auf ihn auch nicht wie auf einen Messias warten. Wenn er doch irgendwo auftauchen sollte, tippe ich darauf, dass er sich durch folgende Eigenschaften auszeichnet:
- Er hat einen tiefen inneren Abscheu vor dem Management und den Managern seines Konzerns – schließlich schickt er mit seiner Maßnahme fast die gesamte Führungsmannschaft in den Orkus.

- Er steht mitten in einem konzerninternen Machtkampf, bei dem er durch diesen Schritt die Truppen des Gegners schwächen und die Mehrheit der Belegschaft auf seine Seite bringen will.
- Er präsidiert einem Unternehmen, in dem nichts oder nur sehr wenig physisch hergestellt wird. Content, Consulting, Communication oder eine ähnliche Branche – sowohl im Arbeitsablauf als auch in der Arbeitsatmosphäre ist man weit genug entfernt von den Relikten der Fabrik-Organisation.

Und ein Konzern wird es schon sein müssen. Denn erst bei Konzerngröße ist es nach bisheriger Sicht mit allen Hierarchie-Verflachungs-Spielchen und Individualisierungsstrategien vorbei. Nur in dieser Größenordnung kann die Einführung der humanen Revolution in einem Unternehmen überhaupt überregionale Beachtung finden.

b) Wer wird die Partei der humanen Revolution?

Bleiben wir noch einen Moment bei meinem Lieblings-Unternehmer Henry Ford. Der versuchte nämlich immer wieder, sich in die Politik einzumischen – und legte jedes Mal eine peinliche Bauchlandung hin: Im Dezember 1915 charterte er ein »Friedensschiff«, mit dem er zusammen mit 55 Mitgliedern der Friedensbewegung und 44 Journalisten nach Europa fuhr, um die kämpfenden Nationen davon zu überzeugen, dass sie besser den Krieg beenden sollten – was aber keiner dieser Nationen sonderlich imponierte.[140] Von 1920 bis 1927 druckte die Ford gehörende Zeitung »Dearborn Independent« regelmäßig heftigste antisemitische Tiraden,[141] 1938 ließ er sich zur Feier seines 75. Geburtstags das Großkreuz des Adlerordens überreichen, den höchsten Orden, den Hitler an Ausländer zu vergeben hatte, und bis zum Sommer 1940 opponierte er heftig gegen US-Waffenlieferungen an Frankreich oder Großbritannien.[142] »Ich will nichts, was ich mit Geld kaufen kann, ich möchte die Welt dadurch verbessern, dass ich auf ihr lebte«, sagte Henry Ford auf der Rückreise vom Friedensschiff-Fiasko.[143] Solange er als Unternehmer agierte, gelang ihm das. Doch sobald er sein vertrautes Terrain verließ, ging alles daneben.

Unternehmer sind so begeistert von ihrer Arbeit innerhalb des von anderen gesetzten Rahmens, dass sie gar nicht begreifen können, wie sehr die Effizienz der Marktwirtschaft und damit auch ihres Tuns von diesem Rahmen abhängig ist. Ihre Welt ist eben so grandios einfach gestrickt, dass man denjenigen, die sich nur in dieser Unternehmenswelt bewegen und bewegt haben, keine wirklich verantwortungsvolle Tätigkeit anvertrauen sollte.

Wenn der humanen Revolution von einem Unternehmer zum Durchbruch verholfen wird, dann wahrscheinlich, wie gerade erläutert, weil sie gerade Kosten spart oder ein internes Scharmützel entscheiden soll. Wenn ihr von jemandem zum Durchbruch verholfen wird, der an sie glaubt, der sie durchsetzen *will* – dann wird dieser Jemand wahrscheinlich eine Partei sein.

Das 20. Jahrhundert brachte überall in Europa den Aufstieg der Arbeiterparteien hervor. Wenn das Humankapital einen ähnlichen Aufstieg vor sich hat wie hundert Jahre zuvor die Arbeiter, dann wird es eine Partei geben, die seine Interessen vertritt. Lobbies, Medien, Netzwerke gibt es für sehr viele verschiedene Berufs- oder Bevölkerungsgruppen. Parteien, ernst zu nehmende zumindest, gibt es weit weniger. Für eine erfolgreiche Parteibildung reicht nämlich ein gemeinsames Interesse bei weitem nicht aus: Parteien entstehen und formieren sich entlang von Konfliktlinien, also großen weltanschaulichen Differenzen. Diese können ökonomisch motiviert sein (SPD), aber auch genauso gut konfessionell (Zentrum, CDU) oder territorial (CSU, PDS, Lega Nord).

Die in Deutschland wichtigsten Konfliktlinien verlaufen entlang der klassischen Weltanschauungen, an denen sich im 19. und im 20. Jahrhundert die Parteigrenzen in den meisten Industrienationen herausgebildet haben: konservativ, sozialdemokratisch, liberal und inzwischen auch ökologisch – wobei natürlich Zugehörigkeit oder Anhängerschaft zu einer bestimmten Partei noch lange nicht besagen, dass man sich auch unter dem dazugehörigen Adjektiv einordnen würde.

Bei der Frage, ob es eine Partei geben wird, die sich die humane Revolution auf die Fahnen schreibt, und wenn ja, welche, ist diese Unterscheidung zwischen der Partei und dem zu ihr gehörenden Adjektiv nicht unwichtig. Denn aus der Adjektiv-Sicht wäre die Sache klar: Die Programmatik der humanen Revolution ist eindeutig von liberalem Gedankengut geprägt.

- Wer sich darauf freut, dass irgendwann einmal alle machen können, was sie wollen, ist liberal.
- Wer sich davor fürchtet, ist konservativ.
- Wer allen sagen möchte, was sie dann wollen sollen, ist Sozialdemokrat.
- Und wer ihnen sagen will, was sie dann nicht wollen sollen, ist Ökologe.

Aber das heißt noch lange nicht, dass es unbedingt die heute als liberal geltende Partei der Mittelständler und leitenden Angestellten sein muss, die in ein paar Jahrzehnten noch auf der liberalen Position sitzt. In Österreich hat sich in den letzten 20 Jahren die einstmals liberale FPÖ zu einer rechtsnationalistischen Illiberal-Partei verwandelt, weil der Parteichef in dieser Nische des politischen Spektrums mehr Stimmen zu gewinnen hoffte – und auch gewann.

In Großbritannien hat dagegen die liberale Partei in den Jahrzehnten um und nach 1900 zwar ihren Platz behalten, aber ihre Wähler verloren: In vor- und frühindustrieller Zeit vertraten die Tories die Interessen des Adels und der Grundbesitzer und galten damit als konservative Kraft. Ihre Gegenspieler, die liberalen Whigs, sprachen für die Unternehmer und galten als progressive Kraft. Der Aufstieg der Labour Party verdrängte die Whigs aus der progressiven Ecke – und in der konservativen Ecke saß schon jemand. Weil den Wählern ein konservatives Gegengewicht zu Labour wichtig war, setzten sich die Tories durch – aus der ursprünglichen Partei der Grundbesitzer wurde die Partei des Kapitals, und die ursprüngliche Partei des Kapitals verschwand in der Versenkung.

Wenn also eine der bestehenden Parteien sich die Durchsetzung der humanen Revolution zur Aufgabe machen wollte: Welche käme da am ehesten in Frage?

- Die Grünen haben in den letzten zwei Jahrzehnten den progressiven Platz im Parteiensystem beansprucht. In ihren Reihen sind die Profiteure der Wissensgesellschaft eindeutig überrepräsentiert; zudem haben sie nur wenige Manager in den Reihen ihrer Anhänger, und diese Berufsgruppe wird *materiell* am schwersten von der humanen Revolution getroffen. Gegen die Grünen spricht, dass ihnen inzwischen die progressive Kraft fast völlig abhanden gekommen ist: Ein letztlich reaktionäres Streben nach einem bukolisch-toskanischen Leben verstellt den Blick auf Wachstums- und Entwicklungspotenziale der Gesellschaft. Zudem ist in ihren Reihen die Gruppe stark überrepräsentiert, die *ideell* am stärksten von der humanen Revolution getroffen würde – die linke Gesinnungselite.
- Die Sozialdemokraten sind geradezu das Urgestein der Arbeiterbewegung. Ihnen liegen eigentlich die Interessen der arbeitenden Bevölkerung besonders am Herzen, und die Perspektive, endlich einmal die Kapitalisten ausbeuten zu können, klänge doch gar nicht so schlecht. Sie hätten es allerdings schwer damit, sich als Partei der Humankapitalisten zu verstehen – die humane Revolution wird ihnen zu elitär daherkommen. Die Sozialdemokraten werden ihre Identität eher darüber finden können, dass sie sich um die Verlierer der Entwicklung zur Wissensgesellschaft kümmern.* Damit liefen sie zwar Gefahr, im Laufe der Jahrzehnte zur Nischenpartei herabzusinken, aber das dafür mit reinem Gewissen.
- Die Liberalen müssen sich kein neues Adjektiv mehr zulegen, um die Verheißungen der humanen Revolution glaubhaft vertreten zu können. Zudem sind sie als langjähriges Zünglein an der Waage

---

* Einen Satz, wie geschaffen für das Parteiprogramm traditioneller Sozialdemokraten in Zeiten wie diesen, habe ich bei Richard Sennett gefunden: »Ohne ein bürokratisches System, das Wohlstandszuwächse innerhalb einer Hierarchie verteilt, streben die Gewinne zu den Mächtigsten; in regellosen Institutionen werden die, die in der Lage sind, alles zu nehmen, dies auch tun. Die Flexibilität verstärkt die Ungleichheit.« (Der flexible Mensch, a.a.O., S. 119)

** So dass es dann schon rührend anachronistisch wirkte, als ein Mitglied der 74er-Weltmeistermannschaft, Hans-Georg »Katsche« Schwarzenbeck, nach Beendigung seiner Fußball-Karriere die klassische »Laufbahn« der Top-Spieler vergangener Zeiten einschlug: die Eröffnung eines eigenen Lottoladens.

gewitzt in der Neudefinition der eigenen Ziele, wenn daraus ein Machtzuwachs resultieren könnte. Dumm nur, dass ihre jetzige Wählerschaft fast völlig aus den Personengruppen besteht, die unter der humanen Revolution eher leiden als von ihr profitieren werden.
• Die Christdemokraten scheinen besonders weitab vom Schuss, sind es wahrscheinlich auch. Auch paternalistische Wegbahner der Neuen Wirtschaft wie Edmund Stoiber werden nichts daran ändern können, dass die humane Revolution zu neu, zu anders, zu ungewohnt ist, um für konservative Anhänger attraktiv werden zu können. Da kann bestenfalls eine Förderung der heute noch New genannten Young Economy herauskommen. Denn wenn die Jungs sich dort die Hörner abgestoßen haben, werden sie schon wieder in den Schoß des bürgerlichen Lebens zurückkehren.

Von vier Parteien drei, die potenziell in die Richtung der humanen Revolution ziehen könnten. Noch hat sich keiner auf den Weg gemacht, noch ist nichts entschieden. Und es könnte auch durchaus noch sein, dass es doch zur Gründung und Etablierung einer völlig neuen Partei kommt. Denn je schneller und stärker die humane Revolution sich entwickelt, desto wahrscheinlicher ist es, dass eine Neugründung die effizientere Methode ist, um das neue Gesellschaftssystem auch im Parteiensystem abbilden zu können.

Die Whigs als die traditionellen Progressiven haben es schließlich auch nicht geschafft, die Arbeiterschaft für sich zu gewinnen.

c) Wer organisiert die Wissensarbeiterbewegung?

Für die deutschen Profifußballer begann der Auszug aus der Unmündigkeit bei der Fußball-Weltmeisterschaft 1974. Zwei Ereignisse trugen dort dazu bei, das Selbstbewusstsein und den Durchsetzungswillen der Nationalspieler zu steigern: die erfolgreiche Nachverhandlung über die Höhe der Siegprämie kurz vor dem Finale, und der Aufstand gegen die Nicht-Einladung der Spielerfrauen beim offiziellen Bankett kurz nach dem Finale. Die Spieler begannen, sich von den Funktionären zu emanzipieren und vergrößerten damit ihren Anteil am ohnehin wachsenden Kuchen.**

Doch als Anfang der 90er Jahre der Kuchen nicht nur wuchs, sondern an allen Ecken aus der Form herausquoll, schafften sie es beim zentralen Verteilungskonflikt dieser Jahre nicht, sich zu organisieren und ihre Interessen durchzusetzen: beim System der Ablösesummen, das dazu führte, dass die Vereine einen großen Teil des rasant steigenden Marktwerts der Spieler auf ihre eigenen Konten leiten konnten. Das schaffte statt dessen der mittelklassige belgische Fußballprofi Jean-Marc Bosman im Alleingang. Vor dem Europäischen Gerichtshof erstritt er 1995 das Urteil, dass Spieler von ihrem Verein nicht mehr gegen ihren Willen verkauft werden dürfen.

Auf einen Helden statt auf eine Interessenvertretung zu vertrauen – das können sich vielleicht die paar hundert Fußballprofis im Rampenlicht der Öffentlichkeit leisten. Aber nicht die Millionen von Wissensarbeitern jenseits aller Schlagzeilen.

Wenn sie ihre Interessen jenseits des individuellen Arbeitsvertrags durchsetzen wollen, bewegen sie sich auf einem hoch komplexen, stark lobbyisierten Terrain.

Ihre Kontrahenten im Lobbyisten-Konzert, allen voran die Arbeitgeber, sind bereits hervorragend organisiert – und merken schon, dass es für sie demnächst eng werden könnte.

Es kann wohl kaum ein deutlicheres Signal dafür geben, dass hier etwas im Busch ist, als Bündnisangebote der Arbeitgeber an die Gewerkschaften. Und die gibt es bereits.

Nein, natürlich nicht beim »Bündnis für Arbeit«, da steht die Obstruktionslinie bombenfest: »Eine Veranstaltung zur Verschleppung und Verhinderung von Reformen«, nannte sie Hans-Olaf Henkel noch kurz vor dem Ende seiner Amtszeit als BDI-Chef, die er nur besucht habe, weil ihm und damit den Unternehmen sonst »sofort die Schuld für das Scheitern der Bündnisgespräche gegeben« würde.[144]

Bündnisse werden dort vorgeschlagen, wo es den Arbeitgebern weh tut. So von Randolf Rodenstock, seines Zeichens Präsident des bayerischen Metallarbeitgeberverbandes, der eine »Alliance for talent« propagiert, auf deutsch etwa »Bündnis für hoch qualifizierte Arbeit«: »Ein erbitterter Wettkampf um die Besten, ein ›fight for talent‹, tobt inzwischen um die raren Fachkräfte«, so Rodenstock, »und er wird sich weiter verschärfen. Dieser fight for talent spielt sich international ab: Bei guten Absolventen stehen Arbeitgeber aus der ganzen Welt ›Schlange‹. ... Das Problem Fachkräftemangel wird sich bei uns weiter dramatisch verschärfen. Wie gehen wir in unserem Land weiter mit der Situation um? Ein weiter eskalierender Wettstreit um die Besten kann nicht die Lösung sein. Wir müssen alle Möglichkeiten ausschöpfen und miteinander statt gegeneinander agieren. Eine ›alliance for talent‹ ist gefragt, ein Bündnis zwischen Unternehmen, Verbänden, Gewerkschaften und Politik, um gemeinsam zügig Lösungen zu finden.«[145]

Was sich wie der größte gemeinsame Nenner anhört, also wie ein Bündnis, das alle Konfliktparteien an einen Tisch und zu gemeinsamen Aktionen bringen soll, ist tatsächlich eher der Vorschlag für eine Große Koalition der Profiteure der Industriegesellschaft, um sich dem Siegeszug der Profiteure der Wissensgesellschaft entgegenzustemmen. Denn diese, die Wissensarbeiter, sind an Rodenstocks rundem Tisch der Dinosaurier nicht vertreten.

Es kann gefährlich für eine soziale Gruppe sein, wenn sie bei Gesprächen, die die eigenen Interessen berühren, nicht mit am Tisch sitzt. Das zeigt das Beispiel der Arbeitslosen, zu deren Lasten Arbeitgeber und Gewerkschaften bei Tarifverhandlungen ganze Billiglohngruppen pulverisierten; das zeigt auch das Beispiel der Verhandlungen über deutsch-deutsche Währungsunion und Einigungsvertrag, bei denen sich 1990 die Verhandlungsführer Hans Tietmeyer (BRD, Finanzministerium) und Günther Krause (DDR, Populist) gegenübersaßen – also ein Interessenvertreter des westdeutschen Kapitals und einer der ostdeutschen Wähler. Am Ende brachten sie ein Vertragswerk zustande, das für diese beiden Gruppen das kurzfristige Optimum erbrachte: Die Ossis bekamen Kaufkraft, die West-Unternehmen einen neuen Absatzmarkt. Die Leidtragenden dieser Vereinbarung waren eben nicht dabei, als verhandelt wurde: die Ost-Unternehmen, die zum Tode verurteilt wurden, und die westdeutschen Steuerzahler, die alles bezahlen durften.

Wenn Sie also davon hören, dass in wie auch immer gearteten prominent besetzten Elefantenrunden über die Probleme der Wissensgesellschaft verhandelt wird, können Sie sicher sein, dass dort gerade gegen Ihre Interessen agiert wird.

Eine Interessenvertretung der Humankapital-Investoren, also traditionell ausgedrückt, eine Wissensarbeiterbewegung, wird nötig sein, um ein Gegengewicht zu den bestehenden Lobbies aufzubauen und um eigene Themen auf die politische Agenda zu setzen. In welcher Form sich diese Interessenvertretung bilden wird, ist schwer zu sagen: Es können klassische Formen sein, also Lobby-Verbände, genauso gut aber auch etwas innovativere Formen, etwa Medien (einen Vorgeschmack davon bietet das »Cluetrain-Manifest«) oder Netzwerke wie zum Beispiel Alumni-Vereinigungen. Wenn es zu etwas ähnlichem wie zu den von mir im 9. Kapitel vorgestellten Humankapital-Investmentfonds kommt, können auch die entsprechenden Anlagegesellschaften oder einzelne Fondsmanager eine solche Rolle spielen.

Wozu soll man eigene Interessenvertretungen für Humankapital-Investoren schaffen, wo doch die Gewerkschaften seit jeher die Interessen der Arbeitnehmer vertreten?

Was sind Humankapital-Investoren schließlich anderes als Arbeitnehmer?

Die Gewerkschaften haben im vergangenen Jahrhundert einen entscheidenden Beitrag zur Durchsetzung der sozialen Revolution geleistet. Warum sollten sie nicht auch in der Lage sein, einen entscheidenden Beitrag für die Durchsetzung der humanen Revolution zu leisten?

Weil sie eben noch sehr, sehr, sehr tief im vergangenen Jahrhundert stecken.

Trotz intensiver Werbekampagnen ist bisher noch keine der deutschen Einzelgewerkschaften in den jeweils modernsten Sektoren ihrer Branche gut vertreten. Je weiter man sich von den traditionell stärksten Bastionen, den großen Industriebetrieben, wegbewegt, desto geringer wird der Einfluss der Gewerkschaften: 1998 waren, so das Ergebnis einer Umfrage des Instituts der Deutschen Wirtschaft,[146] in den deutschen Industrieunternehmen 76,1 % aller Betriebsratsvorsitzenden Mitglied einer DGB-Gewerkschaft, im Dienstleistungssektor lag dieser Anteil nur bei 33,4, %.* In der New Economy gibt es so gut wie nirgends Betriebsräte oder Gewerkschaftsmitglieder – bedingt durch die (meist kleine) Firmengröße, das (meist junge) Alter der Beschäftigten, die (meist sehr unindustrielle) Arbeitsweise und die (meist große) Nähe zwischen Häuptlingen und Indianern. Und wenn es doch mal jemand versucht, zur Gründung eines Betriebsrats aufzurufen, können die Eigentümer das oft genug wegkanalisieren.»Wenn ihr einen Betriebsrat gründet, zahlen wir nach Tarif«, kommentiert zum Beispiel Sebastian Turner, Mitbegründer von Scholz & Friends Berlin, solche Anliegen – und hat deswegen auch mit 200 Beschäftigten noch keinen.

Manche Vordenker der New Economy sehen die Gewerkschaften denn auch schon als eine Restgröße, die gerade dabei ist, sich selbst zu überleben. Wenn Alexander Schrader von der Hypovereinsbank zum Beispiel die Deregulierung des gesellschaftlichen Ordnungsrahmens als einen der zwei großen Trends sieht, die Deutschland ins 21. Jahrhundert katapultieren sollen (der andere ist die Entwicklung einer Risikokultur in der Bevölkerung), so hat er dabei die fortschreitende Schwächung der Gewerkschaften bereits einkalkuliert: »Im Jahr 2000 gab es in Deutschland erstmals mehr Aktionäre als Gewerkschaftsmitglieder.«[147]

Schraders Risiko-Regulierungs-Matrix zeigt die vier grundsätzlichen Optionen für die zukünftige Wirtschaftsstruktur in Deutschland (s. Abb. 17):
- Old Economy, die aktuelle Wirtschaftsstruktur, starke Konzerne, starke Gewerkschaften, geringe Risikoneigung in der Bevölkerung;
- IG Werkvertrag, mit hoher Regulierung bei Tarifen und auf dem Arbeitsmarkt, und vielen Schein- und sonstigen Selbstständi-

---

* Auch wenn man den Anteil der DAG (10,1 %) noch hinzuzählt, bleibt es beim weit geringeren Organisationsgrad in den Dienstleistungsbranchen.

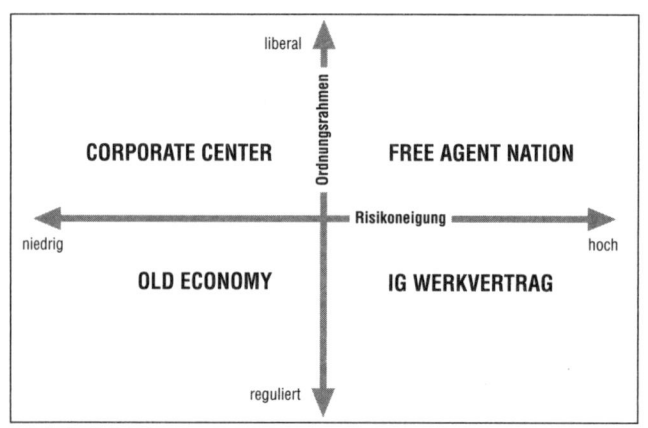

Risiko-Regulierungs-Matrix Abb. 17

```
                    liberal ▲
                            │
                            │ Ordnungsrahmen
       CORPORATE CENTER     │     FREE AGENT NATION
                            │
                            │     Risikoneigung
   ◄────────────────────────┼────────────────────────►
   niedrig                  │                    hoch
         OLD ECONOMY        │     IG WERKVERTRAG
                            │
                            │
                            ▼ reguliert
```

Quelle: Hypo Vereinsbank

gen, die die Nischen füllen und outgesourcte Dienstleistungen erledigen;
- Corporate Center, mit niedriger Risikoneigung in der Bevölkerung, aber hoher Innovationskraft bei den Konzernen, die die innovativen Potenziale ihrer Beschäftigten nutzen können;
- Free Agent Nation, ein Deutschland, in dem innovative Freiberufler die Dynamik bestimmen und den Konzernen jeweils nur für fest umrissene Projekte zur Verfügung stehen.

Schrader erwartet in Deutschland eine Entwicklung hin zur Free Agent Nation. Mir hingegen erscheint zwar die Annahme plausibel, dass der wirtschaftliche Ordnungsrahmen weiter liberalisiert wird, aber ich halte es für eher unwahrscheinlich, dass sich in Deutschland eine völlig neue Einstellung zur Risikokultur breit macht. Wenn es uns gelänge, aus Deutschen Amerikaner zu machen, dann vielleicht. Aber das können wir nicht, und das sollten wir auch gar nicht erst versuchen – wir würden nur die zweitbesten Amerikaner sein.

Wenn wir statt dessen darauf hinarbeiten, die besten Deutschen zu werden, steht am Ende dieser Entwicklung das Corporate-Center-Modell: Unternehmen, die ihren Beschäftigten Freiräume gewähren, Beschäftigte, die in den Unternehmen Sicherheit finden.

Wenn wir in dieser Weise dem rheinischen Kapitalismus weiter die Treue halten, gibt es keinen systematischen Grund, warum die Gewerkschaften nicht für eine Hauptrolle in Frage kommen sollten:

1. Sie haben ein lupenreines Image als Interessenvertreter der Arbeitnehmer.

2. Sie haben eine immer noch sehr gute Verankerung in den großen Unternehmen aller Branchen und in den Industriebetrieben jeglicher Größe.

3. Sie sind seit Jahren, wenn nicht seit Jahrzehnten, auf der Suche nach Themen, die sie in Dienstleistungsbranchen, High-Tech-Firmen und bei übertariflich Bezahlten attraktiv machen könnten.

4. Wem sonst würden Sie glauben, dass etwas zu Ihrem Besten ist, was in erster Linie Ihre Arbeitsproduktivität steigern soll?

5. Wem sonst würden die Unternehmen glauben, dass etwas, das gegen ihre Interessen gerichtet scheint, dem langfristigen Interesse aller Beteiligten dient?

Die große Aufgabe der Gewerkschaft könnte darin bestehen, die Wissensgesellschaft für alle zu erschließen, jedem die bestmögliche Entfaltung seiner Potenziale zu ermöglichen – genau so, wie sie dafür sorgte, dass der Leistungslohn, den Henry Ford einführte, nicht nur den qualifizierten Facharbeitern zugute kam, sondern im Laufe der Jahrzehnte fast die gesamte Arbeitsbevölkerung der Industrieländer erfasste.

Gewerkschaften als Speerspitze der gesellschaftlichen Entwicklung? Das klingt etwa so wahrscheinlich wie Helmut Kohl im Big-Brother-Haus. Denn auch wenn sie schon einmal, vor langer, langer Zeit, Speerspitze waren, haben die Gewerkschaften doch inzwischen einen über die Jahrzehnte aufgebauten Apparat, der ungefähr so reformfähig ist wie die SED. Denn auch wenn sie schon einmal Speerspitze waren, ist es inzwischen wohl bis in die Gene der Gewerkschaftsfunktionäre vorgedrungen, dass sie die Interessenvertreter der Unterprivilegierten sind. Wie sollen sie da den gedanklichen Umschwung schaffen, die Interessen der Elite (unter anderem) zu vertreten? Und wie den organisatorischen Umschwung? Für mehrere Jahrzehnte zumindest müssten sie Industrie- und Wissensarbeiter, tarifliche und außertarifliche Ziele parallel im Auge behalten – wie sollen die Gewerkschaften diesen Spagat schaffen? Und wenn sie ihn schaffen, wie können sie verhindern, dass sich ihre klügsten Köpfe auf die Seite der Wissensarbeiter schlagen, wo die weit spannenderen Aufgaben winken?

Doch auch wenn der aktuelle Zustand der deutschen Gewerkschaften jämmerlich ist und es aussichtslos scheint, auf Besserung zu hoffen: Unter den ganz wenigen Standortfaktoren, bei denen Deutschland der gesamten globalen Konkurrenz voraus ist, nehmen die Gewerkschaften noch immer einen herausragenden Platz ein.

• Nirgends in der Welt haben sich Gewerkschaften so sehr die – arbeitnehmerfreundliche – Steigerung der Arbeitsproduktivität zur Aufgabe gemacht wie hier in Deutschland.

• Noch immer gibt es nirgends in der Welt stärkere und klügere Gewerkschaften als hier in Deutschland.*

Seit längerem schon sind wir dabei, diesen Standortvorteil zu verspielen. Medien, Politik, Arbeitgeber und natürlich die Gewerkschaften selber haben dazu beigetragen, die Gewerkschaft in eine rein defensive, rückwärtsgewandte, strukturkonservative Ecke zu bugsieren, aus der heraus sie keinerlei Impulse für die Zukunft zu geben in der Lage ist.

Wenn es ihnen nun gelingen würde, die Meinungs- und Handlungsführerschaft bei der humanen Revolution zu erringen, hätte Deutschland einen Wettbewerbsvorteil in der globalen Konkurrenz, der nicht so leicht einzuholen wäre: Denn wer die Erfolge einer starken Gewerkschaft kopieren will, braucht dazu erst einmal eine starke Gewerkschaft – und wer hat die schon?

Unternehmer, Parteien, Gewerkschaften: Drei Kandidaten für die Beschleunigung der humanen Revolution, drei mögliche Entwick-

---

* Die britischen waren mal wesentlich stärker, aber auch wesentlich dümmer. Nur deshalb konnte es Margaret Thatcher gelingen, ihre Macht zu brechen.

lungsrichtungen, die sich nicht ausschließen müssen, sondern parallel oder sogar sich gegenseitig verstärkend ablaufen können. Doch jeder der drei Kandidaten kann genauso gut seine historische Chance, das 21. Jahrhundert mit zu prägen, verstreichen lassen.

Vielleicht müssen Sie es doch selbst machen.

15. Aufforderung zum Streit

Wir haben vor keiner Kritik Angst, weil die Wahrheit auf unserer Seite ist.
　　　　　　　　　　　　　　　　　　　　　　Mao Zedong, 1957

Im Interesse der Wahrheitssuche müssen wir uns dazu erziehen, unsere eigenen Ideen ebenso kritisch betrachten zu können wie die Ideen, gegen die wir kämpfen.
　　　　　　　　　　　　　　　　　　　　　　Karl R. Popper, 1961

Ich habe mich in diesem Buch bemüht, ein Fundament zu legen, von dem aus die in den letzten Jahren zunehmend frucht- und hilflosere Diskussion um die Zukunft der Arbeit wieder offensiv und produktiv geführt werden kann. Ich glaube, mit vielem Anstöße für solche Diskussionen zu geben – und mit einigem wohl auch Anstoß zu erregen. Vielleicht haben sich objektive Fehler eingeschlichen, vielleicht habe ich an einigen Stellen in Sachverhalte eine Tendenz hineingelegt, die so nicht der Realität entspricht (aber gerade zur Argumentation passte), sicherlich habe ich viele wichtige Quellen und Entwicklungen nicht berücksichtigt, wahrscheinlich gibt es einige Stellen, an denen Sie anderer Auffassung sind als ich, und ganz bestimmt gibt es eine Menge Thesen, denen eine breite Debatte gut tun würde.

Ich lade Sie ein, sich daran zu beteiligen. Unter
www.die-humane-revolution.de
möchte ich das fortführen, was mit diesem Buch begonnen hat.

Sollte ich dabei jemals aus einer Popperschen Haltung in eine maomäßige Arroganz verfallen, sagen Sie mir bitte Bescheid.

16. Danksagung

Wahrscheinlich haben Sie das ja auch schon erlebt: Da sitzt ein unfähiger Bürokrat, ein arroganter Pinsel, ein, ach, Sie wissen schon und killt Ihnen dieses großartige Projekt, nur weil er es nicht begreift. Oder lehnt Ihre Bewerbung ab, obwohl es doch nun wirklich niemand geben kann, auf den die Job-Beschreibung besser gepasst hätte als auf Sie. Oder schließt die Abteilung, in der Sie sitzen, obwohl Sie es doch im nächsten Jahr ganz bestimmt bis zum Break-Even geschafft hätten, wenn bloß diese Idioten von der Geschäftsleitung ein bisschen mehr Geld für Werbung ausgeben würden. Menschen also, von denen Sie glauben, dass Sie sie bis an Ihr Lebensende verfluchen und verachten müssen. Und gerade mal ein Jahr später stellen Sie fest, dass Sie zwar Ihre Meinung über die Qualitäten der zu Verfluchenden nicht ändern müssen, aber deren scheinbar so idiotisches Verhalten von damals sich irgendwie segensreich ausgewirkt hat. Weil Ihnen gerade ein neues, viel großartigeres Projekt über den Weg läuft, das Sie hätten links liegen lassen müssen, wenn Ihr altes Lieblings-Projekt noch laufen würde. Weil die Firma, die Sie nicht einstellen wollte, selber eingestellt wurde. Weil die Schließung Ihrer alten Abteilung das ganze Team in alle Winde zerstreut hat – und Sie jetzt bei jeder der spannendsten Firmen Ihrer Branche einen guten Kumpel sitzen haben.

In diesem Sinne ein Danke an Manfred Grunenberg von den Vereinigten Fachverlagen Mainz, Frank Sambeth und Florian Möckel von der Bertelsmann AG sowie Harald Müsse von der Verlagsgruppe Handelsblatt. Nur dadurch, dass sie mich von dem Weg abbrachten, den ich jeweils gerade für den einzig wahren hielt, konnte ich dahin kommen, dieses Buch zu schreiben.

17. Literaturverzeichnis

Albert, Michel: Kapitalismus contra Kapitalismus, <1991>, Campus-Verlag, Frankfurt/New York 1992

Arendt, Hannah: Vita activa oder Vom tätigen Leben, <1967>, Piper Verlag, München 1981

Bacon, Francis: Neu-Atlantis, <1638>, Rowohlt Taschenbuch, Reinbek 1960

Beck, Ulrich: Risikogesellschaft. Auf dem Weg in eine andere Moderne, Suhrkamp Verlag, Frankfurt 1986

Beck, Ulrich: Schöne neue Arbeitswelt. Vision: Weltbürgergesellschaft, Campus Verlag, Frankfurt/New York 1999

Bell, Daniel: Die nachindustrielle Gesellschaft, <1973>, Campus Verlag, Frankfurt/New York 1975

Benz, Ernst: Das Recht auf Faulheit oder Die friedliche Beendigung des Klassenkampfes, <1974>, Ullstein, Frankfurt/Berlin/Wien 1983

Bergmann, Frithjof: Die Neue Arbeit. Skizze mit Vorschlag, in: Gewerkschaftliche Monatshefte 9-10/97, S. 524 – 534

Bloom, Howard: Global Brain. Die Evolution sozialer Intelligenz, Deutsche Verlags-Anstalt, Stuttgart 1999

Campanella, Tommaso: Sonnenstaat, <1623>, Rowohlt Taschenbuch, Reinbek 1960

Crainer, Stuart: Die 75 besten Managemententscheidungen aller Zeiten, Wirtschaftsverlag Ueberreuter, Wien/Frankfurt 2000

Deckstein, Dagmar/Felixberger, Peter: Arbeit neu denken. Wie wir die Chancen der New Economy nutzen können, Campus, Frankfurt/New York 2000

Donovan, Hedley: Right Places, Right Times. Forty Years in Journalism, Henry Holt, New York 1989

Dörner, Dietrich: Die Logik des Misslingens. Strategisches Denken in komplexen Situationen, <1989>, Rowohlt Verlag, Reinbek 1992

Drucker, Peter F.: Die Chance des Unternehmers. Signale für das Management von morgen, <1986>, Wilhelm Heyne Verlag, München 1990

Drucker, Peter F.: Management im 21. Jahrhundert, Econ, München 1999

Duve, Freimut (Hrsg.): Glasnost. Stimmen zwischen Zweifel und Hoffnung, Rowohlt Taschenbuch Verlag, Reinbek 1987

Engelmann, Jan/Wiedemeyer, Michael (Hrsg.): Kursbuch Arbeit. Ausstieg aus der Jobholder-Gesellschaft – Start in eine neue Tätigkeitskultur?, Deutsche Verlags-Anstalt, Stuttgart/München 2000

Forrester, Viviane: Der Terror der Ökonomie, <1996>, Paul Zsolnay Verlag, Wien 1997

Friedman, Milton & Rose: Chancen, die ich meine, <1980>, Ullstein Verlag, Frankfurt/Berlin/Wien, 1983

Goeudevert, Daniel: Die Herausforderung der Zukunft. Management, Märkte, Motoren, <1990>, Wilhelm Heyne Verlag, München 1992

Gorz, André: Ökologie und Freiheit, Rowohlt, Reinbek 1980

Gründler, Elisabeth: Neue Arbeit. Frithjof Bergmanns Mittel gegen die Arbeitslosigkeit, in: Econy 04/98 (Dezember 1998), S. 148 – 153

Gürtler, Detlef: I-Trade. Einkaufen und Vertrieb in der New Economy, in: Lotter, Wolf/Sommer, Christiane (Hrsg.): Neue Wirtschaft. Das Kursbuch für die New Economy, Deutsche Verlags-Anstalt, Stuttgart/München 2000, S. 63 – 72

Gürtler, Detlef: Was kommt. Und was nicht, in: Brand Eins 03/99, (Dezember 1999), S. 72 – 76

Gürtler, Detlef: Der dritte Faktor, in: Wochenpost 15/94 vom 7.4.1994

Hammer, Michael/Champy, James: Business Reengineering. Die Radikalkur für das Unternehmen, <1993>, Campus Verlag, Frankfurt 1994

Heilbroner, Robert: Kapitalismus im 21. Jahrhundert, <1993>, Carl Hanser Verlag, München/Wien 1994

Herzinger, Richard: Die Tyrannei des Gemeinsinns. Ein Bekenntnis zur egoistischen Gesellschaft, Rowohlt Berlin Verlag, Berlin 1997

Heuer, Steffan: Hunger. MBAs im Silicon Valley, in: Brand Eins 01/99 (Oktober 1999), S. 54 – 59

Heuser, Uwe Jean: Das Unbehagen im Kapitalismus, Berlin Verlag, Berlin 2000

Kennedy, Paul: In Vorbereitung auf das 21. Jahrhundert, <1993>, Fischer Taschenbuch, Frankfurt 1996

Knoll, Joachim/Schoeps, Julius (Hrsg.): Von kommenden Zeiten. Geschichtsprophetien im 19. und 20. Jahrhundert, Burg Verlag, Stuttgart/Bonn 1984

Koch, Claus/Senghaas, Dieter (Hrsg.): Texte zur Technokratiediskussion, Europäische Verlagsanstalt, Frankfurt 1970

Kommission für Zukunftsfragen der Freistaaten Bayern und Sachsen: Erwerbstätigkeit und Arbeitslosigkeit in Deutschland. Entwicklung, Ursachen und Maßnahmen, Abschlussbericht, Bonn, Dezember 1997

Königsdorf, Helga: Über die unverzügliche Rettung der Welt, Aufbau-Verlag, Berlin/Weimar 1994

Kuczynski, Jürgen: Die Intelligenz. Studien zur Soziologie und Geschichte ihrer Großen, Akademie-Verlag, Berlin 1987

Lacey, Robert: Ford. Eine amerikanische Dynastie, <1986>, Econ, Düsseldorf, Wien, New York 1987

Lafargue, Paul: Das Recht auf Faulheit, <1883>, Europäische Verlagsanstalt, Frankfurt 1966

Leadbeater, Charles: Living on thin air, Penguin, London 2000

Leisinger, Klaus M.: Die sechste Milliarde. Weltbevölkerung und nachhaltige Entwicklung, Beck, München 1999

Lem, Stanislaw: Imaginäre Größe, <1973>, Suhrkamp Taschenbuch, Frankfurt 1996

Lem, Stanislaw: Summa technologiae, <1964>, Suhrkamp Taschenbuch, Frankfurt 1981

Lepage, Henri: Der Kapitalismus von morgen, <1978>, Campus-Verlag Frankfurt/New York 1979

Lösch, Dieter: Das »Timing« als zentrales Problem der Systemtransformation. HWWA-Report Nr. 99, Hamburg 1992

Lösch, Dieter/Steffen, Olaf: Das Wirtschaftssystem der Perestrojka. Ordnungstheoretische Schlussfolgerungen aus den Erfahrungen der sowjetischen Umgestaltungspolitik, Verlag Weltarchiv, Hamburg 1991

Lotter, Wolf: »Denk breiter, denk weiter«. Interview mit IBM-Forschungschef Paul Horn, in: Brand Eins 07/00 (September 2000), S. 16 – 28

Lotter, Wolf/Sommer, Christiane (Hrsg.): Neue Wirtschaft. Das Kursbuch für die New Economy, Deutsche Verlags-Anstalt, Stuttgart/München 2000

Magyar, Kasimir/Prange, Peter: Zukunft im Kopf. Wege zum visionären Unternehmen, Haufe, Freiburg 1993

Martens, Erika: Zeit für die dritte Revolution, in: Die Zeit Nr. 12/94 vom 18. 3. 1994

Martens, Erika: »Das Gold in den Köpfen heben. Gespräch mit Frithjof Bergmann über die Krise der Arbeit und neue Beschäftigungsmodelle«, in: Die Zeit Nr. 11/97 vom 7. 3. 1997

Martin, Hans-Peter/Schumann, Harald: Die Globalisierungsfalle. Der Angriff auf Demokratie und Wohlstand, Rowohlt Verlag, Reinbek 1996

Marx, Karl: Das Kapital. Kritik der Politischen Ökonomie, Bd. 1, <1867>, MEW, Bd. 23, Dietz-Verlag Berlin, Berlin 1975

Marx, Karl: Das Kapital. Kritik der Politischen Ökonomie, Bd. 3, <1894>, MEW, Bd. 25, Dietz-Verlag Berlin, Berlin 1983

Marx, Karl/Engels, Friedrich: Die deutsche Ideologie, <geschrieben 1845/46, deutsche Erstveröffentlichung 1932>, MEW Bd. 3, Dietz-Verlag Berlin, Berlin 1958

Marx, Karl/Engels, Friedrich: Manifest der kommunistischen Partei, <1848>, Dietz-Verlag Berlin, Berlin 1989

Mill, John Stuart: Über Freiheit, <1859>, Europäische Verlagsanstalt, Frankfurt 1969

Morus, Thomas: Utopia, <1515>, Diogenes Taschenbuch, 1981

Naisbitt, John/Aburdene, Patricia: Megatrends Arbeitsplatz, <1985>, Heyne, München 1989

Naisbitt, John/Aburdene, Patricia: Megatrends 2000. Zehn Perspektiven für den Weg ins nächste Jahrtausend, <1990>, Econ Taschenbuch Verlag, Düsseldorf/Wien 1991

Opaschowski, Horst W.: Deutschland 2010. Wie wir morgen leben werden – Voraussagen der Wissenschaft zur Zukunft unserer Gesellschaft, Hamburg 1997

Osers, Jan: Zwischen Plan und Markt. Die Suche nach einer humanen Wirtschaft, Verlag Weltarchiv, Hamburg 1990

Parsons, Fatima: Der älteste Angestellte der Welt, in: Econy 03/98 (Oktober 1998), S. 150 – 153

Peters, Tom: Kreatives Chaos, <1988>, Heyne, München 2000

Pico della Mirandola, Giovanni: Über die Würde des Menschen, <1486>, Manesse Verlag, Zürich 1990

Popper, Karl R.: Auf der Suche nach einer besseren Welt. Vorträge und Aufsätze aus dreißig Jahren, <1984>, Piper Taschenbuch, München 1995

Porter, Michael E.: Nationale Wettbewerbsvorteile. Erfolgreich konkurrieren auf dem Weltmarkt, Droemer Knaur, München 1991

Rabelais, François: Gargantua und Pantagruel, <1532>, Winkler Verlag, München 1979

Ridderstrale, Jonas/Nordström, Kjell A.: Funky Business. Wie kluge Köpfe das Kapital zum Tanzen bringen, Financial Times Prentice Hall, München 2000

Rifkin, Jeremy: Das Ende der Arbeit. Und ihre Zukunft, <1995>, Fischer Taschenbuch, Frankfurt/Main 1997

Roggemann, Herwig (Hrsg.): Die DDR-Verfassungen, Berlin Verlag 1976

Schelsky, Helmut: Der selbständige und der betreute Mensch. Politische Schriften und Kommentare, Ullstein, Frankfurt/Berlin/Wien 1978

Scherm, Ewald/Süß, Stefan: Personalführung in virtuellen Unternehmen, in: Zeitschrift für Personalforschung 1/2000, S. 79 – 103

Schmitt, Carl: Politische Theologie. Vier Kapitel zur Lehre von der Souveränität, <1922>, Duncker und Humblot, Berlin 1985

Schneider, Michael: Kleine Geschichte der Gewerkschaften. Ihre Entwicklung in Deutschland von den Anfängen bis heute, Dietz Verlag, Bonn 1989

Schneider, Michael: Streit um Arbeitszeit. Geschichte des Kampfes um Arbeitszeitverkürzung in Deutschland, Bund-Verlag, Köln 1984

Schumpeter, Joseph A.: Kapitalismus, Sozialismus und Demokratie, <1942>, Francke, Tübingen/Basel 1993

Sennett, Richard: Der flexible Mensch. Die Kultur des neuen Kapitalismus, <1998>, Siedler Verlag, Berlin 2000

Sesselmeier, Werner/Blauermel, Gregor: Arbeitsmarkttheorien. Ein Überblick, Physica-Verlag, Heidelberg 1997

Smith, Adam: The Wealth of Nations, <1776>, Penguin Books, London 1987

Sommer, Christiane: »Uns geht es wie vielen Unternehmen«. Interview mit IG-Metall-Vorstand Ulrich Klotz, in: Brand Eins 02/00 (März 2000), S. 52 – 56

Soros, George: Die Krise des globalen Kapitalismus. Offene Gesellschaft in Gefahr, Alexander Fest Verlag, Berlin, 1998

Sprenger, Reinhard K.: Die Idee der Macht oder die Macht der Idee?, in: Brand Eins 01/99 (Oktober 1999), S. 12 – 13

Sprenger, Reinhard K.: Aufstand des Individuums. Warum wir Führung komplett neu denken müssen, Campus, Frankfurt/New York 2000

Then, Werner: »Die Selbst-GmbH – eine Welt von Unternehmern«, in: Personalwirtschaft 3/2000, S. 38 – 48

Thompson, Damian: Das Ende der Zeiten. Apokalyptik und Jahrtausendwende, <1996>, Heyne Verlag, München 1999

Toynbee, Arnold: Menschheit und Mutter Erde. Die Geschichte der großen Zivilisationen, <1976>, Ullstein Verlag, Frankfurt/Berlin/Wien 1982

Ulrich, Bernd: Deutsch, aber glücklich. Eine neue Politik in Zeiten der Knappheit, <1997>, Fischer Taschenbuch, Frankfurt 1999

Veblen, Thorstein: Die Theorie der feinen Leute. Eine ökonomische Untersuchung der Institutionen, <1899>, Fischer Taschenbuch, Frankfurt 1986

Wallace, Paul: Agequake. Riding the Demographic Rollercoaster Shaking Business, Finance and our World, Nicholas Brealey Publishing, London 1999

Zohar, Danah: Am Rande des Chaos. Neues Denken für chaotische Zeiten, Midas Management Verlag, St. Gallen 2000

18. Anmerkungen

1 Gürtler, Detlef: Was kommt. Und was nicht. Brand Eins, Dez. 1999, S. 72

2 Popper, Karl R.: Auf der Suche nach einer besseren Welt. Vorträge und Aufsätze aus dreißig Jahren, <1984>, Piper Verlag, München 1995, S. 149

3 Schmitt, Carl: Politische Theologie, <1922>, Duncker und Humblot, Berlin 1985, S. 11

4 Drucker, Peter F.: Management im 21. Jahrhundert, Econ, München 1999, S. 191

5 Drucker, a.a.O., S. 224

6 Lem, Stanislaw: Summa technologiae, <1964>, Suhrkamp Taschenbuch Verlag, Frankfurt 1981, S. 321ff

7 Lem, Stanislaw: Imaginäre Größe, <1973>, Suhrkamp Taschenbuch Verlag, Frankfurt 1996, S. 85 – 96

8 Bergmann, Frithjof: Die Neue Arbeit. Skizze mit Vorschlag, in: Gewerkschaftliche Monatshefte 9-10/97, S. 528

9 Sprenger, Reinhard K.: Aufstand des Individuums. Warum wir Führung komplett neu denken müssen, Campus Verlag, Frankfurt/New York, 2000

10 Sprenger, a.a.O., S. 55

11 Zohar, Danah: Am Rande des Chaos. Neues Denken für chaotische Zeiten, Midas Management Verlag, St. Gallen 2000

12 Leadbeater, Charles: Living on thin air, Penguin, London 2000, S. 221

13 zitiert nach Lacey, Robert: Ford. Eine amerikanische Legende, Econ, Düsseldorf, Wien, New York 1987, S. 93)

14 Lafargue, Paul: Das Recht auf Faulheit, <1883>, Europäische Verlagsanstalt, Frankfurt 1966, S. 39

15 Lacey, a.a.O., S. 97f

16 Marx, Karl: Das Kapital Bd. 1, <1867> MEW Bd. 23, Dietz Verlag Berlin, 1975, S. 185

17 Marx, Karl/Engels, Friedrich: Manifest der Kommunistischen Partei, <1848>, Dietz Verlag, Berlin 1989, S. 77

18 Ich folge hier im wesentlichen meiner Darstellung aus: Der dritte Faktor, In: Wochenpost Nr. 15/94 vom 7.4.1994. In zwei Punkten habe ich meine damalige Argumentation allerdings geändert:

• 1994 hatte ich die Entwicklungs*pfade* als zeitlich aufeinander folgende Entwicklungs*phasen* geschildert, heute sehe ich sie eher als Prozesse, die zwar zu unterschiedlichen Zeitpunkten begonnen haben, aber nicht voneinander abgelöst wurden, sondern alle bis in die Gegenwart hinein andauern.

- 1994 hielt ich den Emanzipationsprozess des Faktors Arbeit mit dem Erreichen der Stufe des sozialpartnerschaftlichen Kapitalismus für abgeschlossen und beschäftigte mich deshalb mehr mit dem Emanzipationsprozess des dritten Produktionsfaktors, der heute eher »Umwelt« als »Boden« genannt werden müsste. Aufgrund der Dynamik, die der Konflikt zwischen Kapital und Arbeit seither wieder gewonnen hat und weiter gewinnen wird, lässt sich diese Argumentation nicht mehr aufrecht erhalten.

19 Arendt, Hannah: Vita activa oder Vom tätigen Leben, <1958>, Piper Verlag, München 1981, S. 410

20 »Uns geht es wie vielen Unternehmen«, Interview mit Ulrich Klotz, in: Brand Eins 02/00 (März 2000), S. 55

21 Marx, Karl: Das Kapital, Band 1, MEW Bd. 23, S. 337

22 Marx, a.a.O., S. 338

23 Arendt, a.a.O., S. 414

24 Sprenger, Reinhard: Die Idee der Macht oder die Macht der Idee?, in: Brand Eins 01/99 (Oktober 1999), S. 12

25 Girndt, Cornelia: Der Grenzgänger. Interview mit Ulrich Klotz, in: Engelmann, Jan/ Wiedemeyer, Michael (Hrsg.): Kursbuch Arbeit. Ausstieg aus der Jobholder-Gesellschaft – Start in eine neue Tätigkeitskultur?, Deutsche Verlags-Anstalt, Stuttgart/München 2000, S. 393

26 Girndt, a.a.O., S. 397

27 Bell, Daniel: Die nachindustrielle Gesellschaft, <1973>, Campus-Verlag, Frankfurt/New York 1975, S. 159

28 Porter, Michael E.: Nationale Wettbewerbsvorteile. Erfolgreich konkurrieren auf dem Weltmarkt, Droemer Knaur, München 1991, S. 276

29 Marx, a.a.O., S. 742

30 Marx, a.a.O., S. 743

31 Drucker, a.a.O., S. 222

32 Drucker, a.a.O., S. 221

33 Drucker, a.a.O., S. 264

34 Drucker, a.a.O., S. 265

35 Rifkin, Jeremy: Das Ende der Arbeit. Und ihre Zukunft, <1995>, Fischer Taschenbuch, Frankfurt/Main 1997, S. 217

36 Rifkin, a.a.O., S. 161

37 Rifkin, a.a.O., S. 179

38 Bertelsmann-Geschäftsbericht für das Geschäftsjahr 1997/98

39 Die 100 beliebtesten Arbeitgeber aus Sicht europäischer Top-Studenten der Wirtschaftswissenschaften, in: Financial Times Deutschland, 28. 6. 2000

40 Heuer, Steffan: Hunger. MBAs im Silicon Valley, in: Brand Eins 01/99 (Oktober 1999), S. 59

41 Sprenger, Reinhard: Die Idee der Macht oder die Macht der Idee?, in: Brand Eins 01/99 (Oktober 1999), S. 13

42 Ulrich, a.a.O., S. 61

43 Quelle für alle Kinder- und Geburtenzahlen: Statistisches Bundesamt

44 Lotter, Wolf: Denk breiter, denk weiter. Interview mit Paul Horn, in: Brand Eins 07/00 (September 2000), S. 18

45 Crainer, Stuart: Die 75 besten Managemententscheidungen aller Zeiten, Wirtschaftsverlag Ueberreuter, Wien/Frankfurt 2000, S. 234

46 Froitzheim, Ulf J.: Den Bach. hinunter Warum Digital Equipment scheiterte, in: ECONY 01/98 (Mai 1998), S. 67

47 Ridderstrale, Jonas/Nordström, Kjell A.: Funky Business, S. 10

48 Holch, Christine: Arbeiten ohne Ende, in Engelmann, Jan/Wiedemeyer, Michael (Hrsg.): Kursbuch Arbeit, Deutsche Verlags-Anstalt, Stuttgart/München 2000, S. 245

49 Sprenger, a.a.O., S. 172

50 Leadbeater, a.a.O., S. 220

51 Ridderstrale, Jonas/Nordström, Kjell A.: Funky Business, S. 104

52 Dörner, Dietrich: Die Logik des Misslingens. Strategisches Denken in komplexen Situationen, <1989>, Rowohlt Verlag, Reinbek bei Hamburg 1992, S. 32

53 Königsdorf, Helga: Über die unverzügliche Rettung der Welt, Aufbau-Verlag, Berlin/Weimar 1994, S. 116

54 Dörner, a.a.O., S. 61

55 Dörner, a.a.O., S. 62

56 Sprenger, a.a.O., S. 290

57 Sprenger, a.a.O., S. 159

58 Sprenger, a.a.O., S. 229

59 Magyar, Kasimir/Prange, Peter: Zukunft im Kopf. Wege zum visionären Unternehmen, Haufe, Freiburg 1993, S. 223

60 aus einer Rede Gorbatschows vor sowjetischen Schriftstellern im Juni 1986, zitiert nach: Duve, Freimut (Hrsg.): Glasnost, Stimmen zwischen Zweifel und Hoffnung, Rowohlt Taschenbuch Verlag, Reinbek 1987, S. 67

61 Die Darstellung des Emissionsrechtehandels stützt sich auf Preuß, Olaf: Industrie-Emissionen – Geschäfte mit dicker Luft, in: Financial Times Deutschland, 4. 9. 2000

62 1. Buch Mose, 3, 8-24

63 Marx, Karl/Engels, Friedrich: Die deutsche Ideologie, in: MEW, Bd. 3, S. 46

64 zitiert nach Lafargue, a.a.O., S. 50f

65 Veblen, Thorstein: Die Theorie der feinen Leute. Eine ökonomische Untersuchung der Institutionen, <1899>, Fischer Taschenbuch, Frankfurt 1986, S. 28

66 1. Buch Mose, 1, 3-15

67 1. Buch Mose, 29, 15-30

68 Veblen, a.a.O., S. 45

69 Veblen, a.a.O., S. 53

70 Twain, Mark: Tom Sawyer, zitiert nach: Engelmann, Jan/Wiedemeyer, Michael (Hrsg.), a.a.O., S. 412

71 Arendt, a.a.O., S. 119f
72 Arendt, a.a.O., S. 123
73 Marx, Karl/Engels, Friedrich: Die Deutsche Ideologie, in: MEW Bd. 3, S. 20
74 Marx, Karl/Engels, Friedrich: Die Deutsche Ideologie, in: MEW Bd. 3, S. 33
75 Gorz, André: Ökologie und Freiheit, Rowohlt, Reinbek 1980, S. 36
76 Marcuse, Herbert: Triebstruktur und Gesellschaft, Frankfurt 1979, S. 133
77 Marx, Karl: Kritik des Gothaer Programms, in: MEW, Bd. 19, S. 21
78 Marx/Engels: Die Deutsche Ideologie, a.a.O., S. 22
79 Abschlussbericht der Kommission für Zukunftsfragen der Freistaaten Bayern und Sachsen, 1997, S. 79. In Becks »Risikogesellschaft« von 1986 war bereits dieselbe Aussage enthalten, wenn auch etwas verquaster formuliert: »Die Individuen werden innerhalb und außerhalb der Familie zum Akteur ihrer marktvermittelten Existenzsicherung und der darauf bezogenen Biographieplanung und -organisation.« (dafür aber gleich zweimal mit exakt dem gleichen Wortlaut: S. 119 und S. 209)
80 Heuser, Uwe Jean: Das Unbehagen im Kapitalismus, Berlin 2000, S. 9f
81 »Das Jobwunder enthält einen großen Schwindel«. Interview mit André Gorz, in: Engelmann, Jan/Wiedemeyer, Michael (Hrsg.), a.a.O., S. 95
82 Sennett, Richard: Der flexible Mensch, Berlin, 2000, S. 38
83 Ulrich, Bernd: Deutsch, aber glücklich, <1997>, Fischer Taschenbuch Verlag, Frankfurt 1999, S.25
84 Ulrich, a.a.O., S. 61
85 Rifkin, Jeremy: Die Teilung der Menschheit, FAZ, 12. 8. 2000
86 zitiert nach: Ulrich, Bernd: Deutsch, aber glücklich, a.a.O., S. 19
87 Lacey, a.a.O., S. 90
88 Lacey, a.a.O., S. 94f
89 Lacey, a.a.O. S. 234
90 nach: Herzinger, Richard: Die Tyrannei des Gemeinsinns, Rowohlt Verlag, Berlin 1997, S. 25
91 Sennett, a.a.O., S. 36
92 Sennett, a.a.O., S. 12
93 nach Naisbitt/Aburdene: Megatrends Arbeitsplatz, a.a.O., S. 111
94 a.a.O., S. 111
95 a.a.O., S. 112
96 mehr zur GBDe-Veranstaltung: Gürtler, Detlef: Der lange Sommer der Anarchie, in: Brand Eins 02/99 (November 1999), S. 104 – 105
97 Smith, Adam: The Wealth of Nations, zitiert nach: Friedman, Milton & Rose: Chancen, die ich meine, <1980>, Ullstein, Frankfurt/Berlin/Wien 1983, S. 40
98 Forrester, Viviane: Der Terror der Ökonomie, <1996>, Paul Zsolnay Verlag, Wien 1997, S. 36
99 Überleben im Netzwerk. Interview mit Manuel Castells, in: Der Spiegel 14/2000

100 Drucker, a.a.O., S. 48

101 Opaschowski, Horst W.: Deutschland 2010. Wie wir morgen leben werden, Hamburg 1997

102 laut Shell-Studie Jugend 2000

103 Bergmann, Frithjof: Die Neue Arbeit, in: Gewerkschaftliche Monatshefte 9-10/97, S. 527

104 Bergmann, a.a.O., S. 527 – 530

105 Pütz, Uwe: Kolb on Demand, in: Econy 02/99 (April 1999), S. 56

106 Ich folge hier im wesentlichen meiner Argumentation aus: I-Trade. Einkaufen und Vertrieb in der New Economy, in: Lotter, Wolf/Sommer, Christiane (Hrsg.): Neue Wirtschaft. Das Kursbuch für die New Economy, Deutsche Verlags-Anstalt, Stuttgart/München 2000, S. 63 – 72

107 Börsch-Supan, Axel: Übergang statt Untergang: Wider die Furcht vor dem Ende der Arbeit, in: Engelmann, Jan/Wiedemeyer, Michael (Hrsg.), a.a.O., S. 107

108 Schumpeter, Joseph A.: Die Krise des Steuerstaats, in: ders.: Aufsätze zur Soziologie, J.C.B. Mohr, Tübingen 1953, S. 5

109 Friedman, Milton & Rose: Chancen, die ich meine, <1980>, Ullstein Verlag, Frankfurt, Berlin, Wien 1983, S. 68

110 Hammer/Champy, a.a.O., S. 104

111 Pico della Mirandola, Giovanni: Über die Würde des Menschen, <1486>, Manesse Verlag, Zürich, 1989, S. 10f

112 zitiert nach: Lepage, Henri: Der Kapitalismus von morgen, <1978>, Campus Verlag, Frankfurt/New York 1979, S. 19

113 Arendt, a.a.O., S. 78

114 Thompson, Damian: Das Ende der Zeiten. Apokalyptik und Jahrtausendwende, <1996>, Heyne Verlag 1999, S. 118

115 zitiert nach: Friedman, a.a.O., S. 41

116 bei einer Veranstaltung der Aktionsgemeinschaft Soziale Marktwirtschaft in Berlin

117 Zohar, a.a.O., S. 158

118 Zohar, a.a.O., S. 74

119 Zohar, a.a.O., S. 78f

120 Zohar, a.a.O., S. 79

121 Zohar, a.a.O., S. 203

122 Pressemitteilung des Bundesverbandes Deutscher Unternehmensberater vom 9. 12. 1999

123 Drucker, a.a.O., S. 229

124 Drucker, a.a.O., S. 229f

125 Naisbitt, John/Aburdene, Patricia: Megatrends Arbeitsplatz, <1985>, Wilhelm Heyne Verlag, München 1989, S. 11

126 Hammer/Champy, a.a.O., S. 269

127 Sprenger, a.a.O., S. 141

128 Drucker, Peter F.: Die Chance des Unternehmers. Signale für das Management von morgen, <1986>, Wilhelm Heyne Verlag, München 1990, S. 19

129 Naisbitt/Aburdene, a.a.O., S. 64

130 Mantel, Jan/Bergheim, Stefan: German Pension Reform. Two more Steps to Go, Merrill-Lynch-Studie vom 7.6.2000, S. 62

131 aus: Wallace, Paul: Agequake. Riding the demographic Rollercoaster shaking Business, Finance and our World, Nicholas Brealey Publishing, London 1999, S. 42

132 Leadbeater, a.a.O., S. 118

133 Leadbeater, a.a.O., S. 16

134 Leadbeater, a.a.O., S. 10

135 Parsons, Fatima: Der älteste Angestellte der Welt, in: Econy 03/98 (Oktober 1998), S. 152

136 Sprenger, a.a.O., S. 114

137 Lacey, a.a.O., S. 65f

138 Schumpeter, Joseph A.: Kapitalismus, Sozialismus und Demokratie, <1942> Francke, Tübingen/Basel, 1993, S. 137f

139 Gürtler, Detlef: Was kommt, a.a.O., S. 76

140 Lacey, a.a.O., S. 105

141 Lacey, a.a.O., S. 141 – 149

142 Lacey, a.a.O., S. 254f

143 Lacey, a.a.O., S. 106

144 Interview in der Tageszeitung »Die Welt« vom 28.12.2000, S. 12

145 Rodenstock, Randolf: Vom »fight for talent« zur »alliance for talent«, in: Der Arbeitgeber, September 2000, S. 28f

146 iw-Gewerkschaftsreport, 3/00, S. 29

147 auf dem 5. deutschen Trendtag im Mai 2000 in Hamburg

Namensregister

1. FC Kaiserslautern 20
3 M 64
Abel 104
Aburdene, Patricia 119, 185, 191
Adam 102, 109
Albert, Michel 136
Amazon.com 242
AOL 96
Apple 64
Arendt, Hannah 33, 35, 106, 157
Aristoteles 103
Basler, Mario 20
Bayern München 10, 18-22, 191, 230, 235
Beck, Ulrich 50, 109
Becker, Gary 45, 147, 153
Beiersdorf 38
Bell Laboratories 64
Bell, Daniel 40
Benedikt von Nursia 106, 107
Bergmann, Frithjof 17, 126, 127
Bertelsmann 52, 82, 96
Bertrandt 237
Bezos, Jeff 70, 242
Biermann, Wulf 70
Bismarck, Otto von 29, 207
Blair, Tony 137, 207
Blüm, Norbert 210
Bockelson, Jan 161
Börsch-Supan, Axel 132
Borussia Mönchengladbach 233

Bosman, Jean-Marc 248
Boston Consulting Group 179
Bowie, David 202
Calvin, Jean 106, 179
Castells, Manuel 122
Celera 192
Champy, James 145, 185
Charlton, Bobby 132
Chruschtschow, Nikita 79
Cicero 103, 223
Cohn-Bendit, Daniel 112
Commodore 228
Coupland, Douglas 70
Daimler Chrysler 79, 85, 94, 95, 202
Darrow, Charles 159
David 104
Deutscher Fußball-Bund 230
Digital Equipment 65
Dörner, Dietrich 80, 82
Drucker, Peter F. 14, 22, 30, 46, 49-51, 122, 179, 189, 190
Dubcek, Alexander 89
Duck, Dagobert 45
Ebert, Friedrich 31
Edison, Thomas Alva 240
Effenberg, Stefan 19, 22
Eintracht Braunschweig 233
Eisner, Michael 57
Elber, Giovane 19, 20
Emerson, Ralph Waldo 27

271

Engels, Friedrich 42
Epikur 105, 107
Erhard, Ludwig 23, 33, 135
Eva 102
Fanning, Shawn 63, 70
Faust 62
Fayol, Henri 189
Fischer, Joschka 175
Ford Motor Company 26, 239
Ford, Henry 25-28, 54, 113, 199, 239-243, 253
Forrester, Viviane 121
Franziskus von Assisi 107
Freud, Sigmund 119
Friedebold, Fritz 61
Friedman, Milton 143
Fry, Arthur 65
Garland, Milton 211, 212
Gates, Bill 10, 54, 131
Gehlen, Arnold 114
General Motors 190
Goethe, Johann Wolfgang von 62, 141
Goeudevert, Daniel 90
Gorbatschow, Michael 10, 74, 89, 90, 93
Gorz, André 108, 110
Greffrath, Mathias 114
Guevara, Ché 226
Haas, Thomas 203
Haller, Helmut 133
Hammer, Michael 145, 185
Heidelberger Druckmaschinen 38
Henkel, Hans-Olaf 248
Heraklit 70
Hertha BSC 233
Heuser, Uwe Jean 110
Hitler, Adolf 207, 243
Hitzfeld, Ottmar 19
Hoeneß, Uli 19, 235

Honecker, Erich 81, 85
Hopfner, Karl 19
Horn, Paul 64
Hurst, Geoffrey 132
Hypovereinsbank 251
IBM 64, 68, 240
IG Metall 34, 37, 40
Innozenz VIII. 146
Jakob 104
Jefferson, Thomas 135
Jobs, Steve 64
Josua 104
Kain 104
Kant, Immanuel 12, 15
Karl August, Großherzog zu Sachsen-Weimar 141
Keinath, Jochen 204
Klier, Freya 76
Klotz, Ulrich 34, 37
Kohl, Helmut 118, 253
Kolb, Bernd 128, 135
Kondratieff, Nikolai 234
Königsdorf, Helga 81
Kopernikus, Nikolaus 13
Krause, Günther 249
Laban 104
Lacey, Robert 27
Lafargue, Paul 27, 107
Lange, Oskar 80
Lea 104
Leadbeater, Charles 18, 69, 203, 204, 207
Legien, Carl 32
Lego 57
Lenin, Wladimir Iljitsch 77
Lepenies, Wolf 111, 112
Locke, John 106
Loyola, Ignatius von 179
Lucent 64

Madonna 204
Malcomson, Alex 239, 240
Manchester United 19
Mannesmann 82
Mao Zedong 256
Marcuse, Herbert 108
Marx, Karl 10, 28, 34, 42, 77, 103, 106-109, 210
Mattel 57
Matthäus, Lothar 20
McKinsey & Company 179
Microsoft 82, 214
Middelhoff, Thomas 50, 51, 82, 97
Mises, Ludwig von 80
Mobilcom 237
Moses 104
Mühsam, Erich 28
Murdoch, Rupert 54
Naisbitt, John 119, 185, 191
Napster 50, 63, 70
Negroponte, Nicholas 70
Nordström, Kjell 69
Ohoven, Ute 49
Olsen, Ken 65
Opaschowski, Horst W. 128
Palo Alto Research Center 64
Perikles 70, 140
Peters, Klaus 68
Peters, Tom 190
Pico della Mirandola, Giovanni 145
Platon 103
Popper, Karl 12, 256
Porter, Michael 40
Rabelais, François 15
Rahel 104
Ridderstrale, Jonas 69
Rifkin, Jeremy 50, 111
Rodenstock, Randolf 248

Root, Elihu 189
Rowling, Joanne 125, 126, 203
Samson 104
Sawyer, Tom 101, 105
Schalke 04 233
Schirrmacher, Frank 61
Schmitt, Carl 13
Schnellinger, Karlheinz 132
Scholl, Mehmet 20
Scholz & Friends Berlin 251
Schrader, Alexander 251, 252
Schrempp, Jürgen 85, 202
Schröder, Gerhard 137
Schürer, Gerhard 74, 75
Schumpeter, Joseph 80, 115, 142, 234, 240, 241
Seagram 82
Seeler, Uwe 132
Sennett, Richard 111, 115
Siemens, Georg 189
Sloan, Alfred 190
Smith, Adam 106, 121, 163
Sprenger, Reinhard 17, 37, 53, 68, 75, 88, 89, 186, 231
Sophokles 70
Stalin, Josef 79
Starck, Philippe 65
Stinnes, Hugo 32
Stollmann, Jost 166
Strauss-Kahn, Dominique 120
Tasmania 1900 233
Taylor, Frederick Winslow 30, 31, 190
Tietmeyer, Hans 249
Tomorrow Internet AG 65
T-Online 82
Turner, Sebastian 251
Twain, Mark 101, 105
Ulrich, Bernd 55, 111

273

Veblen, Thorstein 104, 105
Venter, Craig 192
Vereins- und Westbank 205
Verlagsgruppe Handelsblatt 86
Verlagsgruppe Milchstraße 65
VfB Stuttgart 19, 20
Visa 137
Vivendi 82
Vodafone 82

Völler, Rudi 23
Waldhof Mannheim 233
Walt Disney 57
Waterman, Bob 190
Watson, Thomas 240
Weintraut, Neil 53
Welch, Jack 89, 90
Xerox 64
Zohar, Danah 18, 174, 175

Sachregister

American Dream 135
Amerikanische Revolution 135
Arbeitnehmerberatung 16, 139, 177-180
Arbeitsgesellschaft 33, 35, 50
Arbeitslosigkeit 23, 37, 55, 92, 125, 208-211
Arbeitsteilung 108, 217
Arbeitszeit 68,108, 128, 212
Arbeitszeitgestaltung 171
Aufklärung 12
Basisinnovation 38, 63, 64, 232-235
Bildungsgutscheine 218-220
Bildungssystem 216-220
Blinder Fleck des Kapitalismus 123, 136
Börsengang 67, 70
Bundesliga 24, 232, 233
Bündnis für Arbeit 248
Bündnis für hoch qualifizierte Arbeit 249
Coaching 139, 168, 177, 178, 182, 190, 229
Datenverwalter 134, 135
Demographischer Druck 47, 48
Demographischer Übergang 231
Dienstleistungsgesellschaft 39-41
Dienstleistungsgewerkschaft 40
DNS-Steuer 224, 225
Drei-Säulen-Modell des Bildungssystems 218, 219
Edutainment 219
Ehrenamt 49-51

Einzelkinder 57-61, 217
Emissionsrechte-Handel 98
Energieproduktivität 98
Erwerbsarbeit
  Fluch der E. 101-105
  Gottgefälligkeit der E. 106
  Verherrlichung der Nicht-E. 103, 105, 108
Expropriation der Expropriateure 42
Extramehrwert 34, 38
Feedbackanalyse 179
Finanzkapital-Investor 42-44
  Renditeerwartung des F. 43
Finanzkapital-Markt, interner 97
Fondsmanagement 95, 181-183, 250
Französische Revolution 12, 140
Free Agent Nation 252
Freiheit
  F. der Arbeitswahl 117
  F. des Konsums 117, 118
  Reich der F. 101, 107, 109, 125, 221
  Verbindung von F. und Verantwortung 160-162, 187, 188
Freizeit 169,170
Führung 185, 190, 191
German Dream 135
Gewerkschaften 25, 32-34, 37, 40, 128, 166, 167, 249-254
Glasnost 89, 93
Globalisierung 83

Glücksmaximierung 154
Homo Oeconomicus 45,154
Humane Revolution
   Definitionen der H.R. 12, 15, 20, 112
   Entwicklungsgeschwindigkeit der H.R. 23, 226-237
   H.R. für alle 137-139, 253
   Innovation in der H.R. 128
   Partei der H.R. 243-247
   Rolle des Staates in der H.R. 207-225
   Verhältnis zwischen Arbeit und Kapital in der H.R. 42,110
Humankapital
   Unternehmensinterner Markt für H. 94-98, 157
   H. als Vermögenswert 142
   H.-Investmentfonds 180-183, 205, 250
   H.-Theorie 146
   Portfoliotheorie des H. 152-154, 173, 174
Humankapital-Investor 43-47
   Allgemeine Investitionstheorie des H.-I. 152-154
   Dienstleistungen für H.-I. 168-183
   Dynamische Investitionstheorie des H.-I. 151-152
   Nutzenfunktion des H.-I. 149, 154
   Rendite des H.-I. 121
   Renditeerwartung des H.-I. 43, 45, 96
   Spezielle Investitionstheorie des H.-I. 147-152
Identifikation mit einem Unternehmen 20, 68
Individualökonomie 16, 144-156
Industrielle Revolution 14
Informationsgesellschaft 120, 131
Innovation 34, 36, 115, 128, 165
Instantisierung von Dienstleistungen 131, 132

Instantisierung von Information 131
Internet 120, 128-134, 172
Jobholder Value 185
Jobkurven 149-153
Jugendrevolte 71
Kapital und Arbeit, Kollaboration 33
Kapital und Arbeit, Konflikt 27, 37, 39, 112, 237, 239
Kapitalismus gegen Kommunismus 28, 79, 81, 237
Kapitalrendite, faire 200-202
Komplexität 78-82
Komplexität im Unternehmen 81-84
Konkurrenz 86
Konzerne, multinationale 106
Konzern-Illusion 38, 66
Lotse 133
Machen, was man will 128
Management 14, 66, 97, 98, 184-191, 242
Manchester-Kapitalismus 21, 29
Manchester-United-Kapitalismus 21
Marktdesignlehre 16, 156-167
Masse, Zweifel an ihrer Reife 113-117
Massenkaufkraft 27, 31
Mauerfall 12, 74, 117, 118
Neuer Markt 54, 87, 166, 236, 237
New Economy 18, 53, 54, 62-72, 91, 131, 229
Newtonsches Unternehmen 18, 175
Nicht-Kunden 122-124, 136, 137, 215
Nicht-Probleme 215
Oktoberrevolution, russische 12, 140
Ozean des Wissens 132
Paradies
   Vertreibung aus dem P. 102, 108
   Erlangung des P. im Jenseits 102, 106
   Erlangung des P. im Diesseits 108
Perestroika 89, 93

Persönlichkeitsentwicklung 72
Pillenknick 47, 57
Planwirtschaft
  im Sozialismus 73-76, 86
  in Unternehmen 16, 77, 78, 85
  und Komplexität 78-81, 84
  Übergang zur Marktwirtschaft 92-100, 158, 163
Potenzialbesteuerung 222-225
Produktinnovation 38
Produktionsfaktoren
  Sozialisierung von P. 216, 217
  Verfügungsgewalt über P. 42, 43
  Wissen als P. 36
Produktivität
  P. der Industriearbeiter 14, 30, 31
  P. der Wissensarbeiter 14, 15, 22, 46
  P. des Humankapitals 98, 108, 127, 144, 216, 217
  Gesamtgesellschaftliche P. 166, 177
  Hyperproduktivität 71
  ungenutzte P.-Potenziale 52, 86, 88, 127, 140, 253
  P. von Dienstleistungen 39
Profifußball 19
Profitmaximierung 154, 164, 205
Prozessinnovation 38
Pursuit of Happiness 135, 185
Quantensprung 25, 27, 235-237
Quantenunternehmen 18, 175
Rahmenbedingungen von Märkten
  Bedeutung von R. 157-159, 244
  Herstellung von R. 143
  Kontrolle der Einhaltung von R. 184, 187
  Veränderung von R. 124, 159
Reengineering 145, 184
Regulierungslehre 163, 164

Reich der Notwendigkeit 109, 221
Rente 48, 115, 198, 199, 213
Revolution von oben 207
Rheinischer Kapitalismus 136
Risiko 55
Schöpferische Zerstörung 240, 241
Sexuelle Revolution 13
Shareholder Value 42, 56, 185, 197
Silicon Valley 53, 54, 66, 70
Sinn 50, 154, 173, 222
Sklavenhaltergesellschaft 70, 140
Soziale Marktwirtschaft 28, 32, 34, 124
Soziale Revolution 14, 25, 26
Soziale Sicherheit 29, 30, 210
Sozialismus mit menschlichem Antlitz 89
Sozialismus, real existiert habender 73, 88-93
Sozialpartnerschaftlicher Kapitalismus 32
Sozialstaat 49, 210
Sozialsystem 208-216
Spaß 53, 128, 154, 173, 222
Spieltheorie 158, 159
Start-ups 53-56, 67, 164
Steuerpolitik 139, 220-224
Stock Options 62, 67, 194
Sturm und Drang 62, 72
Superzeichen 82
Survival of the fittest 136
Taylorismus 30, 172
Überfluss-Gesellschaft 47-51, 123, 221
Übernahme 91
Umbau der sozialistischen Staaten 88-92
UMIS 131-133, 137, 138, 193
Universität 65, 72, 156, 218-220
Unsichtbare Hand des Marktes 94, 158
Unternehmensorganisation, marktwirtschaftliche 16, 93-100, 157-164
Unternehmer 54-56, 110, 124, 165-167, 241

Venture Capital 53, 66, 70, 202
Verantwortungsinstallation 160-162
Vita activa 33, 35, 106
Vita contemplativa 107
Wachstumsdesign 164-167
Währungsunion, deutsch-deutsche 117, 143
Wertewandel 230-232
Werttheorie, marxistische 28, 34
Wirtschaftswissenschaft, Kritik der real existierenden 142-146
Wissensarbeiterbewegung 247-254
Wissenselite 63, 66, 112, 121, 128
Wissensgesellschaft 22, 35, 41, 42, 71, 82, 122, 144, 209, 211, 217, 242
Wohlstand für alle 23, 135, 210
Wunschkinder 60
Young Economy 70, 72, 247
Zentralismus, demokratischer 73-77
Zentralismus im Unternehmen 85